区块链

原理与技术应用

赵其刚 王红军 李天瑞 王明文 成飏 编著

人民邮电出版社

北京

图书在版编目（CIP）数据

区块链原理与技术应用 / 赵其刚等编著. -- 北京：
人民邮电出版社, 2020.9（2023.7重印）
ISBN 978-7-115-53743-0

Ⅰ. ①区… Ⅱ. ①赵… Ⅲ. ①电子商务—支付方式
Ⅳ. ①F713.361.3

中国版本图书馆CIP数据核字(2020)第137847号

内 容 提 要

本书详细介绍了区块链的概念与技术体系，涉及其本质、作用、技术背景、原理、关键知识点和应用场景等，在内容写作上由整体到局部，层次分明，难度由浅入深，理论联系实际，力图使读者能快速、全面地了解区块链相关技术。

全书共 10 章。第 1 章从区块链的背景知识切入，介绍了区块链的基本概念，分析了区块链的价值基础，概括了当前区块链的主要应用与面临的挑战。第 2 章介绍了区块链的发展历程，揭示了区块链技术从产生到发展壮大的过程。第 3 章介绍了区块链的总体技术体系架构、核心层原理、开发架构与评估体系，并介绍了目前经典的区块链软件架构。第 4 章主要介绍区块链的账户系统，详细介绍了区块链涉及的主要密码学知识。第 5 章介绍了区块链的数据结构，阐述了区块链产生和运行的基本原理。第 6 章介绍了区块链的网络基础，即 P2P 网络的结构和基本原理。第 7 章分析了区块链的共识机制，并对不同共识机制的特性与适用场景进行了分析。第 8 章介绍了智能合约的基本原理、发展过程与面临的挑战。第 9 章详细介绍了在以太坊上编写智能合约的方法和部署过程。第 10 章介绍了一个简单的区块链系统的开发实例，逐步带领助读者进行区块链系统的开发。

本书可作为信息类相关专业本科生教学类用书，也适合作为有志于研究区块链的读者的入门图书，还可作为科研人员、工程技术人员以及商务人员的参考用书。

◆ 编　　著　赵其刚　王红军　李天瑞　王明文　成　飏
责任编辑　张天怡
责任印制　王　郁　马振武

◆ 人民邮电出版社出版发行　北京市丰台区成寿寺路 11 号
邮编　100164　电子邮件　315@ptpress.com.cn
网址　https://www.ptpress.com.cn
北京虎彩文化传播有限公司印刷

◆ 开本：700×1000　1/16
印张：23.5　　　　　　　　　　2020 年 9 月第 1 版
字数：303 千字　　　　　　　　2023 年 7 月北京第 8 次印刷

定价：69.00 元

读者服务热线：(010)81055410　印装质量热线：(010)81055316
反盗版热线：(010)81055315
广告经营许可证：京东市监广登字 20170147 号

前言 PREFACE

2008年比特币的横空出世，2014年后以太坊、超级账本的兴盛发展，让业界多次欢呼、振奋。这都归结于区块链技术的产生与发展，这向世人展示了一种新型网络运行模式——基于区块链的网络信息存储、传递和交换。使区块链技术名声大振的是比特币的产生及发展，而后各类"虚拟货币"的推波助澜使区块链技术名声发展到前所未有的高度。本书将拨开这些"虚拟货币"的层层迷雾，专注于揭示区块链技术的奥秘，帮助读者拓展区块链技术多方面的应用。

对区块链的解读主要有4个维度——技术维度、应用维度、社会学维度和哲学维度。这4个维度正好对应了我们社会4类不同人群的视角——技术人员视角、经营人员视角、社会管理者视角及学者视角。目前技术维度和应用维度，由于相关从业人员较多而被讨论得相对普遍，另外两个维度则讨论得相对较少。就技术维度而言，区块链就是一个分布式、去中心化的共享账本或数据库，它通过分布在全球的多个节点存储由同一个统一共识规则部署的数据备份，以确保数据的安全与可信。就应用维度而言，区块链就是依赖机器与算法的新型信任构建模式、技术体系或技术基础设施。在这种新型信任模式下，可以重构诸多原来依赖于人的社会活动关系。就社会学维度而言，区块链就是互联社会的一场"变革"运动。这种运动的目标使互联网创新者重新看到了重构互联网新兴生态的可能。就哲学维度而言，区块链给出的哲学原理是机器与算法比人性更可靠。因为区块链构建信息是基于无情绪、无意识的机器和机制，以及规则公开透明的算法，因而不会受到具有不稳定特征的人的意识、情绪的影响。

  区块链是分布式数据存储、点对点传输、共识机制、加密算法等计算机技术的新型应用模式。本书主要从技术维度，介绍区块链所涉及的相关概念、技术和应用开发。对区块链这个新兴事物的学习、理解、认知、发展和应用不能停滞，如何在有限资料和研究的条件下，尽可能为学习、研究和应用区块链的读者提供相对完整和全面的区块链技术知识体系，特别是区块链技术原理的知识体系，正是本书的目标。

编 者

目录 CONTENTS

第 1 章 区块链概述

1.1 区块链产生的背景 002
  1.1.1 ▷ 传统信任体系的局限 004
  1.1.2 ▷ 互联社会发展的瓶颈 005
  1.1.3 ▷ 区块链"信任"的发展 006

1.2 区块链的基本概念 008
  1.2.1 ▷ 区块链的定义 009
  1.2.2 ▷ 私有链、联盟链与公有链 010
  1.2.3 ▷ 主链和侧链 011

1.3 区块链的价值基础 012
  1.3.1 ▷ 区块链解决的根本问题 012
  1.3.2 ▷ 区块链思维 014
  1.3.3 ▷ 区块链技术架构 015
  1.3.4 ▷ 区块链服务网络 017
  1.3.5 ▷ 区块链价值生态系统 018

1.4 区块链的应用 020
  1.4.1 ▷ 资产区块链化 020
  1.4.2 ▷ 价值存储区块链化 022

1.4.3 ▷ 提升社会协同效率 022
1.4.4 ▷ 催生互助型产业生态 023
1.4.5 ▷ 培育共识自治社群 024

1.5 区块链的挑战 025
1.5.1 ▷ 技术的挑战 025
1.5.2 ▷ 商业的挑战 026
1.5.3 ▷ 社会治理的挑战 026

1.6 课后习题 027

第2章 区块链的发展

2.1 区块链的发展历程 029

2.2 区块链1.0 030
2.2.1 ▷ 比特币简介 030
2.2.2 ▷ 比特币的获取与交易 031
2.2.3 ▷ 比特币的工作流程 032
2.2.4 ▷ "双花"问题 033
2.2.5 ▷ "分叉"问题 034

2.3 区块链2.0 036
2.3.1 ▷ 从智能合约到以太坊 036
2.3.2 ▷ 以太坊的工作流程 038
2.3.3 ▷ 基于以太坊的去中心化应用 039

2.4 区块链3.0 041
2.4.1 ▷ 超级账本 042
2.4.2 ▷ 区块链3.0应用场景 043

2.5 区块链在中国的发展 045

2.6 课后习题 046

第 3 章 区块链技术体系

3.1　总体架构　048
　　3.1.1 ▷ 基础层　050
　　3.1.2 ▷ 合约层　051
　　3.1.3 ▷ 应用层　052
　　3.1.4 ▷ 接入层　055

3.2　核心层技术原理　055
　　3.2.1 ▷ 共识账本　056
　　3.2.2 ▷ 核心层架构　056
　　3.2.3 ▷ 区块链中的交易　059
　　3.2.4 ▷ 区块与区块链的形成　061

3.3　开发架构　062
　　3.3.1 ▷ 系统分析　062
　　3.3.2 ▷ 总体设计　065
　　3.3.3 ▷ 软件设计　066
　　3.3.4 ▷ 特殊考虑　068

3.4　典型区块链软件架构　069
　　3.4.1 ▷ 比特币　069
　　3.4.2 ▷ 以太坊　071
　　3.4.3 ▷ 超级账本　074
　　3.4.4 ▷ EOS　077

3.5　区块链项目评价　079
　　3.5.1 ▷ 指标体系　080
　　3.5.2 ▷ 指标评价　082
　　3.5.3 ▷ 评估流程　084

3.6　课后习题　086

第 4 章 区块链账户

- 4.1 哈希函数　088
  - 4.1.1 ▷ 概述　089
  - 4.1.2 ▷ SHA256 算法　090
- 4.2 公钥密码体制　094
  - 4.2.1 ▷ 非对称加密算法　094
  - 4.2.2 ▷ 数字签名技术　096
  - 4.2.3 ▷ RSA 算法　097
  - 4.2.4 ▷ 椭圆曲线算法　100
- 4.3 区块链状态库　104
  - 4.3.1 ▷ 状态库　104
  - 4.3.2 ▷ 用户账户和合约账户　104
- 4.4 用户账户活动　105
  - 4.4.1 ▷ 用户地址　106
  - 4.4.2 ▷ 交易发起　107
- 4.5 合约账户活动　108
  - 4.5.1 ▷ 合约的创建　108
  - 4.5.2 ▷ 合约的调用　110
- 4.6 课后习题　111

第 5 章 区块链数据结构

5.1 设计思路 113
    5.1.1 ▷ 哈希指针 113
    5.1.2 ▷ 默克尔树 114

5.2 数据结构 116
    5.2.1 ▷ 区块 116
    5.2.2 ▷ 区块结构 117
    5.2.3 ▷ 区块头 117
    5.2.4 ▷ 区块体 118

5.3 结构树 119
    5.3.1 ▷ 交易树 120
    5.3.2 ▷ 状态树 121
    5.3.3 ▷ 收据树 122

5.4 区块链的生成 122
    5.4.1 ▷ 区块的生成 123
    5.4.2 ▷ 区块的传播 127
    5.4.3 ▷ 区块的校验 127

5.5 比特币交易示例 128

5.6 课后习题 133

第6章 区块链与P2P网络

- 6.1 P2P网络概述 135
  - 6.1.1 ▷ P2P 网络的基本概念 135
  - 6.1.2 ▷ P2P 网络的特点 137
  - 6.1.3 ▷ P2P 网络的主要应用场景 140
- 6.2 P2P网络模型 142
  - 6.2.1 ▷ P2P 网络模型概述 142
  - 6.2.2 ▷ 集中目录式 P2P 网络模型 143
  - 6.2.3 ▷ 纯 P2P 网络模型 145
  - 6.2.4 ▷ 分层式 P2P 网络模型 148
- 6.3 区块链P2P网络 152
  - 6.3.1 ▷ P2P 与区块链的关系 152
  - 6.3.2 ▷ 区块链网络的可靠性 153
  - 6.3.3 ▷ 案例：日食攻击 154
- 6.4 实现案例：比特币系统的P2P网络 156
  - 6.4.1 ▷ 节点发现 157
  - 6.4.2 ▷ 连接节点 158
  - 6.4.3 ▷ 初始化区块下载 159
  - 6.4.4 ▷ 区块广播 164
  - 6.4.5 ▷ 孤立区块 166
  - 6.4.6 ▷ 交易广播 166
  - 6.4.7 ▷ 交易池（内存池） 167
- 6.5 实现案例：以太坊的P2P网络 167
  - 6.5.1 ▷ 引导节点的实现 168
  - 6.5.2 ▷ 以太坊的 P2P 协议结构类型 169
  - 6.5.3 ▷ 以太坊的 P2P 协议 170
  - 6.5.4 ▷ 以太坊的 P2P 节点 171
- 6.6 课后习题 176

第 7 章 共识机制与奖励机制

7.1　共识机制的引入　178
　　7.1.1 ▷ 两军问题　179
　　7.1.2 ▷ 拜占庭将军问题　181

7.2　共识机制与奖励机制概述　183
　　7.2.1 ▷ 共识机制的设计　183
　　7.2.2 ▷ 奖励机制的设计　185

7.3　PoW共识机制　191
　　7.3.1 ▷ 基本概念　191
　　7.3.2 ▷ 比特币系统 PoW 共识机制的实现原理　192
　　7.3.3 ▷ 以太坊 PoW 共识机制的实现原理　195
　　7.3.4 ▷ 算法分析　196

7.4　PoS系列共识机制　198
　　7.4.1 ▷ PoS 共识思想　199
　　7.4.2 ▷ 股份授权证明共识机制　201
　　7.4.3 ▷ 基于投注的共识机制　204
　　7.4.4 ▷ 基于认证的共识机制　205

7.5　其他常见的公有链共识机制　209

7.6　拜占庭共识机制　210
　　7.6.1 ▷ 拜占庭容错系统　210
　　7.6.2 ▷ 实用拜占庭容错　212
　　7.6.3 ▷ 授权拜占庭容错　214

7.7　传统分布式共识机制　215
　　7.7.1 ▷ 帕克索斯算法系列　215
　　7.7.2 ▷ Raft 算法　217

7.8　共识机制总结　219

7.9　实现案例：共识机制　221

7.9.1 ▷ 比特币系统 PoW 共识机制的实现案例　221

7.9.2 ▷ 以太坊 PoW 共识机制的实现案例　230

7.9.3 ▷ 以太坊的 PoS 共识机制的实现原理　237

7.10　课后习题　259

第 8 章　智能合约

8.1　智能合约概述　262

8.1.1 ▷ 智能合约的定义　262

8.1.2 ▷ 智能合约与区块链结合的意义　264

8.2　智能合约的工作原理　266

8.2.1 ▷ 区块链智能合约的演变　266

8.2.2 ▷ 以太坊智能合约的运行原理　270

8.2.3 ▷ 以太坊智能合约的构建与执行过程　272

8.3　以太坊智能合约基础　274

8.3.1 ▷ 智能合约的编程语言　274

8.3.2 ▷ 入门代码例程　275

8.3.3 ▷ 智能合约的操作　275

8.3.4 ▷ EVM 的存储方式　277

8.3.5 ▷ 指令集和消息调用　278

8.3.6 ▷ 日志功能　279

8.4　智能合约的潜在问题　280

8.4.1 ▷ 以太坊智能合约安全事件　280

8.4.2 ▷ 其他安全事件　283

8.4.3 ▷ 智能合约的安全建议　287

8.5　课后习题　288

第 9 章 以太坊智能合约的开发与实践

9.1 以太坊开发环境的搭建 290

9.2 以太坊的交易与合约 291
    9.2.1 ▷ 以太坊的账户类型 291
    9.2.2 ▷ 交易与消息 292

9.3 以太坊接口 293
    9.3.1 ▷ 接口方式 293
    9.3.2 ▷ 以太坊接口配置 294

9.4 以太坊智能合约开发 296
    9.4.1 ▷ 本地私有链的搭建与配置 296
    9.4.2 ▷ 智能合约的结构 301
    9.4.3 ▷ 智能合约的开发工具 303
    9.4.4 ▷ 智能合约的部署与调用 304

9.5 创建企业级智能合约 307
    9.5.1 ▷ 探索 ganache-cli 307
    9.5.2 ▷ ganache-cli 的安装与使用 308
    9.5.3 ▷ 可用 RPC 方法 310
    9.5.4 ▷ Truffle 概述 311
    9.5.5 ▷ 编译合约 313
    9.5.6 ▷ 配置文件 314
    9.5.7 ▷ 合约部署与测试 315

9.6 课后习题 318

第10章 区块链设计案例：AppChain

- **10.1 环境的搭建** 320
  - 10.1.1 ▷ 环境准备 321
  - 10.1.2 ▷ 安装所需要的环境 321
- **10.2 学习搭建自己的基本区块链** 333
  - 10.2.1 ▷ 基于 Python 2 的基本区块链 333
  - 10.2.2 ▷ 基于 Python 3 的区块链例程 335
- **10.3 搭建自己的区块链** 338
  - 10.3.1 ▷ 创建一个区块链 338
  - 10.3.2 ▷ 区块链接口 347
  - 10.3.3 ▷ 运行区块链 351
  - 10.3.4 ▷ 网络一致性 355
- **10.4 课后习题** 361

第1章 区块链概述

如果说当今 IT 领域的热门技术，如人工智能、大数据、云计算、物联网等有利于人类生产能力与生产效率的提升，那么区块链（Blockchain）就是服务于互联社会环境下人类生产关系的优化，甚至重构。

区块链并非单一技术的创新，而是如同互联网一样，是 IT 技术集成运用的系统级创新。互联网的出现及发展实现了人类"信息"的自由传播及广泛共享，而区块链将在互联网的基础上，推动人类"价值"的自由传递及共享利用。

理解区块链的产生背景、技术体系及运行原理，将有助于持续推动区块链技术的进步与发展；主动将区块链技术应用于人们日常生产、生活及社会治理活动中，将推进互联社会生产协同关系的持续完善和优化。

1.1 区块链产生的背景

人类生产关系的实质是个体或组织的价值创造、价值交互与价值记录的过程。在这个过程中，价值创造的"可信"、价值交互的"可信"与价值记录的"可信"是有效社会活动的前提与基础，没有信任保证的社会关系与社会活动是无序、低效甚至混乱的，信任是人类社会生产关系得以维系并发展和进步的核心要素。

可以说人类社会的发展史就是一部个人、组织及社会的信任体系不断发展与完善的历史，社会信任体系的完善程度往往标志着社会发展与进步的程度。根据信任主体之间的关系，可以把信任体系划分为无中介熟人信任、第三方信任和去中介陌生信任 3 类，如表 1-1 所示。无中介熟人信任，信任主体之间的信任关系是构建在对相互身份、交往历史的了解和掌握的基础之上，信任主体之间为"熟人"关系；第三方信任，信任主体之间为"陌生人"关系，相互之间的信任依托于对第三方中介的信任，对第三方中介的信任程度直接影响对"陌生人"的信任程度；去中介陌生信任，信任主体之间虽是"陌生人"关系，但相互之间构建信任关系并不依赖于第三方中介，信任的构建将依赖于新的模式与机制，如依托软件算法与机器。

表1-1　3类信任体系

信任体系	比较项目		
	相互关系	第三方参与	信任依托
无中介熟人信任	熟人关系	不需第三方参与	熟人
第三方信任	陌生关系	主导	中介平台
去中介陌生信任	陌生关系	不需第三方参与	技术设施（如软件算法与机器）

在原始社会时期，部落文明信任体系是构建在熟人社会基础之上的无中介熟人信任。即使在今天，同乡信任、同学信任、战友信任等，个体之间的信任很多都是构建在对相互历史的了解和掌握的基础之上，因而均属于无中介熟人信任体系。

现代社会的发展，在社会关系建设方面一个非常重要的成就是第三方信任体系的大规模建设与不断完善。不管是个人，还是组织，在各项社会活动中，无不需要这些第三方信任体系的支持。公安机关及工商部门为个人、组织提供身份可信，教育机构为个人提供学历可信，银行、证券交易所、房产管理局为个人提供资产可信，各类公共市场、电子商务平台为个人提供交易可信……

无中介熟人信任和第三方信任为人类社会关系的发展和进步做出了重大贡献，在人类社会今后的发展过程中，这两类信任体系仍将继续发挥重要作用。但在互联社会的今天，这两类信任体系的构建在成本及效率方面渐显不足，而区块链的横空出现，则展示了人类可以构建一种新型的社会信任体系，即去中介陌生信任。

1.1.1 ▷ 传统信任体系的局限

在无中介熟人信任体系中，信任主体需要对价值交往对象的身份、交往历史进行了解和掌握，这种了解和掌握是构建在与交往对象的长期相识、相处及价值频繁交互的历史信息基础之上的，因而这类信任体系呈现如下特点。

① 信任的基础是熟人社会形成的历史信用记录。

② 信任的建立需要投入大量时间、精力，甚至情感等。

③ 信任范围有限，价值交互对象数量有限。

无中介熟人信任体系的特点决定了其信任范围、作用范围有限，并且信任成本高昂而低效，因而现代社会主要发展了更具效率的第三方信任体系。相较无中介熟人信任体系，第三方信任体系具有如下特征。

① 信任主体的价值交互范围大大扩展，由原来价值交互对象极其狭窄的熟人群体扩展到广泛的陌生人群体。

② 由对价值交往个体的信任转变为对第三方中介的平台信任。

③ 第三方中介平台的信任构建能力决定了个体对价值交互对象的信任水平。

第三方信任体系极大地提升了信任构建效率，扩大了社会影响范围，并显著地简化了价值交互主体间的信任建立过程，这对现代经济社会的跨时空融合和效率提升发挥了基础性作用。在这种情况下，社会信任体系构建的责任及风险由价值交互主体转移到了第三方信任中介。如覆盖人们日常生产、生活的方方面面，有效保证社会生产、人们生活价值交互秩序的国家信用体系，就有强大的国家政权作为保障；一个好的商业公司、交易平台，其信任体系的构建依托于其先进的技术设施、专业的管理能力、良好的服务历史和口碑。

第三方信任体系是当前社会的主体与主流信任体系，构成了现代社会治理的基础框架，但第三方信任体系仍有其局限性，主要表现在以下两个方面。

一方面，第三方信任体系的构建成本依然高昂。每一个成功的第三方信任平台，必须经过长期的团队努力、资金投入、精心经营，方可持续运营与服务，因而依托第三方信任平台的价值交互必然需要承担由此带来的高昂的交易成本。

另一方面，第三方信任体系的信任风险广泛存在。由于第三方信任体系将原来由价值交互主体花费大量成本构建信任的责任转移到了第三方中介平台上，而第三方中介平台本身在资源投入、信息获取和运营管理能力方面的局限，以及自身潜藏的中介发展风险，均可能造成第三方信任的削弱甚至丧失。

第三方信任体系的局限性使人们有了探索新的信任体系的动力，特别是在互联社会大背景下，如何结合互联网构建高效率、低成本的信任体系就是一个值得研究的问题。

1.1.2 ▷ 互联社会发展的瓶颈

近20年来，互联网的广泛应用与发展，使人类对"信息"的创造、传播与利用的自由获得了空前的释放，"信息"的自由已极大地扩展了信任中介服务的时间与空间范围，基于互联网的跨时空互联社会已逐步形成。当前，在互联社会的各个领域之间进行"信息"的高效传播、利用往往要通过信任中介——互联网企业。

目前，互联网行业的用户服务规模与服务能力都在高速发展，相对于其他行业，更易形成行业垄断，其根本原因主要在于如下两点。

第一，当前互联网企业构建的信任体系仍属于传统的第三方信任体系，互联网企业信任的来源仍主要依托互联网企业自身的品牌、实力、运营和服务能力，用户选择互联网平台进行价值交互的主要依据仍是对第三方中介平台的信任程度。高信任度的互联网平台更容易获得用户的选择。由于互联网的运行不受时间和空间的束缚,因而"强者恒强"的生态法则在互联网企业中表现得尤为显著。

第二,互联网零边际成本的扩张与规模经济效益显著,使互联网企业更容易采取免费、补贴等营销政策加速规模化用户的集中和行业垄断的形成。

如果互联网行业出现垄断局面,就会对互联社会的发展极为不利。一方面,垄断将造成不公平竞争,会抑制互联网领域的创新;另一方面,垄断了的互联网企业并不利于互联社会信任体系的构建,因为垄断的互联网企业仍然受传统第三方信任的局限,而且垄断会使互联网企业滋生腐败。

显然,互联网行业的大发展,得益于传统第三方信任的赋能,但垄断一旦形成又会增加第三方信任体系的风险,并可能在相当程度上阻碍互联社会的创新。因而,互联社会需要发展一种全新的信任体系,以打破垄断格局,并推动互联社会创新与信任体系的持续优化与完善。

1.1.3 ▷ 区块链"信任"的发展

公钥体制作为现代密码学的重要成就,已成为现代信息网络的安全基础设施。公钥体制的显著成就是提供了在开放网络基础上的去中介安全信息传输。公钥体制中加密通信主体包括两个密钥:一个公钥和一个私钥。公钥类似于通信主体的地址,是公开的,可以为任何其他通信用户获知;而私钥则相当于房门钥匙,由加密通信主体独自掌握。发送信息时,发送方使用其私钥签名,由于仅能被其公钥解密,因此任何接收方均可以根据该公钥推断信息是由该公钥所对应的私钥持有者发出的,并且不能抵赖;接收信息时,发送方使用接收方的公钥进行加密,由于信息仅能由公钥所对应的私钥所解密,因而可以确保信息仅能由该公钥所对应的私钥持有者所接收。公钥体制保证了在一个开放性网络(如互联网)中,去中介陌生信任的端对端通信的可靠性和安全性。

P2P（Peer to Peer）网络（即对等网络）是一种在对等者（Peer）之间分配任务和工作负载的应用架构，是对等计算模型在开放式系统互联（Open System Interconnection, OSI）应用层形成的一种组网或网络形式。P2P 网络与目前网络中占据主导地位的客户端/服务器（Client/Server, C/S）模式的一个本质区别是，整个网络结构中不存在中心节点（或中心服务器）。在 P2P 网络中，每一个节点大都同时具有信息消费者、信息提供者和信息通信等 3 个方面的功能。从计算模式上来说，P2P 网络打破了传统的 C/S 模式，使网络中的每个节点的地位都是对等的。每个节点既充当服务器，为其他节点提供服务，同时也享用其他节点提供的服务。P2P 网络使网络中不再存在能单独控制网络功能与服务的超级节点，打破了单一主体对网络的独立控制，并且因为具有更优质的通信性能和更稳定、更安全的持续服务提供能力，而成为去中介陌生信任网络理想的基础通信平台。

P2P 网络与公钥体制事实上已为互联网络环境下去中介陌生信任奠定了两大基础，但仅有二者只能在有限单一的环境下发挥定制性用途，并不能形成系统性、生态性的信任体系。2003 年，戴维克（Dwork）、纳尔（Naor）、拜克（Back）、维斯努穆斯（Vishnumurthy）等结合"虚拟货币"系统应用提出和发展的工作量证明（Proof of Work, PoW）共识机制，使一个系统性的去中介陌生信任体系的雏形开始出现。2008 年，中本聪（Satoshi Nakamoto）提出并实施了基于工作量证明的加密"虚拟货币"系统——比特币系统。比特币系统的成功，验证了基于 P2P 网络、公钥体制及工作量证明共识机制构建统一的公共账本，从而构建出一个去中介陌生信任体系，不仅在理论上可行，在实践上也是可行的。工作量证明共识机制，实际上确保了在开放的 P2P 网络上，用户基于公钥体制生成统一的公共账本，为一个由陌生主体构成的开放网络构建一致性、系统性的"可信数据"提供了保证。

比特币系统通过生成和维护公共账本所采取的系列技术方案，让人们认识到了如何在一个去中心化、去中介的陌生主体环境中构建一个高敏感、高安全、高可信要求的经济信号的技术方案，而维塔利克·巴特林（Vitalik Buterin）在 2013 年提出以太坊智能合约技术机制，将这种基于 P2P 网络、公钥体制和工作量证明共识机制，构建去中心化、去中介统一公共账本的整套技术方案转变为一个底层技术，即我们现在所知道的技术概念——区块链。在区块链中引入具有开放编程能力的智能合约机制，使以太坊具备了图灵完备的计算支持能力，并实现不受限制的内部交易存储容量，使去中介陌生信任体系的搭建具有了系统性的架构，从此区块链就具备了作为互联社会环境下构建新型信任体系基础架构的能力。

上述各类信任体系的特点如表 1-2 所示。

表 1-2　各类信任体系的特点

信任类型	比较项目			
	信任体系	规模与范围	信任成本	受人的影响
熟人信任	依托熟人关系	规模小、范围有限	高	受熟人关系影响大
第三方信任	依托中介平台的品牌、实力、信誉	规模较大、范围较大	较高	受少数人影响
互联网第三方信任	依托互联网平台的品牌、实力、信誉	规模大、范围大	较高	受关键少数人影响
区块链信任	依托区块链的算法、共识网络	规模大、范围大	低	不受个人影响

1.2　区块链的基本概念

单从字面上来理解，"区块链"是一个特别令人费解的技术概念与专业术语。这个概念也阻碍了许多人对区块链的理解。这对区块链理念的传播、推广与普及应用是不利的。不过，即使我们不太喜欢用"区块链"这一名词来指代其所代表的整个技术体系，但由于这一概念在业界已进行了长期传播，因此，我们仍不得不从这一概念的定义入手，来阐释其所代表的整个技术体系及其内涵。

1.2.1 ▷ 区块链的定义

区块链的简单定义：区块链是互联社会构建信任的一种技术基础设施。对这一概念，本书做如下说明。

第一，区块链的应用场景是互联化的社会，或者说是以互联网作为基础设施的人类社会。

第二，区块链是一种以技术为中心的基础设施，"技术"表明了区块链解决"信任"的方案与以往的方案具有显著的不同——依托于算法、软件等技术能力，而"基础设施"即意味着区块链作为"基础层"可以支撑极其广泛的应用场景。

第三，区块链所集成解决的问题是互联社会中"信任"的建立问题，这是核心词，也代表了区块链的主体核心价值。

上述区块链的简单定义对非计算机专业的读者而言，用来理解区块链可能已经足够了，但对计算机专业的读者而言，这显然是不够的，因为其没有对区块链这一技术基础设施的组成内容进行定义。

因此，需要进一步对区块链给出定义：区块链是以在互联社会中构建信任基础设施为目标，综合运用P2P网络、非对称加密算法、共识机制等技术与手段，通过建立按时序编列、不易篡改、块链式的公共账本，构建形成开放网络信任基础的技术、运营与服务体系。

对这一概念，本书进一步给出如下解释。

第一，在互联社会搭建信任基础设施是区块链的价值目标与应用场景。

第二，区块链是一种去中心化、去中介的陌生信任体系，其关键和核心技术主要包括 P2P 网络技术、非对称加密算法、共识机制等。

第三，区块链在技术上实现去中心化、去中介陌生信任的核心与关键基础是具有时序、内容不易被篡改、呈块链式结构特征的公共账本数据。这个公共账本是区块链网络信任的基础，也是区块链整体技术概念的来源。

第四，区块链最终的呈现，既是一种新型的技术框架，又是一种崭新的运营体系与服务网络。

1.2.2 ▷ 私有链、联盟链与公有链

根据前面对区块链下的定义，可以进一步根据区块链共识建立的范围、公共账本公开对象的不同，将区块链应用网络划分为私有链、联盟链与公有链 3 种不同类型，如表 1-3 所示。

表 1-3 区块链类型的比较

类 型	比较项目		
	P2P 共识节点	账本公开范围	应用范围
私有链	单一主体控制	不公开	内部/公众
联盟链	授权主体（联盟成员）	联盟范围内	联盟范围内/公众
公有链	开放/自由加入	公众	公众

1. 私有链

私有链即区块链共识建立的范围及公共账本的公开对象为单一主体，单一主体对区块链的网络运行及数据处理、交换与存储具有全部权利。显然，除了利用区块链的技术特性来增强数据的安全性与网络运行的可靠性外，私有链应用与传统的中心化技术相较并无特别优势，反而由于区块链技术自身固有的一些性能弱点，如同步时延较大、高并发处理能力不强等，使私有链的应用场景极其有限。

2. 联盟链

联盟链即区块链共识建立的范围及公共账本的公开对象为有限主体，

如同业联盟成员之间，联盟成员平等参与区块链的 P2P 网络构建、公共账本创建与维护。联盟链使参与主体的共识边界由原来主体私有范围扩展至整个联盟范围，由于共识边界扩大，联盟成员之间具有了共同的信任基础——联盟链公共账本，因而联盟链成员之间在无须第三方中介参与的条件下，相互的价值交互效率将获得极大的提升。

3. 公有链

公有链即区块链共识建立的范围是面向全社会，公共账本及软件代码完全公开，任何个体与组织均可在赞同公有链相关共识机制的条件下，自由参与公有链 P2P 网络的建设与运营，参与区块数据的产生、传播与维护，以及各类区块链应用的开发、部署与服务运营。公有链由于完全开放，参与主体众多，特别是对具有应用开发支持能力，即支持智能合约的区块链而言，就具备了围绕相关主题，构建自治、闭环生态系统的能力，这对打破垄断型的互联网生态系统而言，具有特别重大的意义。

1.2.3 ▷ 主链和侧链

区块链构建信任的核心是块链式结构的公共账本，公共账本的产生方式及公开范围决定了区块链的属性。根据区块链的交易数据是否列入区块链的公共账本，把相应的交易数据所构成的区块数据链称为主链或侧链。

1. 主链

主链即由公共账本构成的数据链。任何区块链均有唯一和统一的公共账本，即主链。列入主链的数据，可以被所有区块链用户所同步并访问。主链数据由于需要达成全网共识，并实现全网同步和验证，因此列入主链的数据的产生、传输与存储成本都相对较高，适用于区块链中核心数据和高价值数据的存储。

2. 侧链

侧链即与主链在某些区块发生关联，但主体数据并未列入公共账本，而是作为独立数据链由区块链中部分节点或用户所创建、同步与存储。侧链可以缓解主链网络资源、数据存储资源有限,以及处理与存储成本较高的问题,可作为一种提升区块链并发处理能力的有效手段,用于有限范围节点或用户之间进行区块链应用及数据的处理与存储。

主链与侧链可通过一定技术机制实现信息、数据及其代表价值的相互转换和传递,如图1-1所示。

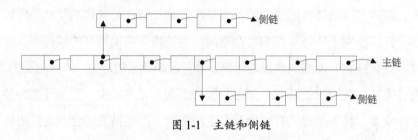

图1-1 主链和侧链

1.3 区块链的价值基础

区块链的根本价值在于它以一种崭新的模式和机制解决人类社会关系信任构建的问题,这就是去中介陌生信任体系。区块链的出现和发展已经远超单一技术概念,已成为一种新兴的思维方式,一种崭新的技术架构,一类创新的服务网络和一种变革性的价值生态系统。

1.3.1 ▷ 区块链解决的根本问题

区块链在互联网的基础上,依托P2P网络、公钥体制与共识机制等技术解决人类社会关系中的信任问题,从而提供了一种新型的去中心化、去中介的陌生信任体系。具体而言,区块链以新型的技术手段与机制解决了人类社会关系中的三大根本关系的可信性问题,如图1-2所示。

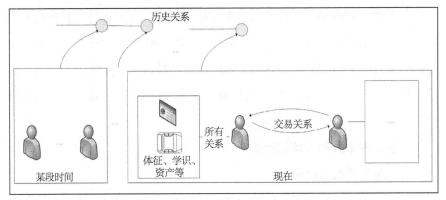

图 1-2　三大根本关系

1. 三大根本关系

（1）所有关系

所有关系是人类社会生产关系的根本关系。所有关系是人类个体、组织之间建立交互关系的前提与基础，也是区分个体、组织的根本属性。人与人之间、组织与组织之间的不同，就是所有关系的不同。个人与组织可通过历史继承与生产创造活动形成所有关系，并通过交易活动进行所有关系的变更。

（2）交易关系

在所有关系之上，人类活动中所发生的所有交互关系，不管是从事一项互通有无的买卖，还是一次简单的谈话沟通，均可称为一次交易关系。交易关系与人类生产创造活动一起构成了人类活动的基本内容，人类社会活动的本质就是交易活动。交易活动可以让所有关系发生变更。

（3）历史关系

在人类价值创造、交易变更等活动过程中，形成了按时间顺序且不可逆的活动过程记录，即为历史关系。历史关系对评价个人、组织活动过程价值，以及基于已有过程价值再创新、再利用具有重要意义。人们以历史数据为基础，对活动主体的价值给出客观评估，并基于这些历史经验进一步优化和创新未来主体的活动。

在人类社会活动中，这三大根本关系要良好、有效运行，其核心要素是这三大根本关系均要"可信"，因此"可信"是这三大根本关系的关键要素。作为一种新型的信任体系，区块链以其特有的技术手段与机制，依靠"算法"与"中立机器"的力量有效地解决了这三大根本关系的可信问题。

2. 三大根本关系的可信问题

（1）所有关系的可信

区块链所采用的公钥体制，使区块链中的私有账户只能由掌握私钥的创建主体控制并操作，而其对外公开的公钥又使其能与其他主体用户便捷地交易互动。公钥体制确保了区块链在去中介的P2P网络环境下的所有关系的可信。

（2）交易关系的可信

区块链中公钥体制及P2P网络技术的集成运用，解决了交易主体的可信，同时避免了单一主体控制的第三方中介可能存在的中介发展风险，从而确保了交易关系的可信。

（3）历史关系的可信

区块链通过对公共账本的集体创建、维护，通过哈希加密计算技术确保块链式交易账本数据的不可逆和永久性存储，使区块链中用户账户数据、交易记录数据得以真实、透明、安全、可靠地记录和存储，确保了区块链历史数据的可信。

显然，区块链以新的模式、新的机制解决了人类社会三大根本关系的可信问题，这奠定了区块链在互联社会优化甚至重构人类社会关系的基础。

1.3.2 ▷ 区块链思维

正如推进互联网工作时，我们要有互联网思维一样，同样，在理解和推进区块链工作中，我们要建立区块链思维。事实上，区块链就是一种新型的思维与行为模式，区块链思维特别强调如下几个方面。

1. 去中心化

中心化是第三方中介信任体系的特征，而区块链是一种去中心化、去中介的陌生信任体系。因此，去中心化是推进区块链工作首先要建立的一种思维方式。开展一项涉及信任构建的工作，首先要思考，如果使用去中心化怎样来解决？不仅高价值数据资产及其相关计算能去中心化，普通Web数据访问存储也可以去中心化。通过去中心化思考，可能会获得中心化信任体系下难以获取的诸多新特性、新能力。

2. 透明、开放

推进区块链工作，在所属的共识范围内，需要机制、规则、代码的完全透明、开放，透明、开放是让共识群体积极参与的前提和基础；黑箱运行潜藏规则或独有专利，在区块链中难以获得更大范围的共识，并难以被更多参与者所拥护。

3. 协同合作

不要试图一个人或一个机构独自完成所有工作和享有所有回报，要习惯人与人之间、团队与团队之间的协同合作，共定游戏规则，共建生态，共同发展产业，共获回报。

4. 相信算法

人性是自私的，不用"考验"人性，但在区块链中，可以相信算法、机制与中立机器；相信一切机制、规则与社会关系均可用算法描述；算法与机器没有偏见，在这方面它们可以比人做得更好，但需要对它们进行持续发展和优化。

1.3.3 ▷ 区块链技术架构

由 P2P 网络、公钥体制、共识机制及智能合约等技术所构建的区块链技术体系，事实上已构建了一个全新的技术架构，这个技术架构与互联网的OSI模型一样，也具有相应的功能层次模型。作为一种崭新的技术与开发架构，区块链包括如下层次模型。

1. 数据层

区块链的数据层是一个"区块+链"的数据结构，本质上是一个分布式区块链，以非对称加密算法、哈希计算等技术为基础，确保一个区块链数据账本决定一个网络，每个区块链的数据不易被篡改。

2. 网络层

区块链的网络层遵循P2P网络协议，确保网络的开放和稳定服务，确保互联网用户的自由、平等参与，以及区块链数据的同步等。

3. 共识层

区块链的共识层决定区块链的记账权（在主链上链接区块的权利）获取机制。采用工作量证明（Proof of Work，PoW）共识机制，计算机的性能越好，越容易成功封装区块并获得通证（即Toben，区块链上的权益证明，在大多数情况下为对应的"虚拟货币"）奖励；采用权益证明（Proof of Stake，PoS）共识机制，类似股份公司股权的概念，会根据持有的通证数量和时间，由股权拥有者按其权益比例获得区块封装权利，并根据封装区块获得挖矿奖励。

4. 激励层

区块链的激励层对应区块链的奖励机制，是对为网络提供计算及验证服务的所谓"矿工"的奖励措施，通过对区块封装节点实施奖励，以确保分布节点投入区块链计算的积极性。

5. 合约层

区块链的合约层即区块链的智能合约层，针对不同区块链应用，在该层可进行灵活的逻辑规则定义、编码、部署及分布式和去中心化运行。通过该层的引入和支持，使区块链的底层信任支持能力可以扩展到更广泛的去中心化陌生信任应用场景。

6. 应用层

区块链的应用层即区块链的展示层与业务层，通过使用区块链的开放接口，使各类应用与区块链集成，区块链的应用层可以是移动端、Web 端，或是直接融合进现有的业务服务器，可把当前的业务应用作为应用层。

区块链通过分层技术架构的清晰分工协同，有效地保证了区块链技术体系的系统性、完整性、灵活性与开放性。

区块链技术体系所呈现的不同特征也意味着，围绕区块链的技术开发与应用开发也具有新的特点。在面向完全去中心化的区块链应用开发中，"智能合约 + 分布式文件系统"将是去中心化应用开发的典型架构。

1.3.4 ▷ 区块链服务网络

区块链服务网络是一类创新的服务运营网络。

区块链技术体系的不同组合，可构建出不同类型的服务运营网络：由数据层、网络层、共识层及激励层构成底层网络，提供以公共账本为核心的去中介陌生信任的基础服务，如以太坊主运营网络，其提供基础服务，支持各类去中心化应用的开发、部署与运营；底层网络也可与特定的应用目标相结合，提供具体的或相对具体的去中介陌生信任媒介服务，如比特币网络，其提供以比特币为核心的"虚拟货币"应用服务。事实上，区块链开放的分层技术架构体系使得开发者可根据服务定位不同、服务目标不同、应用场景不同，创新和构建出各种类型的服务运营网络，而非我们现在所看到的比特币网络、以太坊等相对单一和程式化的服务运营网络。

对于区块链服务运营网络，可从如下角度来定义或解析。

1. 应用目标

应用目标是指确定所要构建的服务运营网络是解决一个具体的信任媒介问题（如"虚拟货币"、加密证书等），还是一个基础性的信任服务问题（如提供各类去中心化应用部署与运营的网络环境），或是一个行业性、领域性的共识应用问题（如农业行业的食品溯源、文化艺术领域的艺术品认证与交易）。

2. 服务内容

服务内容是指确定所提供的服务，可以是一种基础性的服务，如支持去中心化应用的智能合约的开发、部署与运营；可以是一种行业性、领域性的公共设施，如支持农业行业的去中心化应用开发、农业资产数字化与去中心化交易；可以是一种有价值的具体应用媒介，如"虚拟货币"、数字积分、数字证书等。

3. 运营体系

运营体系是指确定所构建的服务运营网络，可以是一种完全去中心化、自由开放的 P2P 公有链架构，也可以是一种多中心、分布式运行、许可加入的 P2P 联盟链架构，还可以是一种单一主体控制、多节点分布式运行、能力开放的私有链云服务架构。

4. 共识范围

共识范围是指确定网络公共账本的生成、维护所采用的共识机制；确定网络重大变革事件的决策机制，是社群民主决策，还是少数精英决策，还是单一主体独立决策。

5. 技术保障

技术保障是指确定区块链的技术支持力量是采用开源社区维护，还是由多个或单一主体的技术开发力量维护。

可以预见，不同类型的区块链服务运营网络，将构建出不同类型的区块链价值生态系统。

1.3.5 ▷ 区块链价值生态系统

基于区块链服务运营网络，可以围绕不同的产业或应用主题，构建变革性的价值生态系统。

凡参与者众多、价值互补、相互需要、具有自发或自觉组织性的社会活动系统均可以称其为价值生态系统。在经济领域，传统的价值生态系统以行业为界，以产业链为基础，产业链中围绕龙头企业、核心企业进行供需组织、价值传递，由相互需要、相互服务而构成一个互相依存的生态体系。

在传统的产业价值链中，龙头企业、核心企业，往往具有统治性、主宰性的地位，是产业价值链游戏规则的主导制定者，也是产业价值链的最大获益者。

互联网的出现一度打破了传统产业链的运行规则，使产业价值链核心环节向掌握终端用户的互联网服务运营商转移，如BAT（指中国互联网公司三巨头：B为百度，A为阿里巴巴，T为腾讯）等互联网企业。

以传统产业链为中心的价值生态系统，核心企业往往凭借其资本、品牌、渠道的力量，主导甚至是主宰产业价值链的发展与利益的分配，而普通消费者、核心价值提供者，由于在产业价值链中的弱势地位，往往成了被动的参与者与利益受损者。例如，在当前的互联网游戏产业链中，渠道方得到整个游戏运营收入的90%，而真正的游戏开发商、运营商仅能取得10%。

作为一种去中心化、去中介的陌生信任体系，区块链已通过比特币系统、以太坊等实践证明，完全可以基于区块链构建一种新型的价值生态体系，在这类价值生态体系中将呈现与传统产业链完全不同的价值生态系统特征。

1. 去中介

区块链已经提供了一种不需依赖于第三方中介的去中介陌生信任体系，创造价值的个体与组织完全可依托于区块链所构建的去中介陌生信任体系进行直接的价值交换，从而使价值的分配权与最大获益者回流至价值创造者与价值消费者。

2. 社群共识

生态系统中的重大变革、关键决策不再由单一的主体或个人所主导，而需依照生态社群所构建的共识机制进行集体决策，这将避免少数个人或单一主体对生态体系的决定性影响与控制。

3. 代码"宪法"

生态社群共识的达成、提案发起与决策流程，个体与组织间的价值交互，均可以通过公共透明的程序代码进行确定性的定义和一致性的执行，诚信不再是对人性的考验，而是对代码正确性的测试。

4. 价值倍增

区块链生态社群中的价值主体、价值创造、价值交互的历史数据将清晰明确、准确无误、不易篡改、永久性地存储下来，而这些真实的价值数据随着数据的不断积累，既会使价值主体的价值不断累积增加，又会使整个社群的价值倍增。基于透明历史的区块链社群所积累的庞大而真实的数据将具有巨大的社会经济价值。

1.4 区块链的应用

区块链所解决的核心问题是去中介陌生信任体系的构建，技术本质是基于社群共识创建和维护公共账本。基于此，区块链可适用于大多数依托于信任的商业与社会活动应用，并由于信任体系构建的变革，而优化甚至重构现有的商业与社会活动模式。

根据区块链技术特征及其所解决的核心问题，区块链可在资产所有权的区块链化、个体与组织价值积累的区块链化、扩展共识范围的交易效率、发展互助型产业生态与培育共识自治社群等方面获得重大应用。

1.4.1 ▷ 资产区块链化

私有财产权（即物权），是人权的组成部分，而资产的所有关系是人类社会关系的根本关系。

在无中介熟人信任体系中，部落财产所有关系的确立是依靠部落氏族道德和习惯的力量来维系的；而在第三方信任体系中，如现代社会，是依靠法律与国家机器的强制性等第三方力量来保证的。区块链的出现，将为人们资产所有权关系的确立带来崭新的变化，即谁掌握所创建区块链账户的密钥，谁就拥有所建账户资产的所有权。与前述两种信任体系所确立的资产所有关系相比较，由区块链所确立的资产所有关系具有如下特点。

1. 安全性

区块链网络体系及非对称加密算法的高可靠、高安全特征，决定了基于区块链账户所建立资产的安全性。除非用户自身的原因而导致密钥丢失或被盗以外，区块链账户资产的安全不受诸如道德、地域、政治变化等外在因素的影响。

2. 隐私性

区块链账户可在极隐私的条件下匿名创建，账户之间的资产交互无须提供用户真实的身份信息，并且这也不影响交易本身的真实可靠性。交易真实，而身份匿名，这种机制可确保区块链账户的隐私性。

3. 便捷性

区块链基于P2P网络所构建的资产账户，可实现账户之间资产高效、便捷的转移和交换，这种所有权转移的便捷程度将远远超过传统信任体系下的资产所有权转移。

4. 流动性

区块链资产交易的便捷性、高效性，必然带来区块链资产的高流动性，而高流动性将带来区块链资产的价值倍增。

区块链资产的如上特点决定了区块链应用的首批浪潮必将围绕各类资产的区块链化而展开，这些资产包括游戏道具、数字作品等虚拟资产，以及房屋、汽车、土地、农业作物等实体资产。

1.4.2 ▷ 价值存储区块链化

区块链的公共账本实现了"交易即记账",且记入区块中的交易数据不易被篡改并永久存储。这个特性确保了区块链数据的高度真实性、可追溯性和历史重现性。真实的历史数据将为价值交互主体及其资产带来价值增值,正如上市公司的审计与信息公示制度确保了上市公司资产与价值的真实性、可交换性,从而使上市公司股权相对未上市公司具有更高的价值认可。在区块链中价值主体的价值创造、交易过程的存储,将为价值主体不断累积并提升价值。

例如,个人学习或任职过程的区块链存储,将简化学校入学考核或就业部门的入职考核,使学生与学校、求职者和就业单位之间实现高效、主动的条件匹配,其间可以减去大量不必要的中间环节,并能有效避免不公平、不合理的人为干涉;对于农作物及食品,从所使用的土壤成分开始,包括农业添加物、包装、运输及加工过程的全程数据的区块链存储,将简单、直接地为农作物及食品进行定级、定价,这样的可信农产品更容易获得消费者的认可,并提升其价值。无论是个人,还是实体或实物的各种认证,基于区块链的存储,可有效避免各类伪造、作假和恶意欺骗等现象。

区块链对价值数据的真实性存储将为另两项新兴技术——大数据与人工智能的发展奠定坚实基础。目前,大数据技术、人工智能技术发展中的重要瓶颈是数据产权管理难而带来的商业模式困境,以及数据不真实性而引起人工智能的机器学习失效,而这两个瓶颈正好可通过区块链解决。

1.4.3 ▷ 提升社会协同效率

在联盟链、公有链中,区块链将原来限定在单一主体的共识边界扩展至多主体甚至公众范围,从而使共识边界大幅扩展(见图1-3)。由于在共识范围内,价值主体之间具有了信任的基础——公共账本,因此相互间的价值交互过程将直接而高效,既省去了构建信任所需花费的信任构建成本,同时因为"交易即记账",也省去了交易过程及事后记账、审计的大量复杂事务,使价值交互主体的协同工作效率获得空前提升。

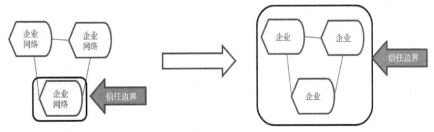

图1-3 区块链扩大信任边界

例如,基于区块链的供应链管理将使供应链中的上下游企业,凭借供应企业之间的交易记录形成的公共账本,有效建立供应企业之间的互信,从而促使供应链高效、自动、智能及集约化地运转。同时,基于供应链交易的公共账本,可以极容易地引入银行等金融机构提供基于区块链的供应链金融服务。

区块链基于互联网所构建的高效信息交换网络及公共账本所构建的信任基础,将大幅提升人类社会协同工作效率,从而推动人类社会生产效率与生产能力的再次进步。

1.4.4 ▷ 催生互助型产业生态

区块链基于代码定义规则、基于公共账本建立的信任机制,将催生一种崭新的产业经济形态,即基于区块链的互助型产业生态。基于区块链的互助型产业生态将显著区分于依托"资本""渠道""品牌"等传统中介力量而形成的以中介企业为"主宰者"的传统产业经济模式。

在以区块链为基础构建的互助型产业生态中,价值创造者将与价值消费者直接进行价值交换,甚至共同参与价值创造,共同决定产业生态游戏规则。传统产业链在区块链中将解构或进行价值重组和价值链再造,而新生的产业价值链将是协作的、互助的、共识的,甚至是完全智能的,价值将直接面向价值创造者进行公平合理的分配。绵延了几千年，依托于信息不对称或信息垄断而在传统产业价值链中获取最大利益的"中间商"将逐渐势微甚至退出产业生态。

"公司"作为第三方信任体系下的经济组织单元完全可能会被去中介陌生信任体系下的新型组织形态——"价值共同体"所取代。不同于"公司"这种第三方信任体系，在以区块链为基础所构建的新型经济组织"价值共同体"中，商家（服务提供商）与消费者不再是二元对立关系，而是成为一个价值统一体；消费者参与消费的同时，也是一种价值创造或价值投资的过程，并将享有价值共同体后续价值增值的收益。

传统经济组织与区块链经济组织的异同如表 1-4 所示。

表 1-4　传统经济组织与区块链经济组织的异同

比较项目	传统经济组织	区块链经济组织
依托	工商部门/证券交易所/审计事务所	区块链公共账本
商家/消费者关系	二元对立	统一
组织形态	公司	价值共同体
服务	中介主导	去中介
消费	纯消费参与	价值参与
所有权转移	低效	高效

例如，以音乐创作和音乐"粉丝"所构成的音乐区块链网络将成为一个新兴的音乐价值合作同盟，创作者将不必再担心其版权被侵权，其大部分收益也不用担心被渠道分走。创作者通过与"粉丝"的密切互动、合作努力，共同推动音乐价值合作同盟的发展和享受所带来的收益，这也将有助于创作者创作更多优秀的音乐作品。

1.4.5 ▷ 培育共识自治社群

区块链基于公众参与形成的共识机制，基于公开代码所形成的确定性执行机制，基于公共账本形成的公开、透明的信息披露机制，可促进基于互联社会的民主、自治、透明、诚信社群的有序形成，将推动社会治理发生深远变革。

目前我们广泛发展的基层社区、社团民主自治，新型企业的组织治理，社会团体、公益组织、慈善机构的民主决策与业务发展，区块链均将为其提供良好的平台基础，使社会治理更民主、更公平、更公开。

1.5 区块链的挑战

区块链作为一种新兴的信任体系构建模式，将会推动经济社会深刻、长远的变革，但其本身也会面临技术、商业和社会的诸多风险与挑战。

1.5.1 ▷ 技术的挑战

区块链技术体系在构建和维护区块链信任基础——在共识范围内的公共账本的过程中，随着技术的发展及应用的进一步推广和深化，面临如下技术挑战。

1. 账户安全

现行的非对称加密算法面临正在发展中的新一代计算技术——量子计算而带来的加密体制失效的风险，需要迅速发展诸如"格"密码（一种不能被量子计算所解析的密码技术解决方案）之类的抗量子计算体制；密钥的丢失与被盗威胁账户资产的安全，需要更好的技术及非技术社区共识机制来管理与防范。

2. 高并发交易

现行公有链基于 PoW 共识机制，既浪费电力又带来交易效率的瓶颈；区块封装与同步机制在本质上还是一种全网串行计算机制。这些现行区块链技术所带来的低交易效率将限制区块链的应用场景，因而发展更高交易效率、更低能耗的高并发共识机制，甚至突破区块串行计算限制，发展高速并行计算的区块链技术体系就日益迫切了。

3. 普及性软件

区块链诞生于程序员的极客小圈子，当前区块链的相关软件技术、产品仍然有专业性较强、操作不简便等问题，因而，其在移动化、便捷化、易理解性等方面仍然有相当的局限性，这在一定程度上阻碍了区块链的推广与普及应用。

1.5.2 ▷ 商业的挑战

区块链对产业生态的重构将挑战传统商业的规则与逻辑，并直接挑战传统商业既得利益者的利益格局，因此可能会受到传统商业的多方围堵和挤压。如何构建新兴的区块链商业模型使区块链能更高效、更便捷和更富吸引力地解决商业价值链中的根本痛点，并赢得普通大众的支持，是区块链赢得未来商业竞争并不断发展壮大的基础。

区块链新型经济组织形态——"价值共同体"的产生、培育与发展，在现有经济体制下面临理念与知识普及、配套设施及服务体系建设、法律法规建立及完善等诸多难题。

1.5.3 ▷ 社会治理的挑战

区块链作为新型信任基础设施，其"隐私性""全球性""共识性""民主性"等在为普通用户带来便捷、隐私保护及促进社会公平、民主自治的同时，也可能会被一些人非法利用。同时，区块链由于采用了新的信任体系，这与当前主流的社会信任体系可能直接冲撞，而在区块链相关法律、法规及监管体制尚未有效形成之际，可能会带来相当长时期的社会治理难题。

因此，这就需要个人、组织、社会及国家共同努力，及早探索、研究区块链时代来临时的相关社会治理的法律制度及监管防范体系。通过主动研究与积极探索，迅速把握区块链技术与应用的发展规律，努力让这一革命性的技术为社会提供正向价值。

1.6 课后习题

1. 现有的 3 类信任体系及各自的特点是什么？通过区块链技术所构建的信任体系属于哪一类？为什么？

2. 京东商城、淘宝网等互联网平台的信任体系是哪一类？互联网平台形成垄断的速度远超传统行业，其根本原因是什么？

3. 简述区块链的概念和分类。区块链的公共账本在区块链技术体系中的意义是什么？区块链公共账本的公开范围对区块链本身有何影响？

4. 简述私有链、联盟链、公共链三者的基本概念、内涵与区别。

5. 简述主链和侧链的概念、内涵及区别。

6. 区块链从本质上来讲解决了人类社会关系中的哪 3 个基本关系？如何解决的？

7. 区块链可以在哪些领域中应用？在这些领域主要运用区块链的哪些技术？

8. 区块链在经济领域中的应用有哪些？如何理解区块链"价值共同体"这一崭新的经济组织形态？它与传统的经济组织形态"公司"有何本质的区别？

9. 区块链目前面临的技术挑战有哪些？这些技术挑战产生的背景与原因是什么？

10. 区块链目前存在的问题和风险有哪些？如何应对这些问题或风险？

第 2 章 区块链的发展

从 2008 年中本聪提出比特币的概念开始，区块链技术已历经十几年的发展。从最初关注数字资产交易的"虚拟货币"，到智能合约的应用，再到初见端倪的可编程社会，区块链应用已经逐步延伸到人们生活的各个层面，从最初少数密码学家关注的小众应用变为几乎每个人都听说过的社会热点。本章将从区块链产生的源头开始，梳理区块链发展的历程，并对其不同发展阶段的特性与代表性应用加以归纳总结，以使读者对区块链技术的发展脉络有一个总体认识。

2.1 区块链的发展历程

当前，区块链技术已经给经济、政治、人道主义和法律系统带来诸多益处，这也表明了区块链是一种极具颠覆性的技术。在应用维度区块链实则为一本全球总账本，它记录着所有的可数字化的交易。据此，可将区块链现有的和潜在的活动划分为 3 类：区块链 1.0、区块链 2.0 和区块链 3.0。区块链 1.0 是"虚拟货币"的相关技术，在与"虚拟货币"相关的应用程序中部署加密"虚拟货币"交易，如转账。区块链 2.0 是智能合约的相关技术，此时，整个经济、市场和金融等领域中的应用程序所使用的区块链比简单的"虚拟货币"交易更为广泛。区块链 3.0 是一种超越"虚拟货币"，以及经济、市场和金融等领域的区块链应用，特别是在政府、健康、科学、文化和艺术等领域的应用上。

区块链的发展历程有 3 个主要阶段，如表 2-1 所示。

表 2-1 区块链的发展历程

阶　　段	发展内容
区块链 1.0 （比特币——可编程"虚拟货币"）	以比特币为代表的"虚拟货币"
区块链 2.0 （以太坊——可编程"金融"）	"虚拟货币"和智能合约，在整个经济、市场和金融等领域中的使用更为广泛
区块链 3.0 （未来——可编程"社会"）	超越"虚拟货币"，以及经济、市场和金融等领域的区块链应用，涉及社会的各个行业

区块链 1.0 是以比特币为代表的加密"虚拟货币"。比特币等"虚拟货币"可以为贸易和商业铺平道路，还可以让人们做一些超越想象的事情。加密"虚拟货币"的核心功能是在不需要第三方信用背书的情况下，任何交易都可以通过互联网直接在两个人之间进行，通过使用加密"虚拟货币"，以一种完全分散的、分布式的和全球性的方式在个体之间分配和交易资源。随着区块链技术的发展，"虚拟货币"的应用范围被不断拓展，逐步成为一个可编程的开放网络，用于所有资源的分散交易。因此，基于可编程"虚拟货币"的区块链 1.0 已经被扩展到区块链 2.0，这样就可以利用区块链实现更强大的功能。

区块链 2.0 是区块链技术中更为广泛的分散市场的一个应用，涉及整个经济、市场和金融等领域。以太坊（Ethereum）和智能合约（Smart Contracts）是区块链 2.0 的典型代表。

区块链 3.0 是未来发展的趋势，是超越"虚拟货币"，以及在经济、市场和金融等领域中的区块链应用，涉及社会的各个行业。在这个阶段将逐步解决目前区块链中存在的低效率、高能耗，以及隐私保护难、不利于监管等问题，并开始与人工智能、大数据和物联网等技术相结合，这是区块链商用化成熟的阶段。

2.2　区块链 1.0

比特币作为区块链 1.0 的"虚拟货币"代表，具有数字化、去中心化、局部匿名的特点，它不依靠第三方信用机构进行背书，而是依靠点对点网络和密码学来保持其完整性。

2.2.1 ▷ 比特币简介

提到比特币，就不得不提到它的神秘创始人——中本聪。这个神秘的人物（或组织）于2008年10月31日在密码学网站上发表了名为《比特币：一种点对点的电子现金系统》(Bitcoin:A Peer-to-Peer Eleetronic Cash System）的论文，之后在开源社区sourceforge上传了一个叫Bitcion的项目，这就是比特币的最初版本。中本聪在完成了比特币的理论与初期体系结构搭建后，就从互联网上消失了，没有人见过他的真面目，就连提名诺贝尔经济学奖候选人都没能让他现身。比特币项目主要由两位前谷歌工程师维护，但即使这两人也声称从未见过中本聪。

由于比特币最初设计时没有考虑到其会成为全球性的大规模分布式应用，因此，在应用规模不断扩大的过程中，逐步暴露出很多性能方面的不足。于是人们根据实际情况对比特币的技术进行扩展，从而产生了很多修改过的、与比特币类似的"虚拟货币"。这一方面促进了技术的发展，另一方面也带来了层出不穷的非正统"虚拟货币"，也就是俗称的"山寨币"。对于"山寨币"，尤其是以传销为手段的"空气币"，大家一定要有清醒的认识，明白其敛财诈骗的本质，并且我国的法律对这些"空气币"也是严格禁止的。

2.2.2 ▷ 比特币的获取与交易

比特币作为"挖矿"活动（即利用机器进行数学运算来竞争记账权）的奖励而产生。从技术的角度，比特币系统中尚缺乏账户的概念，用户拥有的比特币由比特币地址进行确定。从比特币地址进行转账的能力是通过数字签名来控制的，其中包括对公钥（Public Key，PK）和私钥（Private Key，PA）的配对。每个比特币地址都被唯一的公共ID索引，这个公共ID索引是一个数字标识符，对应于公钥。与公钥对应的私钥控制着这个地址所持有的比特币。具体来说，任何涉及这个地址作为发送地址的转账必须用对应的私钥签名，这样才会被认为是有效的。简而言之，在一个给定的比特币地址中拥有比特币，就相当于拥有了与该地址的公共ID（即公钥）

相对应的私钥。

下面举例说明比特币的交易过程。

首先，发起一个交易。假设 Alice 想用比特币网络给 Bob 发送一个比特币。Alice 和 Bob 都需要有一个比特币地址，分别标记为地址 A 和地址 B。然后 Alice 需要发送并验证消息"地址 A 发送一个比特币给地址 B"。一旦 Alice 签名了一个交易信息，含签名的交易会被广播，比特币网络上的每一个人都可以验证是 Alice 发出了这个消息，并且消息没有被篡改。

其次，验证这个交易。在执行交易之前，比特币协议必须验证交易消息"地址 A 正在发送一个比特币给地址 B"的两个问题。第一个问题是"这个交易信息是否由 Alice 发起"，而数字签名方案保证只有这个地址的私钥拥有者才可以签名该消息。第二个问题是"发送地址是否有足够的比特币来保证交易完成"，这个问题可以通过比特币的交易实现机制——未花费交易输出（Unspent Transaction Output, UTXO）来验证，具体内容参考 5.5 节。

最后，更新区块链。已签名交易消息得到初始认证后，在比特币网络中的参与者竞争记录区块链中的交易。首先，竞争节点广播上次在区块链的记录，然后比特币系统定义一个计算密集型任务，供主网竞争解题。最先解决这个问题节点的竞争者是获胜者。一旦决定了获胜者，就完成了交易的记录。获胜的节点有权记录并收到奖励。执行工作证明过程的节点在比特币网络中被称为"矿工"。比特币系统建立了一个奖项来激励这些矿工。关于奖励机制的具体内容可以参考第 7 章。

2.2.3 ▷ 比特币的工作流程

比特币每一笔交易都会生成一条交易信息，信息包括发送者账户、交易比特币的数量、接收者地址等。很多单一的交易信息会组成一个交易信息簿（区块），而将交易信息簿串联起来便成了世上唯一的交易信息簿链（区块链）。比特币系统的工作原理如下。

① 比特币用户会生成自己的私钥，并通过私钥生成公钥，即账户。如果需要向用户 A 转账，则必须输入用户 A 的账户地址。

② 假设用户 A 需要给用户 B 转账。需要追溯到用户 A 上一次交易的交易信息，即用户 C 给用户 A 的转账信息，并将这笔转账的比特币锁定，且只有用户 A 使用私钥才能使用这笔比特币。当用户 A 使用这笔比特币时，用户 A 需要输入用户 B 的接收地址，然后用户 B 的公钥便将这笔比特币锁定。

③ 当交易发生后，便生成这一笔交易的交易信息，并向全网广播。然后，节点把这一笔交易信息放入内存并检验其合法性。如果验证通过，交易信息则进入交易池。

④ 同时，网络将交易池里的交易信息、上一个区块的哈希值、随机参数 Nonce 组成一个文本，然后计算新文本的哈希值。当成功计算出新文本的哈希值，就把计算这个哈希值的信息组成一个区块，并进行记账和广播。其他节点收到信息后，也会记录这个区块。这个过程被称为"挖矿"。

⑤ 由于计算新文本的哈希值时使用了上一个区块的哈希值，所以新产生的区块中有上一个区块的信息，这是使区块连成一个区块链的主要原因。此外，区块链是不易被篡改的，因为如果某一个区块被篡改了，则其后面的区块便无法匹配。

2.2.4 ▷ "双花"问题

如何保证同一个比特币不会被重复使用，即如何保证比特币不会出现"双花"问题？首先，提出一个问题：Alice 用 100 元在商店里买了一件衣服，她又想用这 100 元去吃饭。这在现实生活中是不可能发生的。但是如果 Alice 使用的是"虚拟货币"而不是现金，这能发生吗？这其实便是比特币重复使用的问题，亦被形象地形容为"双花"问题。

不只是比特币，"虚拟货币"长期以来都存在重复使用的问题。在区块链技术之前,"虚拟货币"与其他数字资产一样,是无限可复制的。在没有中央媒介的情况下,没有办法证实特定数量的"虚拟货币"是否被使用掉。在一个交易中,必须有一个受信任的第三方,如银行,它的总账证明"虚拟货币"的每一部分只使用了一次。

区块链就解决了"双花"问题,它将比特流(BitTorrent)的同类文件共享技术与公钥加密技术结合起来,创造了一种新的"虚拟货币"形式。"虚拟货币"所有权记录在公共分类账中,并由加密协议和采矿社区确认。区块链是不受信任的,因为用户不需要信任交易中的另一方,也不需要信任中央中介,但需要信任区块链协议软件系统。比特币在解决"双花"问题方面有两个重要因素,即比特币交易的基本因素——未花费交易输出(UTXO)和时间戳(Timestamp)。当接收到一笔交易信息时,节点会查这笔交易所使用的 UTXO 是否存在,以及它的拥有者是否是当前新交易的发送者。如果不存在或拥有者不是发送者,则该交易会被比特币系统拒绝。交易结束之后,系统会做相应的更新。比特币系统会根据时间戳来保证区块链中的区块是按时间先后顺序连在一起的。如果用户 A 将自己 UTXO 中的 3 个比特币同时转账给用户 B 和用户 C,比特币系统中的节点会选择记录先接收到的那笔交易,因此只有一笔交易会成功。另外,即使用户 A 转账的两笔交易的时间差小于某一阈值,比特币系统也不会发生"双花"问题,而是会发生"分叉"。

2.2.5 ▷ "分叉"问题

为了保持一致,比特币系统中所有节点都是用相同的规则来验证区块的。然而,当为了引入新的特性或防止网络滥用时,就会改变使用的相同规则。当新规则出现时,升级后的节点会遵循新规则,而没有升级的节点遵循旧规则。这将会出现两种情况。

第一种情况，被新规则升级后的节点遵循新规则，而没有被升级的节点拒绝。如图 2-1 所示，没有升级的节点拒绝新规则而继续使用旧规则，而已升级的节点使用新规则，则它们就不会建立在相同链上。这就形成了分叉的链，称为"硬分叉"。

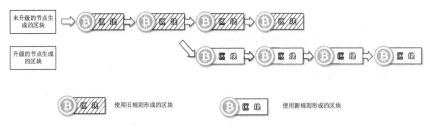

图 2-1　硬分叉

第二种情况，如果升级的节点控制了大部分的哈希率，就有可能使区块链永久使用新规则。因为没有升级的节点将会接受新规则。这样设计后的节点可以构建一个更强的链条，而没有升级的节点将接受这样一条最有效的区块链，这叫作"软分叉"，如图 2-2 所示。

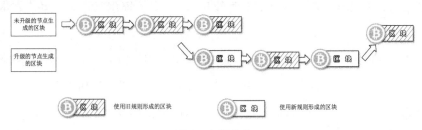

图 2-2　软分叉

"硬分叉"和"软分叉"都向后兼容，即新节点都可接受由旧节点产生的数据或者代码。软分叉还可实现向前兼容，让旧节点也可以接受新节点产生的区块，从而避免区块链分叉。下面举个"硬分叉"和"软分叉"的例子："硬分叉"允许区块大小从 1MB 变为 2MB；"软分叉"允许区块大小从 1MB 变为 500KB。当前研究证明了网络中的传播延迟是区块链分叉的主要原因。

2.3 区块链 2.0

如果说以比特币为代表的各种"虚拟货币"是区块链在加密"虚拟货币"领域的尝试，那么融合了智能合约的以太坊平台则将区块链的应用向金融领域进行了扩展，使更多的应用场景得以实现。

2.3.1 ▷ 从智能合约到以太坊

如果说中本聪是比特币的代表人物，那么说到智能合约和以太坊就不得不提两个关键人物：智能合约的提出者尼克·萨博和以太坊的创建者维塔利克。

尼克·萨博是一位跨领域的计算机专家与学者，曾一度被认为是中本聪。他根据售货机的灵感，提出了智能合约的概念，并在此领域进行了先驱性的产品尝试，虽然没有取得成功，但为后来的诸多应用开辟了道路。而维塔利克则更具传奇性。维塔利克早先在比特币社区从事程序开发和新闻报道，在 2013 年下半年（当时他只有 19 岁）提出了"以太坊"的概念，并发布了以太坊初版"白皮书"。2014 年，以太坊基金会成立，2015 年 7 月 30 日，以太坊正式发布，到 2016 年年初，以太坊的技术得到市场认可，吸引了大量开发者以外的人进入以太坊的世界。2018 年 5 月 17 日，赛迪研究院正式发布首期全球公有链技术评估指数及排名，以太坊位列评估榜单第一位。

智能合约属于合约管理的范畴，而合约管理系统是一个已经较为成熟的应用领域。事实上，我们日常打交道的各种商业服务都属于合约应用。例如，我们在网上商城下了个订单，就相当于与商城签了一份合约，当完成付款后，合约就被触发，商城就开始备货、送货，并完成订单的跟踪与售后服务；再如水、电、气的网络充值缴费业务，在完成充值后，对应的水、电、气公司就需要遵照合约要求，在用户账户余额充足时自动提供对应的能源供应。从某种程度上说，上述两个例子也都属于智能合约的范畴，都是通过网络技术实现的，但在实现过程中都需要可靠的第三方机构进行背书。而区块链技术的出现，为智能合约的实现提供了一个更具吸引力的解决方案——无须第三方机构背书，一切合约公开、可靠、自动执行。

在区块链中，智能合约可定义为根据任意预先规定的规则自动地移动数字资产的系统。例如，有这样一个财政合同：用户 A 可以每天提取 X 单位的货币，用户 B 可以每天提取 Y 单位的货币，用户 A 和用户 B 一起可以提取任何东西，用户 A 可以关闭用户 B 的取款能力。这一逻辑的扩展是去中心化自治组织（Decentralized Autonomous Organization，DAO），它是包含资产并对整个组织的章程进行编码的长期智能合约。

以太坊提供一个内置的完全成熟的图灵完备的编程语言，可用于创建编码任意状态转换功能的合约。它允许用户通过编写简要代码，创建符合程序逻辑的任何系统，从而实现应用的扩展。

以太坊的目的是合并和改进脚本、通证和链元协议，并允许开发者创建任意基于共识的应用程序，这些应用程序具有可伸缩性、标准化、特性完整性、易于开发性，以及由这些不同的范例在同一时间提供的互操作性。以太坊通过构建本质上抽象的基础层来实现这一功能：一个带有内置完整编程语言的区块链，允许任何人编写智能合约和去中心化应用程序，在那里可以创建自己的所有权、交易格式和状态转换功能的任意规则。域名币（Namecoin）的一个基本版本可以用两行代码编写，其他如通证和信誉系统的协议可以在 20 行以内完成构建。智能合约是一个包含有价值的东西的加密"盒子"，只有在满足特定条件的情况下才会解锁。它比比特币脚本提供的功能要强大得多，具有更大的完整性、价值意识、区块链意识和状态。以太坊是一个试图建立通用技术的项目，所有基于交易的状态机都可以被构建。此外，它的目标是向终端开发者提供一个紧密集成的端到端系统，用于在一个主流尚未开发的计算范式上构建软件：一个信任的对象信息计算框架。

对比以比特币为代表的"虚拟货币"实现单一固定功能的区块链技术构架，以太坊在融入智能合约后允许用户编写并实施自定义的程序规则，构建比比特币系统更为复杂和完善的生态圈，这极大地满足了大多数人的共同需求。技术人员可以使用以太坊快速创建、设计、发布、部署和维护分布式去中心化应用。在使用以太坊进行智能合约的开发中，开发者并不需要了解太多密码学和分布式系统构架设计的知识，开发的技术要求与工程成本要低于使用比特币系统的技术构架。而非技术人员，可以直观而轻松地通过以太坊对自己公司的业务逻辑进行定制，然后交由技术人员通过编写智能合约实现，从而使自身业务得以快速升级迭代，这样其注意力可集中于商业逻辑，而不必花费过多精力用于业务的开发和实现。

2.3.2 ▷ 以太坊的工作流程

以太坊的本质就是一个基于交易的状态机(Transaction-based State Machine)。在计算机科学中，状态机可以读取一系列的输入，然后根据这些输入，转换成一个新的状态输出。

以太坊的"Message（信息）"与比特币的"Transaction（交易）"有点类似，但两者有3个重要的区别：以太坊信息可以由外部实体或一个合约创建，而比特币交易只能在外部创建；以太坊信息有一个明确的选项来包含数据；如果以太坊信息的接收方是一个合约账户，则可以选择返回响应。这意味着以太坊信息也包含了函数的概念。

以太坊中的"Transaction"指的是存储从外部账户发送的消息的签名数据包。"Transaction"包含消息的接收者、标识发送方的签名、以太币的数量和发送的数据，以及两个分别称为STARTGAS和GASPRICE的值。为了防止代码中出现指数级循环或无限循环，每一个Transaction都被要求为代码执行的计算步骤设置一个限制，包括初始信息和在执行期间产生的任何额外信息。这个限制为STARTGAS，而GASPRICE是每一个计算步骤支付给矿工的费用。还有一个单独的 Transaction 类型，以及相应的信息类型，用于创建合约。合同的地址是根据账户 Nonce 和 Transaction 数据进行哈希计算得出的。

消息机制的一个重要结果是以太坊的"一等公民（First Class Citizen）"属性，即合约具有与外部账户同等的权力，包括发送信息和创建其他合约的能力。这允许合约同时满足多个不同的角色。例如，一个去中心化组织（合约）可能的成员是一个托管账户（另一个合约），而这个托管账户是某个人定制的工作量证明（第三个合约）和一个实体（第四个合约）。以太坊平台的优势在于，去中心化组织和第三方托管合约，不需要关心合约的每一方是什么类型的账户。

在以太坊上部署和运行智能合约的大致流程如下。

① 启动一个以太坊节点。

② 使用智能合约编程语言编写智能合约。

③ 用 solc 编译器将 .sol 合约代码编译成以太坊虚拟机（Ethereum Virtual Machine，EVM）字节码。

④ 将编译好的合约代码部署到以太坊上。

⑤ 使用 Web3.js 库所提供的 JavaScript API 接口来调用合约。

2.3.3 ▷ 基于以太坊的去中心化应用

去中心化应用（Decentralized Application, DAPP）不受中央机构的控制，将服务去中心化，享受自主权。以太坊是建设 DAPP 的最广泛的工具之一。现在已有一些基于以太坊而建立的 DAPP 项目，如 Vevue（微拍）、Etheria（虚拟世界）、KYC-Chain（身份验证）、4GCapital（4G 资本）、Eth-Tweet（微博）、Ampliative Art（帮助艺术家）等。

以太坊创始人维塔利克表示，一般以太坊上有 3 种类型的应用程序。第一类是金融应用，为用户提供更有效的方式来管理和使用手里的"虚拟货币"。第二类是半金融应用,"虚拟货币"包括在其中,但也存在着大量的数字资产。第三类是非金融应用,如在线投票、分权化治理等。以太坊的应用具体如下。

1. 微拍（Vevue）

Vevue 项目的目标是"把谷歌街景栩栩如生地展现在人们眼前",通过人们拍摄 30 秒的短片,把他们欣赏的事物分享给世界各地的人们。用户只需要一部智能手机,并回应附近人士的上传请求,就可以赚取比特币,而在选定的区域还可以获得 Vevue 的股权通证。此外,在谷歌浏览器扩展插件的帮助下,当用户使用谷歌地图来搜索当地事物时,可免费看到 Vevue 提供的场景。

2. 虚拟世界（Etheria）

Etheria 是一款类似于"我的世界"（Minecraft）的应用,玩家可以自己创建街区,构造物品。目前,大部分"虚拟世界"都是由一个实体机构控制的,而 Etheria 由以太坊中的参与者来操控。这意味着 Etheria 具有"审查免疫性",不会被开发者甚至玩家删除。只要以太坊存在,它就存在。

3. 身份验证（KYC-Chain）

在这个日益数字化的时代,因欺诈和身份盗窃而产生的金融犯罪风险与日俱增,这也表明我们急需一种维护个人身份安全的手段。KYC-Chain 就是以此为目标的应用之一。这项服务目前正在建设中,它利用现有的了解你的客户的信息,提供"简单方便"的身份验证程序。该平台的"身份钱包"将允许用户共享必要的信息。KYC-Chain 采用了以太坊技术,并使用"可信任门卫"(Trusted Gatekeepers,指法律允许的有权验证客户信息的任何个人或法人实体,如律师、公证人等)。一个"可信任门卫"可以使用 KYC-Chain 的平台来单独查看并验证用户的 ID。文件将被存储在分布式数据库系统中,供"可信任门卫"或者用户来检索,以验证该 ID 的真伪。

4. 微博（Eth-Tweet）

Eth-Tweet 是一个在以太坊上运行的去中心化微博服务。它提供类似推特的功能，支持发送多达 160 个字符的信息。其去中心化的特性使得消息一旦发布出去，只有发布者有权删除。

5. 帮助艺术家（Ampliative Art）

Ampliative Art 旨在通过社交平台帮助艺术家发展事业，目前还处于开发中。艺术家们将能够创建自己的作品展馆，免费展示自己的作品，并通过留言和评论来共享或交换建议，用户和艺术家都可以接受打赏和捐赠。用户向社区贡献得越多，社区回馈他的就越多。Ampliative Art 获得的所有收入将根据用户的"声誉"进行分配。Ampliative Art 将是一个完全透明的平台，用户可以通过该平台互动、获取奖励并参与决策。

2.4 区块链 3.0

目前区块链技术已经进入 3.0 时代。区块链 3.0 可以应用在医疗健康、物联网、农业、产权登记、行政管理等诸多领域，成为面向社会全行业的应用。例如，人们可以利用区块链来记录病人的医疗健康信息，不但不用担心病例的遗失，还可以实现医疗机构间的病历共享，提高对患者病情的诊断质量，还可以将区块链技术应用于物联网，通过去中心化的网络结构与共识机制保障终端数量庞大的物联网高效运行，破解了物联网超高的维护成本及中心服务器带来的发展瓶颈。

如果说区块链 1.0、2.0 聚焦的是当下，那么区块链 3.0 聚焦的是未来。随着对区块链技术认识的加深，人们逐渐意识到，区块链不仅是一种技术，更是一种思想，是一种代表公正透明、协作信任的价值观，在其影响下，人们将沿着历史的发展路线，从"虚拟货币"走到智能合约，再朝着更具前景的可编程"社会"迈进。

区块链被称为传递价值的网络,在这个网络中,不同节点形成价值共识是其核心逻辑,而这个逻辑通常是由一个可编程的协议层(智能合约)来提供的。通过不断完善智能合约的使用,区块链上的节点可以像构成人类社会的各个机构和个人一样完成对应的行为与权益的确认,甚至比起人类自身所能完成的工作更加高效、准确、公平和智能。在未来的可编程社会,网络中信息的流转将会是绑定资产价值的流转,而这种流转往往是通过可编程的智能合约自动完成的。这种流转的领域越多,业务越复杂,代表可编程社会的成熟度越高。当前,去中心化自治组织(Decentralized Autonomous Organization, DAO)就是可编程社会的一个有意义的尝试。

2.4.1 ▷ 超级账本

超级账本(Hyperledger)是 Linux 基金会于 2015 年发起的推进区块链数字技术和交易验证的开源项目。超级账本是一个真正可扩展的区块链,用于运行分布式应用程序。它支持模块化一致性协议,允许系统使用特定的用例和信任模型。超级账本也是一个运行以标准通用编程语言编写的分布式应用程序的区块链,并且不需要依赖本机加密。这与现有的需要智能合约以特定领域的语言编写或依赖于加密的比特币平台形成了鲜明的对比。为了支持这样的灵活性,超级账本引入了一种全新的区块链设计,并改进了区块链应对非确定性、资源耗尽和性能攻击的方式。可以说,超级账本项目已经具备了可编程社会的部分功能,可以看作区块链 3.0 应用的雏形。

超级账本项目自创立伊始就受到包括金融业、互联网行业、运输业、制造业等众多行业巨头的关注,目前在全球拥有超过 100 个会员,包括摩根大通、Intel、IBM、思科、SWIFT、荷兰银行等。与比特币、以太坊等公有链系统不同,超级账本项目提供的都是框架级的服务功能,更多面对企业级开发,孵化的子项目包含了一系列企业级区块链技术,如分布式账本技术框架、智能合约引擎、客户端开发、工具库、用户图形界面等。到目前为止，其中主要的框架项目包括 Fabric、Sawtooth、Iroha、Burrow、Indy 等，工具项目包括 Cello、Composer、Explorer 等。其中影响比较广的 Fabric 子项目是以 IBM 早期捐献出的 Open Blockchain 为主体搭建而成的，当时共向项目贡献了 44 000 行开源代码。到 2017 年 7 月 11 日，Fabric 官方网站宣布发布 1.0 正式版，标志着这个框架已经可以进入到生产环境的实践阶段。

2.4.2 ▷ 区块链 3.0 应用场景

区块链最先在国外普及，因此，国外很多专家和学者都对区块链的应用前景进行了探索与分析，例如，法国勃艮第大学教授 Marc Pilkington 总结的近几年的一些区块链应用如下。

1. 基于区块链的数字身份识别

在线数字身份的问题包括两个相互关联的问题，即访问控制和个人可识别信息。

2. 基于区块链的投票系统

2015 年 2 月，比特币基金会推出了一个基于区块链投票系统的新项目。该系统在投票过程中提供了更高的透明度，每一票都被记录在区块链上。基于区块链技术固有的不可变性、透明度和共识，投票系统每一个投票都被记录在一个安全的加密哈希上——这似乎是一项重大的技术突破。

3. 银行 / 金融行业的区块链技术

金融的本质是融通资金，传统金融机构（如银行）的主要功能是金融中介，帮助资金供求方完成资金的统筹流转。互联网金融希望利用互联网构建起价值流通网络，达到去中心化、去中介的目的，而区块链是支撑这一构想落地的主要技术。具体来说，区块链对金融业的影响有两点：节省成本、降低风险。节省成本主要体现在各类金融活动步骤的精简化；降低风险主要体现在基于区块链的智能合约可以大幅降低交易双方的信用风险。

除专家学者外，还有很多公司和机构都对区块链未来的应用场景充满了兴趣，本书经过归纳总结，认为区块链 3.0 的应用场景可以分为如下 5 个方面。

① 自动化采购。应用区块链技术提高效率、透明度和抗风险能力。

② 智能物联网。利用区块链技术，在互联网上建立信用机制并管理智能设备，这样就可以让智能设备代替人们处理一些日常工作。

③ 供应链自动化管理。利用区块链技术，提供一个共享全局账本记录每个商品的供应链信息，这样就可以让用户知道自己所购买商品的出处。

④ 虚拟财产兑换/转移。采用区块链技术，实现虚拟财产不受第三方管理、点到点的公开和公正兑换或转移。

⑤ 产权登记。采用区块链技术登记各类产权和各类票据，使得这些产权和票据不易篡改进而保证公正、防伪等。

除了国外的公司与机构，目前国内也有很多公司在关注区块链的应用场景，主要关注场景如下。

① 数据存证/交易。搭建可信的数据交易平台，实现数据资产的登记、交易、溯源，帮助企业进行数据资产变现。

② 身份认证。实现物联网设备/用户的接入鉴权、固件管理等，提高系统的安全性。

③ 新能源。搭建新能源点对点交易系统，实现可信交易和价值转移。

④ 供应链溯源。实现数据共享，打通各环节的流程，提高数据的透明性、可追溯性。

⑤ 车联网。共享汽车的里程、速度等信息，供相关利益方（保险公司、车厂等）获取。

⑥ 多云多网协同。多云＋多网可信接入，使"多网＋多云"云业务全

球无缝漫游。

⑦ 供应链金融。金融系统进入企业的业务系统，实现对供应链上下游企业的可信放贷。

⑧ 普惠金融。构建个人的可信信息，降低身份审核成本，提升金融业务的人群覆盖面，促进整个经济的发展。

2.5 区块链在中国的发展

2017年10月13日，国务院办公厅发布的《国务院办公厅关于积极推进供应链创新与应用的指导意见》中提到："研究利用区块链、人工智能等新兴技术，建立基于供应链的信用评价机制。"这份指导意见具有里程碑式的意义。

全国各地方政府也都开始重视区块链技术，例如，杭州市的区块链产业园正式启动；河北省雄安新区，上线区块链租房应用平台；无锡市成立"物联网+区块链"联合实验室；成都市批准成立区块链专委会；青岛市发力建设中国"链湾"等。除此之外，全国很多地区也都纷纷发展区块链，区块链大势已成，未来由政府推动，全国大力发展。

同时，国内各互联网企业也早已开始布局区块链技术。据"2017年全球区块链企业专利排行榜（前100名）"显示，中国在区块链专利的增速远超美国，领先全球。前100名中，中国入榜的企业占比49%，其次为美国，占比33%。阿里巴巴以49件的总量排名第一。

2017年10月11日，蚂蚁金服CTO程立在蚂蚁金服金融科技开放峰会上首度披露未来的技术布局——"BASIC"战略，其中，B对应的就是区块链(Blockchain)，同时，技术实验室宣布开放区块链技术，支持进口食品安全溯源、商品正品溯源等，第一个落地场景将是海外奶粉品牌的追踪，首先追踪产自澳大利亚、新西兰的26个品牌的奶粉。

中国的区块链项目发展和西方国家不同，在西方国家，首次币发行（Initial Coin Offering, ICO）为主，但是 ICO 的成功在很大程度上要依靠营销。由于 ICO 涉嫌从事非法金融活动，且严重扰乱了经济金融秩序，因此在中国，区块链的 ICO 项目被严格管控着，区块链技术向着落地应用方向发展。

正是由于这一点不同，营销的重要性就降低了，技术和产品设计的重要性更高。相对于营销来说，风投机构更注重底层的技术支持，这样一来，这些项目先确保制度支持、技术发展，然后是开发产品，最后才是营销。正是由于这些不同，中国项目众多的投资者和支持者都对中国市场潜力具有信心。随着区块链应用的纷纷落地，中国区块链的底层技术研发也正在走向全球，中国将有潜力推动世界区块链行业的发展。

2.6 课后习题

1. 简述区块链的发展历程。谈谈你对区块链未来发展的看法。
2. 区块链 1.0、区块链 2.0 和区块链 3.0 时代的标志分别是什么？
3. 比特币存在的两个问题分别是什么？
4. 以太坊是一个开源的具有智能合约功能的公共区块链平台。请举出 5 个基于以太坊的去中心化应用。
5. 什么是超级账本？
6. 什么是智能合约？请举出一个智能合约的用例。
7. 简述比特币系统的工作原理。
8. 以太坊中的"Transaction"指的是什么？"Transaction"包含什么？
9. 简述区块链中公钥、私钥和地址之间的关系。
10. 区块链目前分为公有链、联盟链和私有链，简述这三类区块链的特征。

第3章 区块链技术体系

区块链是一种依赖数学算法与技术设施构建信任的新型信任构建体系，以密码学、P2P 网络、共识账本（或公共账本）等为核心的 IT 技术在其中发挥了关键性作用。其中，共识账本是整体信任构建的技术核心和基础，是去中介陌生信任的根源。区块链的技术框架正是以共识账本的创造、更新与维护为基础，针对信任类业务应用需求，形成特有的技术体系。

本章从区块链的总体技术框架出发，阐述区块链的总体技术构成与各部分的工作原理，特别对基础（核心）层的工作原理——共识账本的生成机理及产生过程进行重点阐述；然后，介绍区块链技术开发与实现的一般过程及关键技术，典型的区块链开源项目的基本情况及软件架构；最后根据区块链的总体技术框架，提出区块链项目评估的指标体系及评估方法。

3.1 总体架构

计算机软件系统按照软件模块的处理功能和物理布局的不同，划分为不同的结构层次，所形成的软件结构称为软件的架构。软件的架构从 PC 单机开始，先后经历了 PC 单机软件的一层架构、客户端/服务器（Client/Server, C/S）模式的两层架构，以及基于浏览器/服务器（Browser/Server, B/S）模式的三层架构。后来在 B/S 架构中进一步把负责数据接口的功能抽取出来单独形成一层，即现在常见的四层架构，具体包括数据层、持久层、业务层、呈现层。其中，数据层负责数据的处理，通常指数据库文件及数据库管理软件；持久层负责业务层与数据层之间的数据接口与数据格式转换，即数据接口层；业务层负责面向具体业务应用的业务逻辑处理，即 Web 服务端程序；呈现层负责用户的接入方式与呈现界面，通过浏览器与用户交互。另外，P2P 网络由于其每个节点既是客户端也是服务器，通常也被单独作为一种软件架构。具体如图 3-1 所示。

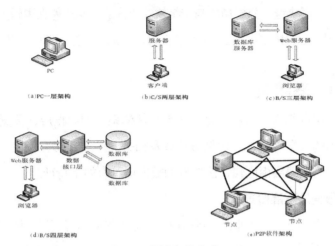

图 3-1 软件架构分类

从横向构成来看，由于是无中心的 P2P 网络，因此区块链具有 P2P 软件架构的特征；从纵向构成来看，区块链技术体系的软件架构如图 3-2 所示，包括基础层、合约层、应用层与接入层，这四层架构在逻辑上与传统软件架构中的数据层、持久层、业务层与呈现层分别对应。因此，可以说区块链的软件架构同时集成了 P2P 软件架构与四层软件架构的特征。

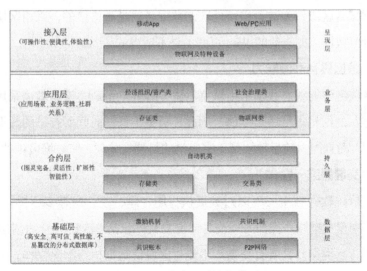

图 3-2 区块链总体架构

虽然，区块链各分层功能与传统软件架构的分层功能在逻辑上类同，但区块链分层架构中的每一层与传统软件相较，都具有显著不同的功能与特征。

3.1.1 ▷ 基础层

基础层也称为核心层，是区块链软件体系中的数据层，负责区块链技术体系中的数据库功能，包括数据库及相关文件的存储、管理。与传统软件架构中的数据层相比较，区块链的数据层具有如下特征。

1. 数据处理高度复杂

传统软件的数据处理，一旦用户数据处理权限认证通过，即可以在权限范围内对数据进行增、删、改、查等操作。而区块链的用户对数据的操作流程则要复杂得多，需要通过用户签名、交易验证、交易广播、交易再验证、区块竞争性封装、区块广播、区块验证、交易再验证、交易执行等复杂流程。

2. 数据存储高度冗余

区块链数据是基于 P2P 网络多节点分布式冗余存储，同一份数据在所有全节点中均有备份。因此，区块链的数据存储成本实质上是非常昂贵的，这也意味着区块链中数据层所处理的数据必须是高价值的，采用区块链存储低价值数据（如一般的 Web 页面）是不适当的。

3. 数据具有回溯能力

区块链中的状态数据采用默克尔树（Merkle tree）、交易数据采用"区块+链"的结构进行增量存储，因此，历史上任一时间所存储的数据均可以回溯，而且因为前后数据基于密码学的封装与关联，使数据极难被篡改。

4. 交易是唯一操作

与传统软件数据层可以对数据执行增、删、改、查等多项操作不同，区块链中仅支持唯一操作——交易。交易具体包括"转账""合约创建""合约调用"三类交易，所有交易均不能对区块链数据执行删除操作，而是在前一数据的基础上，叠加新的数据及新的状态，以确保数据的可回溯能力。

区块链的数据层正是基于以上的数据处理特征，使其提供了传统软件架构的数据处理难以提供的数据能力：高安全、高可靠、透明、不易篡改，具有"可信"和"共识"特征。

3.1.2 ▷ 合约层

传统软件架构中数据持久层主要用于解决业务层的对象与关系数据库的不匹配问题，用于简化及统一与数据层关系数据库的接入。持久层一般通过数据访问对象（Data Access Object, DAO）设计模式访问数据库，为了降低耦合度，DAO 被设计为接口，DAO 的实现既可以是 Java 数据库连接（Java DataBase Connectivity, JDBC），也可以使用一些对象关系映射（Object Relational Mapping, ORM）框架，如 Hibernate 等。除了使用 DAO 以外，也可以使用 JzEZ 服务器端的组件模型（Enterprise JavaBean, EJB）中的实体 EJB 实现数据持久化。

而区块链的合约层不仅是区块链应用层访问区块链数据的接口，同时也是区块链中核心代码逻辑的定义层和处理层。智能合约的工作原理如图 3-3 所示。

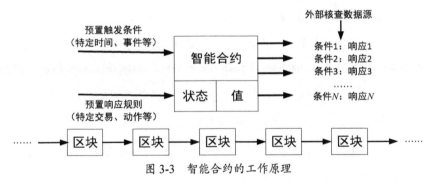

图 3-3　智能合约的工作原理

应用层通过调用存储于区块链状态库中的智能合约账户，提供相关输入数据，智能合约根据输入数据及预置于合约代码中的响应条件，对区块链状态进行相关更新，并将更新后的状态叠加存入状态库。通过智能合约，应用层可将所产生的关键性重要"价值"数据,以智能合约所提供的存储接口存入区块链,所存储的数据容量可不受限制(但存储数据可能需要付出相应的经济成本,如以太坊中将消耗相应的燃料费)。通过智能合约的数据存储接口,可方便和简化应用层在区块链上的数据存取操作。

不同于传统软件架构中的持久层,区块链合约层最为特别的是通过区块链合约创建交易在区块链状态库中存储的合约代码,它具有如下特征。

1. 处理能力图灵完备

智能合约代码支持所有可计算问题的编程与运算执行,因而是图灵完备的可编程语言。由于智能合约的这种处理能力,使其可以应用于任一需要复杂计算场景的区块链应用,这使区块链的应用范围获得了极大的扩展。

2. 代码逻辑开放透明

智能合约代码一旦在区块链中部署,其处理逻辑及源码可以为共识范围内的所有用户所获取和查看,在什么样的输入条件下将获得什么样的输出具有确定性。这一特征解决了传统中心化平台的代码"黑箱"操作,因此获得用户的信任和参与。

3. 代码执行自主控制

智能合约一经部署,其执行就仅受制于合约代码所定义的执行逻辑,其他任何用户包括合约创建者均不能再"人为"控制合约的执行逻辑和结果,这一特征进一步保证了区块链作为社群共识基础设施的可信任性。

并且,由于合约层所具备的图灵完备的编程能力、代码逻辑的公开透明、代码执行的自主控制等特征,为区块链广泛应用于各类需要"信任"构建的社会关系编程奠定了基础。

3.1.3 ▷ 应用层

通过复杂技术机制构建的区块链基础层及合约层,使区块链不适用于传统软件所应用的普通场合，因为可能既成本高昂，又性能低下。与传统软件的业务层不同，区块链应用层所适用的业务或应用领域一定是对"信任"与"价值"数据具有特别需求的"社会关系"领域。归纳起来，区块链特别适用的应用领域至少包括如下几个。

1. 经济组织类应用

此类应用用于管理人们在社会经济活动中所涉及的各类经济关系，主要包括经济组织股权、投票权及相关交易的管理，以及自然人或团队经济组织所有权的存储、交易及历史溯源。区块链适用于经济组织类应用主要是基于区块链如下特征。

① 区块链支持生产关系——所有关系、交易关系、历史关系的去中介定义。

② 区块链可在透明、共识的基础上高效连接投资人、专业团队和客户。

③ 共识机制代码化可排除人为干扰，使信任的基础更为坚固。

④ 账本公开透明，可支持经济活动大规模、高效协同运作。

正因为区块链对经济组织类应用的上述特殊支持，使一种区别于传统"公司"组织形态的新型经济组织——基于区块链的"价值共同体"产生和发展。"价值共同体"这类经济组织形态可能将完全颠覆我们已经习以为常的经济组织形态，在这种新型的经济组织形态中，消费者与提供产品或服务的商家不再是二元对立的关系，而将成为一个"你中有我，我中有你"的统一价值合作同盟。

2. 社会治理类应用

基于区块链的数据账本公开透明，交易过程及历史数据不易篡改，普通用户自由、便捷接入，以及由数字签名所确立的身份造假困难等特征，区块链可广泛应用于需要公开透明、民主、公正的社会治理领域，如政府管理、公益组织、行业协会、股份公司的投票决策、捐助捐赠、公共财物等领域。

3. 资产类应用

基于共识账本和密码学所确立的区块链是有效构建资产区块链化的技

术设施，支持资产区块链化后的高可靠、高安全的所有权存储、交易与历史溯源。区块链可实现如下三类资产的有效管理。

① 一般等价物类资产，如"虚拟货币"的所有权管理，包括基于区块链的存储、交易及历史溯源。

② 数字资产，如数字音乐、电影、游戏道具等的所有权、使用权管理。所有权仍然包括基于区块链的存储、交易和历史溯源，使用权管理则是基于所有权对数字资产授权使用的有效控制管理。

③ 实体资产，如房屋、汽车等实物资产的所有权和使用权管理。实体资产所有权的管理同前述两种资产一样，仍然包括所有权的区块链存储、交易与历史溯源，而实体资产使用权管理，则是基于所有权对实体资产时空独占权利的有效控制。一般而言，基于所有权对实体资产使用权的控制必须借助于以物联网为基础的智能硬件的有效集成。

4. 存证类应用

因为区块链的数据具有不易篡改和历史交易、状态数据可回溯的特征，区块链可广泛应用在重要价值数据的存储上。如文化或艺术品的产生、流通、保存、鉴定的相关过程数据，食品的产地环境、生产、运输、加工、存储的过程数据，合同、公告等法律文书的存档，身份证明、教育证明、资产证明等证书证件的存档等。存证类应用可直观、方便地为相关实体或应用提供历史数据真实性证明。

5. 物联网类应用

因为基于区块链的合约代码具有一经部署即可自主控制、根据输入数据按条件响应执行的特征，区块链可广泛应用于对物联网设施的分布式控制执行。区块链的物联网应用既可避免中心化物联网控制系统可能被攻击的安全隐患，使系统具有更高的安全性、可靠性，同时也可大幅降低中心化物联网控制系统需长期维护而带来的不菲运行成本。区块链的物联网应用应构建在基于所有权基础上的实体资产或设施的时空独占权的控制上，因此，需要在实体资产或设施中集成可对资产或设施的时空独占权进行控制的智能硬件，如共享单车对车锁的控制、房屋对门锁的控制。区块链物联网类应用的具体应用领域可包括共享经济、智能家电、智能公共设施、智能农业等。

3.1.4 ▷ 接入层

同传统软件系统一样，区块链应用可基于 PC 客户端、Web 网页、智能手机 App，以及各类特殊的智能设备、设施，实现对区块链应用的访问与数据交互。所不同的是，区块链的接入层将绑定交互用户在区块链中的私有账户，且用户在区块链中的行为只能在用户私钥控制下进行。用户接入区块链应用所传递的主要是"价值"，而非一般意义上的"信息"。通过接入层所构建的加密、安全的"价值"传递通道，使普通用户与区块链网络背后的相关投资人、专业团队基于特殊价值目标而参与相关价值共同体的共建，具有了便捷的入口。

区块链通过接入层实现区块链与用户的"价值"耦合。

3.2 核心层技术原理

区块链技术体系与传统软件架构的根本区别是其核心（基础）层的工作机理不同。核心层通过系列复杂技术机制与设施，在花费"昂贵"计算与存储代价的条件下，确保为上层应用提供可靠的信任服务。

区块链根据共识范围不同，分别产生和维护在相应范围公开的共识账本，从而形成了不同性质的区块链：公有链、联盟链、私有链。以此共识账本为基础，奠定该共识范围的信任基础。

共识账本的创建、数据传输、账本更新与数据同步，涉及系列 IT 技术的分工协作与集成运用，形成了区块链的分层技术架构。这些网络构建确保了共识账本的权威，并围绕数据的一致性、同步性和可信性，创造了过去 IT 网络所没有的一系列特有的技术机制与设施，以及特殊的运行与计算流程。

3.2.1 ▷ 共识账本

区块链在整体上可以看作是一个基于交易的状态机，起始于一个创世区块（Genesis）状态，然后随着交易的执行，状态逐步改变，一直到最终状态，这个最终状态即区块链的当前状态。状态中包含的信息有账户余额、交易发送历史、相关附属数据等。实际上，区块链的状态能包含计算机可以描绘的任何信息，而交易则是连接不同时刻两个状态转变的桥梁。

区块链的基本工作原理如下：

$$S(t) \equiv F(S(t-1), T)$$

式中，F——区块链的状态转换函数；

$S(t)$——t 时刻的即时状态；

$S(t-1)$——上一时刻的状态；

T——当前的交易。

在区块链中，F 可以执行任意计算，区块链网络中节点的重要功能就是执行 F 这个状态转移函数；$S(t)$ 可以存储 t 时刻的任意状态；而 T 则可以表达当前对状态的任意改变信息。S 所构成的状态库及 T 所表示的交易序列就构成了区块链共识账本的两大核心内容：状态库和区块链。

3.2.2 ▷ 核心层架构

对前述共识账本及其转移函数，若通过中心化平台及软件系统来实现，是比较简单的。但区块链的运行环境没有中心节点，是在无中心的 P2P 网络环境下实现的，这使前述共识账本的有效实现变得异常复杂。同时，为了确保区块链的去中介陌生信任的特征及作为基础设施向各类需要信任的应用提供开放性的信任服务，区块链技术体系需要具有如下特征。

1. 区块链的特征

区块链技术体系的实现需要具有如下特征。

① 冗余性。区块链中的共识账本在共识范围内对所有参与节点公开，数据在所有节点保证及时同步及冗余存储。

② 随机性。在确保区块链共识账本数据一致性的前提下，任一单个的节点不能控制共识账本的生成，不能篡改已生成的共识账本数据，任一区块的封装节点均是随机的。

③ 自发性。对公有链而言，节点参与区块链的计算服务是自发、自组织的，这就需要区块链提供相应的激励措施以确保这些自由节点以一定成本参与区块链节点计算任务的积极性。

④ 开放性。非单一应用的区块链若要为各类应用提供基础性、开放性的信任服务，则需要向各类应用提供便捷的信任接入开发接口。

2. 技术架构

要实现以上技术特征，区块链基础层融合和集成运用了多类IT技术与措施，形成了分工协作的区块链基础层技术架构，如图3-4所示。

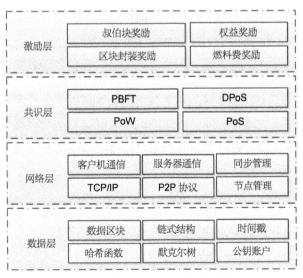

图3-4　区块链核心层技术架构

（1）数据层

如前文所述，区块链数据层以非对称加密算法、哈希计算等技术为基础，通过"区块+链"的数据结构存储交易数据，通过默克尔树存储状态数据，在所有区块链节点均保存一份数据备份的分布式账本。同一区块链账本决定同一区块链网络。且区块链中的数据不易篡改，并能回溯任一时刻的交易数据及状态。数据层既是区块链工作的基础，也是区块链工作的结果。

（2）网络层

区块链基于 P2P 网络协议实现节点间的数据交换与同步，在确保无任何中心节点及任一单一节点或少数节点可影响和控制网络的条件下，确保网络的开放和稳定服务，既保证网络的开放性、安全性和稳定性，又通过 P2P 网络协议的多节点分块数据下载提高网络数据的同步性能。P2P 网络层是决定区块链网络工作特征、性能的关键一层。

（3）共识层

既要确保无中心节点控制，又要确保网络中任一时刻区块链状态及其变化的一致性，这就需要全网在任一时刻所产生的交易集合——区块具有唯一性。但在 P2P 网络中，任一节点均有权在前一区块的基础上生成新的区块，这就使从任一时刻起，新产生的区块可能使全网状态发生变化，从而破坏网络中账本的一致性，导致共识账本无法形成。因而，共识层的设计目标即决定区块链中新区块产生的机制，确保在某一时刻新产生并被网络所接受的区块具有唯一性。共识层是区块链网络最具特色的一层，也是影响区块链交易处理、并发性能的关键一层。区块链当前常见的共识机制有工作量证明（Proof of Work, PoW）、权益证明（Proof of Stake, PoS）、拜占庭容错（Practical Byzantine Fault Tolerance, PBFT）、代理权益证明（Delegated Proof of Stake, DPoS）等。

（4）激励层

激励层提供区块链中区块封装奖励机制，它为提供计算及验证服务的区块封装节点实施奖励措施。激励层对公有链特别重要，因为公有链的参与主体是可以自由进出的普通用户节点，参与区块链的计算及验证服务事实上也需要付出一定的设备投资及电力成本，如何在用户节点自由进出的条件下确保网络参与计算及验证服务节点的相对稳定性，激励层所设计的激励措施提供了一个基本保证。但对节点自身具有经济来源和经济保障的联盟链和私有链而言，激励层存在的必要性就不太大，因而在面向企业级应用的区块链如超级账本中不提供对该层的支持。

区块链核心层通过四层技术的分工协同，有效地保证了区块链技术体系的系统性、完整性、灵活性与开放性。

3.2.3 ▷ 区块链中的交易

区块链中共识账本的形成过程实际上就是普通账户创建交易、发送交易、广播交易与交易执行的过程。交易按照所执行数据的类别不同，可分为普通转账交易、合约创建交易与合约调用交易；交易的传输、确认、打包及被执行，又须以"区块"为载体，而区块则有其特别的创建、广播与验证流程。

1. 普通转账交易的工作流程

在区块链账户之间进行资产所有权转移的交易时，区块链中普通转账交易的执行遵循如下工作流程。

① 普通账户在新建交易时，检查其账户余额状态，判断余额是否大于发送额及交易费之和，若符合条件，对交易使用其私钥签名。

② 交易通过节点在P2P网络中广播，其他节点在接收到交易后，对交易进行验证。

③ 合法交易将被纳入待封装区块的交易池，并被成功获得区块封装权

的区块封装节点打包到一个新建的区块列表中。

④ 新区块在 P2P 网络中被广播、验证后,为所有区块链节点所获取和保存,并纳入节点的本地区块链账本中。

⑤ 所有获取新区块的节点将对新区块中所封装的交易逐一验证和执行,验证无误后,节点执行交易,对状态库的发送者账户余额执行"减"操作,而对目标地址账户余额进行"增"操作。

具体如图 3-5 所示。

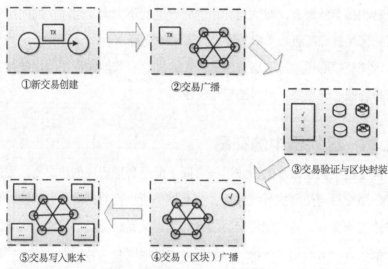

图 3-5　普通转账交易的工作流程

2. 合约创建交易的工作流程

合约创建交易实际上是由普通账户创建一个合约账户的过程,或者说是对合约编程结果——合约代码的区块链部署的过程。与普通账户不同,合约账户除了有账户余额数据项外,还有合约代码和数据的存储项。合约账户一旦被创建,就由所创建的代码控制,而不是由其创建的账户控制(当然创建账户可以在合约代码中设置仅能由创建账户或指定账户来控制),任何账户都可以通过调用合约账户,按合约代码所确定的执行逻辑执行相应的功能。

3. 合约调用交易的工作流程

合约一旦被创建，任何普通账户均可以通过合约调用交易来实现对合约代码所提供功能的使用。在合约调用交易流程中，合约调用交易中的目标地址即为被调用合约的地址；合约调用交易在交易创建、验证过程中，均需要对合约代码进行模拟执行，以验证合约调用的合法性。对需要交易成本的区块链，要计算合约执行所需要的交易成本，并检查合约调用账户所提供的交易成本是否满足要求。

3.2.4 ▷ 区块与区块链的形成

在交易的传输、广播、验证与被执行过程中，有一个重要步骤，即交易被封装到区块。区块事实上是交易记录、存储、验证和执行的载体，是确保区块链共识账本不易篡改、数据一致性、防止账户产生"双花"，以及执行公有链区块封装奖励机制的核心设施。区块链共识机制和奖励机制的主要工作就是有序地产生新区块并对新区块的封装者实施奖励。

区块封装和区块链的形成流程如下。

① 普通账户所发出的交易（包括前述 3 种交易）被创建、验证及广播后，被所有区块链 P2P 节点所获取，并被纳入相应节点的交易池中。

② 凡是执行区块封装服务的节点（在区块链中被称为矿工），将本地节点交易池中的交易打包，按照区块的结构进行区块封装，分别生成区块头、区块体等。

③ 根据该区块链网络所采用的共识机制，若为 PoW 共识机制，则进行随机数计算；若为 PoS 共识机制，则进行区块封装者验证。若成功获得目标随机数或验证本节点为区块封装者，则使用已获得的随机数及自身签名对区块进行封装。

④ 区块封装完成后，向 P2P 网络广播新封装区块；其他节点接收到新区块后，对新区块按照同样规则进行合法性验证，如区块编号、哈希值、随机数、区块难度、交易列表等。

⑤ 若区块通过验证，则执行该区块中的交易，若为公有链，实施对区块封装账户的奖励，然后把区块编入本地区块链中的当前区块，最后向其 P2P 节点广播该区块。

具体如图 3-6 所示。

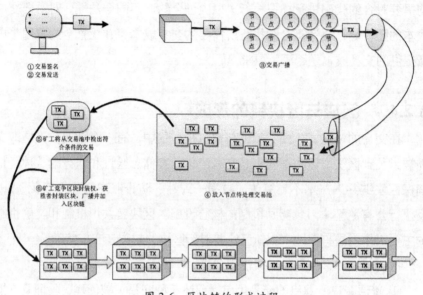

图 3-6 区块链的形成过程

3.3 开发架构

我们使用区块链来解决生产、生活中的相关问题，在该过程中，所使用的技术和方法体系属于软件工程的范畴，因而，区块链技术及应用的开发过程遵循软件工程的一般逻辑，总体上仍需要经过系统分析、总体设计、软件设计等阶段，只是在每个阶段具有一些特殊要求。

3.3.1 ▷ 系统分析

在系统分析阶段主要包括问题定义、可行性研究和软件需求分析三大部分的工作。

1. 问题定义

在软件工程中,问题定义是软件需求分析进行功能与性能定义的依据,一般包括问题背景、开发系统的现状、开发的条件与理由。与传统软件系统的适用场景不同,区块链主要用于生产关系类应用场景,因此,在对区块链类软件系统进行问题定义时,更需要关注和分析系统相关参与者之间的关系,这个关系不是传统软件的信息传递关系,而是相互间的价值传递关系。而问题定义需要清楚地说明待构建系统的相关参与角色当前在价值互动上关系的现状、存在的问题、希望构建的价值互动关系。

例如,一个基于区块链的音乐互动平台,需要对当前音乐创作、发行及消费全流程中的价值传递过程及价值关系、存在的主要问题进行分析,并根据这些问题希望在区块链上建立或重构该价值链中相关参与角色的价值关系。

2. 可行性研究

可行性研究是系统开发前对项目进行的可行性论证,传统软件的可行性研究一般包括5个方面:经济可行性、技术可行性、操作可行性、法律可行性、时间可行性。它的步骤为,复查系统规模和目标→研究目前正在使用的系统→导出系统的高层逻辑模型→重新定义问题→导出和评价供选择的方案→推荐一个方案并说明理由→推荐行动方针→做出一个关键性的决定→草拟开发计划→写出可行性论证报告→提交上级和专家审查。可行性研究的任务是用最小的代价在尽可能短的时间内确定是否能够解决问题,也就是说,可行性研究的目的不是解决问题,而是确定问题是否值得去解决,以及研究当前具体情况下,开发新系统是否具备必要的资源和其他条件。

在对区块链类系统进行可行性研究时,第一,需要根据问题定义的对象,对该问题是否需要和值得使用区块链进行分析,因为一般而言,使用区块链技术来存储与管理信息与数据是相对"昂贵"的,如果要存储和管理的问题对象本身"价值"并不高，则对是否一定要使用区块链是要打上问号的。因此，对问题对象的价值分析和使用区块链的成本分析就是区块链类系统经济可行性分析的主要内容。

第二，在选择区块链技术方案时，要根据使用区块链技术是解决一个具体的应用问题还是构建一个新的区块链生态等目的，明确所要进行的区块链项目或课题是一个区块链运营网络还是一个基于已有区块链运营网络的一个应用。同时，根据问题定义、场景及参与对象范围的不同，选择私有链、联盟链与公有链等不同解决方案或运营平台，还需要对当前的技术现状、可用的技术资源与待解决问题匹配情况进行评估，进而对技术可行性做出明确的判断。

第三，要针对待解决问题和拟采用方案，对直接拥有或可获取的技术资源、运营服务能力及专业人员状况进行评估，以对区块链项目的实际可操作性进行说明和判断。

第四，区块链的大部分应用由于涉及原有价值生态系统中价值主体价值关系的重构，新建系统极有可能伤害原有价值系统中相关主体的利益并与现有社会法律、法规相违背，因此，区块链项目的法律可行性分析及法律风险防备是可行性研究阶段的重要内容。固然我们希望一个社会的法律、法规需要与新技术、新产业的进步与发展并行进步、发展，但区块链项目要获得顺利发展首先还必须与现行的社会环境相适应。

第五，若所要进行的区块链开发具有明确的时间要求，我们还需要对区块链开发项目所需要的时间进行分析、说明并做出相应的判断。

3. 软件需求分析

软件需求分析是关系到软件开发成败的关键步骤。软件需求分析过程就是对可行性研究确定的系统功能进一步具体化，最终形成一个完整、清晰、一致的软件，从而奠定软件开发的基础。软件需求分析的任务有深入描述软件的功能和性能，确定软件设计的约束和软件同其他系统元素的接口细节，定义软件的其他有效性需求。在区块链项目开发中，对用户而言，资产管理类功能需求包括资产的区块链化存储，资产的交易及资产的历史交易数据查询；经济组织类应用则包括经济组织股权通证定义，股权通证增发与回收，服务收入分配等；社会治理领域类应用则包括组织投票机制、决策机制、行政审核流程及共识账本查询等；存证类应用则包括原始数据的采集、存储、查询与历史数据分析等。对区块链性能上的要求，则集中体现在单位时间并发交易数、数据安全性、数据开放性等指标上。

对区块链软件需求进行分析时，同样可采用传统软件需求分析所使用的工具，如面向数据流的结构化分析方法（Structured Analysis, SA）、面向数据结构的 Jackson 方法（Jackson System Development, JSD）、结构化数据系统开发方法（Data Structured System Development, DSSD）、面向对象的分析方法（Object-Oriented Analysis, OOA）、数据流图（Data Flow Diagram, DFD）、数据词典，以及用于加工逻辑说明的工具，如判定表和判定树等。

3.3.2 ▷ 总体设计

软件工程的总体设计或概要设计是对软件系统的总体架构、模块组成及模块之间的关系进行定义和说明，其中关于模块的定义是软件系统设计的核心工作。模块在程序中是数据说明可执行语句等程序对象的集合，或者是单独命名和编址的元素，在高级语言中就是过程、函数、子程序等。模块化是解决一个复杂问题时自顶向下逐层把软件系统划分成若干模块的过程。在划分模块时，模块的规模应当取决于它的功能和用途，同时减少接口的代价，提高模块的独立性。模块的耦合性和内聚性是模块独立性的两个定性标准，将软件系统划分成模块时，要做到高内聚、低耦合，提高模块的独立性。但有时出现内聚性和耦合性矛盾的情况，应更加关注耦合性。在软件系统进行总体设计时，我们通常使用层次图（H图）和HIPO图来进行软件结构的描述。

在对区块链相关软件进行系统设计时，我们可根据图 3-2 的结构，按照基础层、合约层、应用层和接入层对区块链软件系统中的相关模块进行归类和定义。其中，在基础层我们需要根据 P2P 网络的类型是私有链、联盟链还是公有链，进而定义相应的 P2P 网络模块；根据共识机制是基于 PoW 还是 PoS 来定义共识模块。在合约层，我们根据业务层对数据所需要处理的核心业务逻辑，定义存储类智能合约、智能机类智能合约，以及交易类智能合约。在应用层，则根据我们所要解决的业务问题，分别定义存证类、资产管理类、经济组织类、社会治理类或物联网类业务模块。在接入层，我们根据区块链的业务应用场景，定义用户通过 PC、App 或专用智能终端接入软件系统的相应接入模块。

3.3.3 ▷ 软件设计

对区块链软件系统的实现，关键是要选择合理的软件架构及开发语言。

目前的区块链开源项目是快速进入区块链底层软件开发比较好的入口，其中比特币、以太坊、超级账本、EOS 等开源项目可作为区块链底层软件的优选对象。这 4 类开源项目的特征对比如表 3-1 所示。

表 3-1 开源区块链项目比较

比较项目	比 特 币	以 太 坊	超级账本	EOS
交易类型	转账	转账、合约创建、合约调用	合约创建、合约调用	转账、合约创建、合约调用
智能合约支持	不支持	支持	支持	支持
适用类型	公有链	私有链、联盟链、公有链	私有链、联盟链	联盟链、公有链
并发性能	7 笔/秒	50～100 笔/秒	5 000 笔/秒	5 000～10 000 笔/秒
开发语言	C++	C++、Go、Java	Go	C++
成熟度	成熟	比较成熟	比较成熟	不成熟

根据表 3-1 中的性能对比，一般在公有链项目中，可选择比特币、以太坊及发展中的 EOS 开源框架；而在联盟链中，则可优先选择超级账本，其次是以太坊及 EOS。由于这些主流的区块链开源项目主要采用 C++、Go、Java 等开发语言，因而这几类开发语言也是进行区块链底层软件开发的首选语言。其中，特别是 Go 语言，由于其简洁性及便捷的并发协程处理机制，在区块链底层软件开发中特别受欢迎。

对面向具体应用的业务系统开发而言，智能合约开发是区块链应用开发业务逻辑的核心环节。对智能合约的开发，根据所基于的不同底层区块链架构，而有不同的智能合约开发语言选择。以太坊所采用的智能合约开发语言有 Solidity、Serpent、LLL，其中，Solidity 类似于 JavaScript，是以太坊官方推荐语言，也是最流行的智能合约语言之一。Serpent 类似于 Python，LLL 目前已不太使用。若基于超级账本的 Fabric 构建区块链底层平台，则智能合约的开发可采用 Go、Java、Node.js 等语言编写。在 Fabric 中智能合约也称为链码（Chaincode），分为系统链码和用户链码。系统链码用来实现系统层面的功能，用户链码实现用户的应用功能。链码被编译成一个独立的应用程序，运行于隔离的 Docker 容器中。和以太坊相比，Fabric 链码和底层账本是分开的，升级链码时并不需要迁移账本数据到新链码中，真正实现了逻辑与数据的分离。

业务系统的开发可基于用户现有的业务系统，并通过与区块链之间的接口实现业务系统与区块链的融合。如在以太坊中，可基于 Web3 接口，实现与以太坊及其智能合约的交互；而 Fabric 则通过业务系统对链码的接口访问实现与 Fabric 区块链的交互。当然，也可基于实际应用的需求构建全新的业务系统，在这方面以太坊开发社区提供的 Truffle，即是基于以太坊快速构建区块链业务系统的一个简洁开发框架。

3.3.4 ▷ 特殊考虑

在区块链业务系统的开发中，我们还需要考虑两类特殊的需求：一是完全去中心化应用的开发，二是外部信任数据的区块链接入。

对第一种情况，要求我们所开发的应用不仅其核心数据基于区块链进行存储，且应用本身的部署、访问及其他非核心数据的存储也是基于去中心化的。在该种需求下，我们需要区块链与去中心化分布式文件系统进行有机集成，如星际文件系统（Inter Planetary File System, IPFS）或以太坊自带的 Swarm 分布式文件系统。我们可将业务系统中的核心数据、关键数据、索引数据基于区块链进行存储，而将业务系统的软件、相关文件、非核心数据或大规模数据，使用分布式文件系统进行存储。如我们可将一个物联网系统所采集的序列数据基于分布式文件系统进行存储，而将这些数据的哈希码存储在区块链的智能合约中。

对第二种情况，由于区块链仅能保证链内数据及基于链的交易数据的可信，但并不能保证所接入的外部数据的可信，因此在区块链与外部世界的系统进行交互时，如何解决接入数据的可信是该类系统成功应用的关键。目前，解决外部数据导入区块链的可信有两种方案。

1. 通过一个可信的第三方中介平台

通过第三方中介平台的可信来确保通过该中介平台所导入数据的可信。在该类模式下，第三方中介平台本身的可信及其保证可信的手段是关键，这类信任的构建模式是传统的中介信任，因此，中介信任的风险仍可传导到区块链中。

2. 通过密钥控制的智能硬件实现对外部物理世界的对接

该种模式的原理是，掌握密钥的实体资产所有权方，可通过智能硬件与实体资产的一一绑定，并通过密钥及智能硬件来掌握实体资产的时空独占权。如我们可通过区块链账户与共享单车、宾馆房门智能锁的绑定，实现通过区块链账户密钥来控制共享单车、宾馆房间的开闭，进而实现共享单车和宾馆房间的授权使用及计费、扣费等功能。在该模式下智能硬件对数据的准确采集和操作控制的性能是影响外部物理世界信任数据传入区块链形成可信数据的关键要点。

3.4 典型区块链软件架构

自比特币诞生以来，已出现了上百种的区块链开源项目，其中影响较大并且有典型性的区块链开源项目除了比特币以外，还包括以太坊、超级账本、EOS 等。本节对这 4 种区块链开源项目的基本情况及软件架构逐一进行简要介绍。

3.4.1 ▷ 比特币

2008 年，中本聪在《比特币：一个点对点的电子现金系统》论文中第一次提出了比特币的概念和解决方案。在该解决方案中提出了结合以前多个"虚拟货币"的发明，如 B-money 和 HashCash，创建一个完全去中心化的"电子现金"系统。该方案的关键创新是利用分布式计算系统每隔 10 分钟进行一次全网"选拔"，这能够使去中心化的网络同步交易记录。根据中本聪的论文，比特币网络在许多其他程序员参与修订下，于 2009 年启动。经过十年的实际运行检验，比特币网络的计算能力已超过了世界顶级超级计算机的联合处理能力，其分布式计算所体现的安全性和韧性获得全球性的关注。

比特币是一种协议、一种网络、一种分布式计算创新的代名词，是区块链技术的典型和开创性应用。比特币系统的运行，既不依赖于中本聪，也不依赖于其他任何人——比特币系统依赖于完全透明的数学原理。这项发明本身就是开创性的，它已经蔓延到了分布式计算、经济学、计量经济学领域。

比特币系统是一个分布式的点对点网络系统。因此没有中央服务器，也没有中央发行机构。比特币是通过"挖矿"产生的，挖矿就是验证比特币交易的同时，参与竞赛来解决一个数学问题。任何参与者（如运行一个完整协议栈的人）都可以做矿工，用他们的计算机算力来验证和记录交易。平均每10分钟就有人能验证过去这10分钟发生的交易，他将会获得新币作为工作回报。

比特币是代表了数十年的密码学和分布式系统技术成果的一个独特而强大的组合，汇集了如下4个关键的创新点。

① 去中心化的点对点网络（比特币协议）。

② 公共的交易账簿（区块链）。

③ 去中心化的数学算法和确定性的"虚拟货币"发行（分布式挖矿）。

④ 去中心化的交易验证系统（交易脚本）。

比特币系统的软件主要包括网络路由节点、完整区块链、矿工、钱包四大部分功能，如图3-7所示。

比特币系统的每个节点都具有全网络的路由功能，参与验证并传播交易及区块信息，发现并维持与对等节点的连接。其中，保有一份完整、最新的区块链数据备份的节点被称为"全节点"。全节点能够独立自主地校验所有交易，而不需借助任何外部参照。

图 3-7 比特币系统软件的功能

挖矿节点（即比特币系统区块封装节点）通过运行在特殊硬件设备上的工作量证明机制，以相互竞争的方式创建新的区块。部分挖矿节点同时也是全节点，保存有区块链的完整备份；还有一些参与矿池挖矿的节点是轻量级节点，它们必须依赖矿池服务器维护的全节点进行工作。

用户钱包是用户接入比特币网络的交互软件，可用于桌面客户端进行比特币的转账及比特币系统的数据查询操作。

开源的比特币系统软件主要采用 C++ 编写，包括区块数据处理、区块创建、挖矿、比特币奖励、哈希计算、区块验证、工作量证明、P2P 网络等软件模块。

比特币是区块链的一种开创性应用，其发展与运行历程证明了区块链技术的安全性、可靠性与稳定性，以及构建信任网络的可行性。

3.4.2 ▷ 以太坊

2013 年末，以太坊创始人维塔利克发布了以太坊"白皮书"，区块链技术开始进入新的历史阶段。以太坊继承了比特币系统的核心技术特征，如非对称加密算法实现不依赖第三方的点对点可信交互、P2P 网络实现用户的自由参与与相互服务、共识机制确保全网区块数据的一致性、奖励机制激发互联用户的参与热情等。与比特币系统不同的是，以太坊让这些底层的技术转变为基础支撑技术，而不再仅支持单一的"虚拟货币"应用，因此，以太坊重点通过对智能合约及虚拟机的实现来支持开放各类区块链应用。

比特币系统纯粹就是账号之间的系列转账交易列表。在以太坊中，账号也是基础的工作单元，以太坊区块也记载账号之间的交易列表信息，与比特币不同的是，以太坊所记录的交易信息的内容有了较大的扩展，不仅包括转账信息，还包括智能合约代码信息、输入及计算结果数据等。

以太坊跟踪每个账号的状态，区块链上的状态改变就是账号之间相关数值和信息的传输。以太坊有两类账号，即外部用户账号和合约账号，对大多数用户而言，两类账号之间的主要区别是，自然人用户控制外部用户账号，因为他们拥有能够控制用户账号的私钥；合约账号由自身的内部代码控制。当然，从本质上来讲，合约代码仍然是由自然人用户所控制的，因为合约代码的触发执行是由具有确定地址的用户账号进行，而用户账号又由掌握私钥的自然人控制。通用术语"智能合约"指的是合约账号中的代码程序，当交易消息发送给该账号时可自动运行。用户能够通过在区块链中部署代码创建新的智能合约。

合约账号只能在用户账号发出指令后执行相应的操作。因此，合约账号不可能自发地执行像随机数发生器或 API 调用等操作，它只能在用户账号的触发下操作这些功能，合约的执行必须具有确定性，即合约在创建和部署时，用户就能确定合约执行的过程及可预期的结果。合约的达成是在部署前就已明确的，要让以太坊节点用户认同计算的结果，这就需要保证执行的确定无误。

以太坊引入了可编程的智能合约，这就使以太坊网络可能面临用户无休止循环执行智能合约代码，从而造成网络计算资源巨大浪费并最终崩溃的危险。以太坊通过交易有偿计算来解决这个问题，用户必须给以太坊网络支付少量的交易费用。采用这个措施有效避免了网络受到随意浪费、恶意攻击或滥用等计算任务的损害，如 DDoS 攻击或无休止循环。交易发送者必须为他们所触发交易的每个程序步骤支付成本，包括计算和数据存储。这些成本就是以太坊内生基础"虚拟货币"——以太币。

交易成本由验证网络的节点所收取，这些验证网络的节点被称为矿工，它们在以太坊网络中接收、传播、验证和执行交易。这些矿工把所接收到的交易（包括很多以太坊中的账号状态更新）组成区块，然后相互竞争谁的区块能被加入到区块链中作为下一个区块。成功竞争获得加入区块链下一个区块的矿工将获得以太币奖励。这个经济激励措施鼓励用户把自身的硬件和电力资源投入到以太坊网络中。

正如比特币网络，矿工要成功"挖"到一个区块，必须要解决一个复杂的数学问题。这个共识机制被称为 PoW 共识机制。任何解答问题比验证答案难度大得多的算法都可以用于 PoW 共识机制。为了不出现如比特币网络中那样大规模中心化使用的特殊硬件（如 ASIC），以太坊采用"内存困难"计算问题。如果一个问题既需要内存也需要 CPU，理想的硬件将是通用计算机。这个特点使以太坊的 PoW 具有抗 ASIC 计算的能力，使以太坊网络相较其他被特殊硬件主宰的区块链，如比特币网络，更加具有去中心化的分布式安全能力。

以太坊的客户端实现按照数据层、网络层、共识层、激励层、合约层和应用层 6 层构建，所包括的软件模块如图 3-8 所示。

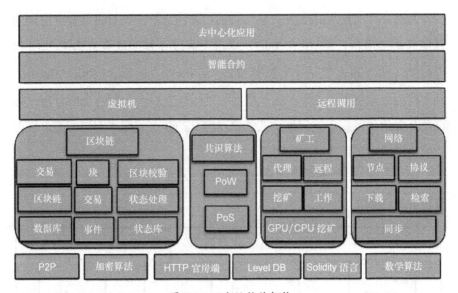

图 3-8 以太坊软件架构

以太坊的矿工在一个分布式的网络中进行挖矿操作，就是实现 PoW（或者 PoS）的一个共识机制过程。网络的同步是指各矿工共识过程同步，共识后产生的新区块链形成的最新账本也需要通过同步模块在各节点间实现数据同步。每产生一个新的区块，需要通过共识过程对区块进行验证，即需要哈希计算验证、签名、定序等。因此，区块链、共识机制、矿工、网络是以太坊产生和维护区块链的核心部件。

以太坊平台上的各种去中心化应用（Decentralized Application, DAPP），需要编写并部署智能合约代码。智能合约代码通过以太坊智能合约虚拟机（Ethereum Virtual Machine, EVM）调用和解释执行，处理区块链与共识的相关事务，同时基于 RPC 协议（一种用于规范网络从远程计算机程序上请求服务的协议）进行挖矿和网络层事务的交互，从而实现各种交易，如转账等。

3.4.3 ▷ 超级账本

超级账本（Hyperledger）是由 Linux 基金会主导的面向企业级应用的开源区块链项目，由 IBM、Intel、摩根大通以及其他联合机构于 2015 年提出的。超级账本包括 4 个框架项目：Sawtooth、Iroha、Fabric、Burrow，其中广为人知的是 Fabric。这一项目的目标是发展一个跨行业的开放式标准及开源代码开发库，允许企业创建自定义的分布式账本解决方案，以促进区块链技术在商业中的应用。

如图 3-9 所示，Fabric 架构的核心包括 4 部分：身份管理、账本、交易及智能合约。

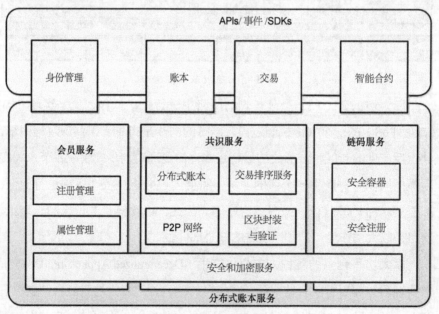

图 3-9　Fabric 软件结构

1. 身份管理

Fabric 是目前为止在设计上最贴近联盟链思想的区块链之一。联盟链考虑到商业应用对安全、隐私、监管、审计、性能的需求，提高准入门槛，成员必须被许可才能加入网络。Fabric 成员管理服务为整个区块链提供身份管理、隐私、保密和可审计的服务。成员管理服务通过公钥基础设施（Public Key Infrastructure，PKI）和去中心化共识机制使得非许可制的区块链变成许可制的区块链。

2. 智能合约

Fabric 的智能合约称为链码，是一段代码，它处理网络成员所同意的业务逻辑。和以太坊相比，Fabric 链码和底层账本是分开的，升级链码时并不需要迁移账本数据到新链码当中，真正实现了逻辑与数据的分离。

链码可采用 Go、Java、Node.js 等语言编写。链码被编译成一个独立的应用程序，Fabric 用 Docker 容器来运行链码，里面的 base 镜像都是经过签名验证的安全镜像。一旦链码容器被启动，它就会通过 gRPC 与启动这个链码的节点连接。

3. 账本

Fabric 使用建立在 HTTP2 上的 P2P 网络协议来管理分布式账本，采取可插拔方式来根据具体需求设置共识协议，如 PBFT、Raft、PoW 和 PoS 等。

4. 账本

如图 3-10 所示，账本主要包含两块：区块链和状态库。区块链就是一系列连在一起的区块，用来记录历史交易。状态库对应账本的当前最新状态，它是一个 Key-Value 数据库，Fabric 默认采用 Level DB，也可以替换成其他的 Key-Value 数据库，如 Couch DB。

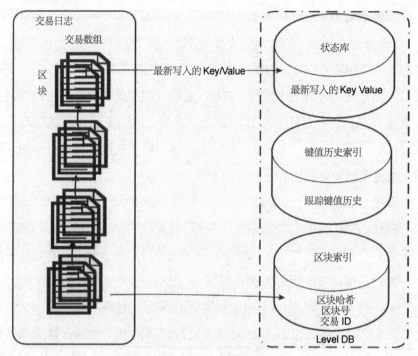

图 3-10　Fabric 的账本结构

5. 交易

Fabric 上的交易分两种，即部署交易和调用交易。

① 部署交易。把链码部署到节点上并准备好被调用，当一个部署交易成功执行时，链码就被部署到各个节点上。好比把一个网络服务器或者 EJB 部署到应用服务器的不同实例上。

② 调用交易。客户端应用程序通过 Fabric 提供的 API 调用先前已部署好的某个链码的某个函数执行交易，并相应地读取和写入 KV 数据库，返回是否成功。

6. APIs、Events、SDKs

Fabric 提供 API 方便应用开发，对服务端的链码，目前支持用 Go、Java 或者 Node.js 开发。对客户端应用，Fabric 目前提供 Node.js 和 Java SDK。未来计划提供 Python 和 Go SDK，Fabric 还提供 RESTAPI。对于开发者，还可以通过 CLI 快速去测试链码，或者去查询交易状态。在区块链网络里，节点和链码会发送事件来触发一些监听动作，方便与其他外部系统的集成。

3.4.4 ▷ EOS

EOS 即企业操作系统（Enterprise Operation System），是为企业级分布式应用设计的一款区块链操作系统。EOS 作为一种类似操作系统的区块链架构平台，旨在实现分布式应用的性能扩展。EOS 提供账户、身份验证、数据库、异步通信以及在数以百计的 CPU 或群集上的程序调度。该技术的最终形式是一个区块链体系架构，每秒可以支持数百万个交易，同时使普通用户无须支付使用费用。相比于目前区块链平台性能低、开发难度大以及手续费高等问题，EOS 拥有高性能处理能力、易于开发以及用户免费等优势，满足企业级的应用需求。

EOS 采用由 an Larimer（绰号 BM）在 BitShare、Steem 等项目中已经使用的石墨烯软件架构。石墨烯区块链不是一个应用程序，它是由一系列库和可执行程序组成，并且用于提供可部署分布式应用程序的节点。石墨烯的关键技术之一就是高度模块化，将内部节点间的分布式通信能力封装成插件，由上层的应用程序动态加载调用，使得应用开发者无须关注区块链底层细节，降低了开发难度，同时使可扩展性增强。

EOS 采用 DPoS 共识机制。DPoS 共识机制和比特币的 PoW 共识机制有很大区别，在 PoW 共识机制中，矿工只要发现交易信息就开始打包区块，需要消耗巨大的算力，交易确认时间很长。而 DPoS 共识机制则通过提前选举出可信节点，避免了信任证明的开销，同时生产者数量的减少（21 个）也极大提升了交易确认效率，防止性能差的节点拖慢整个区块链生产速度。DPoS 的时间片机制能够保证可信区块链的长度始终比恶意分叉的区块链长（恶意节点数量不大于 1/3 总节点数量），例如，节点 B 想自己构造一个分叉链，但是由于每9秒才能产生一个区块，所以始终没有主链长。

EOS借鉴石墨烯架构思想，主要包括应用层、插件层、库函数层和智能合约层。

① 应用层（programs）主要包括cloes、nodeos、keosd三大部分软件模块（见图3-11）。

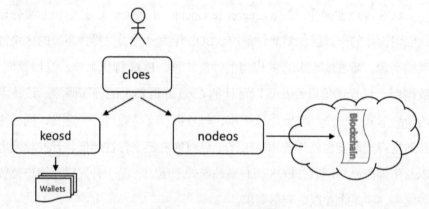

图3-11　EOS应用软件组成

● cloes。客户端命令行交互模块，用于解析用户命令，根据具体命令请求调用相应的接口，如查看区块信息、操作钱包等。

● nodeos。服务器端，也就是区块生产节点，用于接受客户端的远端请求，并打包区块，主要包含4个插件，即chain_plugin、http_plugin、net_plugin、producer_plugin。

● keosd。钱包管理模块，主要包括3个插件，即wallet_plugin、wallet_api_plugin、http_plugin。

② 插件层（plugins）。支持动态加载相关组件，实现应用层的业务逻辑和区块链底层实现的解耦，同时为应用开发者提供友好的API接口，比较重要的插件为chain_plugin、http_plugin、net_plugin、producer_plugin。

③ 库函数层（libraries）。它为应用层和插件层提供基础能力，实现了区块链的底层关键技术，如交易处理、生产区块、加密功能、文件I/O操作、

网络通信能力等，包括的库函数有 appbase、chain、fc、crypto、io、log、network、rpc、utilities。

④ 智能合约层（constracts）。它主要包含一些智能合约的示例代码。

3.5 区块链项目评价

当前，区块链技术及应用正处于蓬勃发展阶段，各类区块链项目鱼龙混杂，由于体系性、规范化的区块链标准定义的缺失，以及区块链知识体系普及性的严重不足，使技术人员、运营机构及投资者在进入区块链领域、面对各类纷繁复杂的区块链"白皮书"时往往无所适从。

本节以前文所述的区块链整体框架为基础，结合区块链项目的分类，力图提供一个可供客观评价区块链各类项目的公允指标体系，为区块链科研人员、应用开发人员、业界从业人员及普通用户开展区块链相关工作提供有价值的参考。

区块链指标体系制定及评价的基本原理是基于区块链项目性质及总体框架，定义各领域的关键性能、质量评价指标；根据区块链项目在区块链总体框架各领域中所处的位置，对区块链项目在该领域的关键技术、性能、质量的满足度、符合度或发展度进行定性、定量评估；根据指标体系的应用，通过科学、客观、规范的数据采集、处理流程，为区块链项目的发展状态给出相对公允的评价。

相关指标的确定须基于以下原则：一是指标具有可采集性，历史和当前数据采集是可靠、方便和科学的；二是指标具有代表性，能较全面地反映某个方面的总体水平；三是指标具有可比性，不同区块链平台、应用，不同发展阶段可根据指标进行科学比较；四是指标具有可扩展性，可根据实际发展情况对指标体系内容进行增减和修改。

3.5.1 ▷ 指标体系

对区块链项目的评价，首先是要准确地识别区块链项目本身的性质，根据区块链项目在区块链总体框架中所处的位置，所解决的关键问题，所采用的关键技术，对区块链项目的性质进行准确的定义，只有在准确地识别了区块链项目的本质属性后，其后继的定量评估才有基础和意义。

按照区块链项目的性质，是构建一个以信任为基础的区块链生态，还是面向一项具体的应用，区块链项目可分为平台型区块链和应用型区块链。其中，平台型区块链又根据其技术、共识账本的公开范围及社群组织和参与方式的不同，可进一步划分为公有平台型、联盟平台型与私有平台型三类区块链。而应用型区块链，则根据其底层区块链网络是自建还是寄生在平台型区块链上划分为独立型应用与寄生型应用两类。

对平台型区块链而言，由于其核心使命是面向以"信任"为基础的区块链生态的建设，因此，平台型区块链的评价指标需要从基础层的可靠性、合约层的开放性和可接入性、应用生态的发展状态3个维度进行评估。具体在基础层，又可分别从安全性、分布性、并发性、环保性、可持续性等指标进行评估；在合约层，可进一步细分为图灵完备性、易用性、普及性等指标；在应用层，则划分为应用生态丰富性、可持续性、用户规模、用户评价等项指标。

对应用型区块链，更强调以信任为基础所构建的应用本身的实际应用与影响状况，因此其评价主要包括两大项，一是其应用的信任基础的构建情况，二是应用本身的发展与应用状况。对应用的信任基础评估，独立型应用由于是自建信任基础设施，因此仍需从安全性、分布性、并发性、环保性、可持续性等细分指标进行评估；而寄生型应用由于信任基础是构建在平台型区块链的基础上，因此可直接引用所寄生平台区块链的评估。对应用本身的评估，则进一步划分为应用属性、可持续性、应用规模、用户评价等主客观细分指标。

区块链项目的评价指标分类如表 3-2 所示。

表 3-2 区块链项目评价指标体系

领域指标	一级指标	二级指标	评估（采集）指标	备 注
平台型		类型	公有链/联盟链/私有链	
	基础层	安全性	加密技术（RSA/椭圆曲线/抗量子）	
			算力难度（H/s）	
		分布性	节点数（矿工节点、全节点、轻节、中心化影响）	
		并发性	T/s（共识机制、高性能计算）	每秒交易数
		环保性	W/KT（共识机制、交易饱和度）	每千笔交易消耗能源
		可持续性	社区/技术支持	
	合约层	图灵完备性	语言计算能力/函数库/扩展能力	
		易用性	语言简洁性/用户友好性	
		普及性	社区支持/应用程度/用户评价	
	应用层	应用生态丰富性	数字资产/存证/经济组织/社会管理/物联网	
		可持续性	需求/技术支持/社区	
		用户规模	有效用户数量	
		用户评价	易用性/美誉度	
应用型		类型	独立型/寄生型	
	寄主层（适用于寄生型应用）	寄主网络评价	直接引用寄主网络的评估结果	

续表

领域指标	一级指标	二级指标	评估（采集）指标	备注
应用型	基础层（适用于独立型应用）	安全性	加密技术（RSA/椭圆曲线/抗量子）	
			算力难度（H/s）	
		分布性	节点数（矿工节点、全节点、轻节、中心化影响）	
		并发性	T/s（共识机制、高性能计算）	每秒交易数
		环保性	W/KT（共识机制、交易饱和度）	每千笔交易消耗能源
		可持续性	社区/技术支持	
	应用层	应用属性	数字资产/存证/经济组织/社会管理/物联网	
		可持续性	需求/政策/技术支持	
		用户规模	有效用户数量	
		用户评价	易用性/美誉度	

3.5.2 ▷ 指标评价

要对区块链指标进行定性、定量评价，需根据区块链指标所描述的实质内涵，根据实际可采集的定性、定量数据，实现对具体区块链项目的科学、客观、准确的定性、定量评价。

如表3-2所示，区块链中各指标的定性、定量描述，可进一步通过可实际采集的指标数据进行评价。

1. 对平台型区块链的指标评价

① 区块链的性质。该指标的定性结果包括公有平台型、联盟平台型和私有平台型3种，可通过访问区块链项目的官方网站，获取技术"白皮书"，通过分析该区块链项目的共识机制、开源状况、节点开放与分布状态等，

依据这些数据对区块链的性质进行准确定性。

② 区块链的安全性。该指标包括通过收集该区块链项目所采用的安全技术机制、算法，对其安全技术进行评估，以及通过采集该区块链的运营网络已拥有的节点分布性、总计算难度（PoW 共识机制）进行分析。

③ 区块链的分布性。该指标通过收集该区块链运营网络已拥有的各类节点数量，包括矿工节点数、全节点数、轻节点数等，按照各类节点的权重不同，进行定量分析；同时，根据该区块链网络中是否采取了部分中心化管理控制手段，对其中心化影响进行分析。

④ 区块链的并发性。通过采集该区块链运营网络的实际运营参数相关报告，对其每秒可支持的交易进行定量描述；同时辅助说明该区块链项目所采用的共识机制（如 PoW/PoS）及提高并发性能的相关技术措施。

⑤ 区块链的环保性。通过采集该区块链运营网络的实际运营参数相关报告，对其每千笔交易所消耗电力进行定量描述，同时辅助说明该区块链项目所采用的共识机制（如 PoW/PoS），以及交易饱和度状态。

⑥ 区块链的可持续性。主要通过对该区块链项目在满足行业、产业需求，技术支持团队或社区的组织形态、能力水平状况及未来发展趋势进行定性、定量评价。

⑦ 智能合约图灵完备性。对该智能合约语言的计算能力，函数库的丰富程度及扩展能力进行定性、定量评估。

⑧ 智能合约易用性。对该智能合约语言的简洁性，用户友好性进行定性、定量评估；可通过对该语言的语法结构与业界通用语言进行对比，对该语言的开发支持工具的状况进行评估。

⑨ 智能合约普及性。可将该智能合约语言的社区支持团队状况，在实际应用中被运用的状况，以及用户使用中对该智能合约语言的使用评价作为评估依据。

⑩ 应用生态丰富性。可对该区块链项目已支持的应用项目所包含的领

域，如数字资产类、存证类、经济组织类、社会管理类、物联网类，对所应用领域及状态进行定性、定量评价。

⑪ 应用生态可持续性。对该区块链项目应用的现实需求状况，技术支持团队或社区运行状态，以及未来发展趋势进行定性、定量评价。

⑫ 应用生态用户规模。可通过采集和统计该区块链项目及各类应用的有效用户数量，对该区块链项目的应用生态用户规模进行定量评估。

⑬ 应用生态用户评价。可通过采集、统计及问卷调查方式，分析该区块链项目及其应用生态中的各类应用项目在用户可用性、友好性及用户美誉度方面的状况，并进行定性、定量评价。

2. 对应用型区块链的评估

该指标的定性结果包括寄生型应用与独立型应用两种，可通过访问区块链项目的官方网站，获取技术"白皮书"，体验实际应用，依据这些数据对应用的性质进行准确定性。区块链应用生态丰富性、可持续性、生态用户规模、生态用户评价与平台型区块链类似。

若为寄生型应用区块链，该指标可直接使用该应用的寄主网络的相关评价指标作为评估依据。独立型应用区块链的安全性、分布性、并发性、环保性，可持续性也与平台型区块链类似。

3.5.3 ▷ 评估流程

对具体区块链项目的评估，可遵循以下流程。

① 根据区块链项目评价应用方向，如是面向技术开发，还是面向区块链资产交易，或者是面向应用，对区块链指标体系各指标进行权重定义，如按总分 100 分为计，则权重较高的指标项给予更高的分值。

② 对区块链项目按其项目性质进行分类，如分为公有平台型、联盟平台型、私有平台型、独立型应用、寄生型应用，因为项目的比较在同类型项目中进行比较才有意义。

③ 对每类项目，选定该类项目中业界最优的项目设为标杆项目，并设定其分值为满分，其他项目的定性、定量评价以标杆项目的相关指标为依据。

④ 通过官方网站、技术"白皮书"、产品、应用案例、问卷调查等多种方式采集数据。

⑤ 对客观指标，按照标准数据处理流程进行相关指标的计算或直接给出定性结论。

⑥ 对主观指标，召开具有代表性的专家评审会，根据专家投票给出评价结论。

⑦ 形成区块链项目指标体系评价报告，并以适当形式发布供业界参考。

具体如图 3-12 所示。

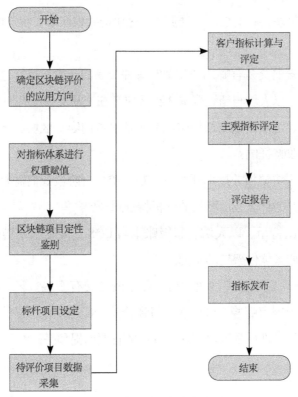

图 3-12　区块链项目指标评估流程

3.6 课后习题

1. 简述区块链的总体架构和各功能层次的作用，对比分析区块链功能层次与传统软件各功能层次的异同。

2. 基于P2P架构，区块链在核心层采取了多种安全措施与机制，这样做的目的是什么？从区块链的应用场景分析，区块链采取这些机制与措施有什么意义？

3. 简述智能合约在区块链中的作用、地位和工作机理。为什么说智能合约的出现才真正让区块链成为一个基础性的技术？

4. 简述共识机制在区块链中的作用、地位和工作机理，列举3种以上不同共识机制及其工作机理。

5. 简述区块链核心层的工作原理、区块链共识账本（状态库与区块链）的形成过程。

6. 区块链的交易有哪几种类型？每种交易的产生、执行过程有什么特征？比特币、以太坊与超级账本3类区块链在交易支持上有何异同？

7. 交易、区块的数据结构中一般包括哪些内容？区块链是如何来确保数据不易篡改特征的？

8. 进行区块链相关技术开发时，在系统分析阶段我们需要特别注意的内容有哪些？为什么应用场景的分析特别重要？

9. 简述比特币、以太坊、超级账本与EOS这4类区块链开源项目的特征，比较四者软件架构的不同。

10. 对区块链项目评估建立指标体系的意义有哪些？区块链项目评价的关键指标内容有哪些？区块链项目评价的一般程序是怎样的？为什么识别区块链项目的性质是区块链项目评价的首要前提和基础？

第4章 区块链账户

区块链是一种分布式共享记账应用,记账自然需要有账户。人们在日常工作和生活中,使用的往往是集中式系统的账户。比如对于银行系统,每张银行卡都对应着一个银行账户,用以标识银行用户的身份;对于电子邮件系统,每个电子邮箱地址也对应着一个电子邮箱账户,用以标识不同的电子邮箱用户;对于网上购物平台,每个用户也都会通过注册,拥有一个唯一的账户,用以标识用户的身份。上面这些账户所对应的账户信息,都是存储在某一个集中式平台上的,比如银行系统服务器、电子邮件服务器、购物平台服务器等。作为分布式共享记账应用的区块链,自然也需要通过账户来区分不同的用户,并对区块链上发生的交易的状态和结果进行记录。因为在区块链上传递的往往是有价值的数据,所以对账户及相关交易过程的保护就显得至关重要。

对于集中式系统账户的安全访问,比较常见的是通过口令验证的方式,即用户在集中式应用系统上进行登录,输入自己的账户名称和口令,如果账户名称和口令与自己在系统注册时登记的账户名称和口令相一致,则验证通过,用户登录进系统并有权使用系统为其提供的服务。对于分布式的区块链,其应用往往涉及数字资产权属的转移,因此,在区块链中对账户及交易过程的安全性的要求更为严格,其安全性保障建立在严格的密码学理论基础上。在区块链技术中用到的密码学知识主要包括哈希函数和公钥密码体制。

4.1 哈希函数

哈希函数也称为散列函数,它是一类特殊的数学函数,其功能是在有限、合理的时间内把任意长度的二进制序列映射成一个固定长度的二进制串。哈希函数在区块链中的主要作用是保证历史区块所保存的数据不易篡改。

4.1.1 ▷ 概述

根据哈希函数的功能，可以将其表达为 $h = H(x)$。

由于映射的输出空间（值域）通常会小于输入空间（定义域），因此，哈希函数通常是一种压缩映射。因为哈希函数是压缩映射，所以对不同的输入可能会得到相同的输出，这种情况被称为冲突或者碰撞，即有输入信息 $x_1 \neq x_2$，而函数值 $H(x_1) = H(x_2)$。具有相同哈希函数值的输入信息称为同义词，如图 4-1 所示，x_1 与 x_2 就是一对同义词，而 x_1 与 x_3 就不是一对同义词。

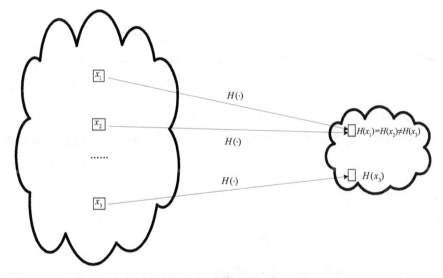

图 4-1 哈希函数示意

哈希函数并不是一个简单的压缩函数，它可以被看作将原始信息压缩成信息摘要的函数，而这个信息摘要可以看作原始信息的数字指纹，可以用来检测原始信息是否被篡改。为此，哈希函数必须满足下列性质。

① 压缩性。对于任意长度的输入 x，输出 $H(x)$ 为固定长度哈希值。

② 单向性。给定一个输入 x，计算其哈希函数值 $H(x)$ 是容易的，但在知道哈希函数值 $H(x)$ 和所用的哈希函数 $H(\cdot)$ 的情况下，要计算原始的输入 x 则是困难的。

③ 抗碰撞性。由于哈希函数的输入空间大于输出空间，所以碰撞肯定是存在的，但哈希函数的设计必须使得找碰撞的过程是困难的。如果对于给定哈希函数 $H(\cdot)$，很难找到一对输入消息 x_1 和 x_2，在满足 $x_1 \neq x_2$ 的情况下，有 $H(x_1) = H(x_2)$，就称哈希函数具有强抗碰撞性。如果对于给定消息 x_1 及其哈希函数值 $H(x_1)$，很难找到另外一个消息 x_2，满足 $H(x_1) = H(x_2)$，这称为哈希函数具有弱抗碰撞性。

④ 雪崩效应。即如果输入值发生微小的变化，其哈希函数的输出值将发生巨大的变化。理想情况下，当哈希函数的一个输入位发生变化时，希望将有一半的输出位会发生变化。

满足以上性质的哈希函数可以用来检测消息是否被篡改。假设一个原有的信息为 x_1，其哈希值为 $H(x_1)$。现在如果有人对信息进行了篡改使其内容变为 x_2，那么其哈希值变为 $H(x_2)$，由哈希函数的抗碰撞性可知 $H(x_1) \neq H(x_2)$，因此，检测出消息被篡改了。这里我们不直接比较 x_1 和 x_2 的原因是哈希值的长度远远小于原始输入信息的长度，所以计算哈希值会更加高效。比如，从网络上下载一个 100MB 的文件，仅仅对比其哈希值（典型值为 256bit）即可验证文件是否被篡改。

4.1.2 ▷ SHA256 算法

接下来以区块链结构中经常使用的 SHA256 算法为例进一步介绍哈希算法的工作方式。SHA256 是美国国家安全局设计的安全哈希算法（Secure Hash Algorithm, SHA）系列算法之一，其摘要长度为 256bit，即 32 字节，所以称为 SHA256。SHA256 算法主要包括两大步骤：消息预处理和哈希计算。

1. 消息预处理

SHA256 算法可以用于哈希一个长度为 l 的消息 m，这里 l 的最大长度限制为 2^{64}。由于哈希算法的输入消息长度并不固定，为了方便哈希算法的统一操作，需要先对原始输入消息进行预处理，这里将原始输入消息的长度扩充为512bit的整数倍，具体扩充方法如下。

假设原始输入消息m的长度是l bit，则扩充后的消息为$M=m\|m_1\|m_k\|m_{64}$，其中符号"$\|$"表示级联操作，m_1是取值为1，长度为1bit的二进制位，m_k是取值为0，长度为$k$bit的二进制串，其中，k是满足$l+1+k\equiv 448 \bmod 512$最小的$k$，$m_{64}$是64bit二进制串表示的原始消息长度$l$的值。通过上述操作，原始输入消息$m$就扩充为长度为512bit的整数倍的消息$M$。

假设消息M的长度为512bit的N倍，则先将消息M从头开始依次分为N组，每组的长度为512bit，并记为$M^{(1)}$，$M^{(2)}$，…，$M^{(N)}$。对于每一组$M^{(i)}(i=1,\cdots,N)$，按照32bit为1个子块划分，则每组可以分为16个子块，从前往后依次记为$M_0^{(i)}$，$M_1^{(i)}$，…，$M_{15}^{(i)}$。

2. 哈希计算

执行完消息预处理过程后，SHA256算法对消息组$M^{(1)}$，$M^{(2)}$，…，$M^{(N)}$中的每一个组依次进行处理，处理完$M^{(i)}$之后的输出作为处理下一个块$M^{(i+1)}$的输入，当处理完最后的消息分组$M^{(N)}$后，则得到了对消息M的最后的哈希结果。具体过程如下。

for i　1 to N

{

① 扩展$M_0^{(i)}$，$M_1^{(i)}$，…，$M_{15}^{(i)}$得到64个消息子块。

$$W_t=\begin{cases}M_t^{(i)}, 0\leqslant t\leqslant 15\\ \mathrm{SSIG}_1(W_{t-2})+W_{t-7}+\mathrm{SSIG}_0(W_{t-15})+W_{t-16}, 16\leqslant t\leqslant 63\end{cases}$$

② 将8个工作变量a、b、c、d、e、f、g、h赋值为处理前一个512bit消息分组$M^{(i-1)}$后得到的哈希值。

$a = H_0^{(i-1)}$

$b = H_1^{(i-1)}$

$c = H_2^{(i-1)}$

$d = H_3^{(i-1)}$

$e = H_4^{(i-1)}$

$f = H_5^{(i-1)}$

$g = H_6^{(i-1)}$

$h = H_7^{(i-1)}$

③ for t = 0 to 63

{

$T_1 = h + \text{BSIG}_1(e) + \text{CH}(e,f,g) + K_t + W_t$

$T_2 = \text{BSIG}_0(a) + \text{MAJ}(a,b,c)$

$h = g$

$g = f$

$f = e$

$e = d + T_1$

$d = c$

$c = b$

$b = a$

$a = T_1 + T_2$

}

④ 计算得到本分组 $M^{(i)}$ 所对应的哈希值。

$H_0^{(i)} = a + H_0^{(i-1)}$

$H_1^{(i)} = b + H_1^{(i-1)}$

$H_2^{(i)} = c + H_2^{(i-1)}$

$H_3^{(i)} = d + H_3^{(i-1)}$

$H_4^{(i)} = e + H_4^{(i-1)}$

$H_5^{(i)} = f + H_5^{(i-1)}$

$H_6^{(i)} = g + H_6^{(i-1)}$

$H_7^{(i)} = h + H_7^{(i-1)}$

}

请注意，在上述哈希计算过程主循环内的第①步中，$SSIG_0(\cdot)$ 和 $SSIG_1(\cdot)$ 为两个变换函数，分别定义：

$$SSIG_0(x) = ROTR^7(x) \oplus ROTR^{18}(x) \oplus SHR^3(x)$$

$$SSIG_1(x) = ROTR^{17}(x) \oplus ROTR^{19}(x) \oplus SHR^{10}(x)$$

其中，x 为 32bit 的二进制输入，$\oplus$ 表示位异或操作，$ROTR^n(x) = (x >> n) \vee (x << w-n)$ 表示将 x 循环右移 n 位，其中 w 表示二进制串 x 的长度，$SHR^n(x) = x >> n$ 表示将 x 右移 n 位，左端补 0。

在上述主循环的第②步中，初始哈希值为预先设定，分别为 $H_0^{(0)} = 6a09e667$，$H_1^{(0)} = bb67ae85$，$H_2^{(0)} = 3c6ef372$，$H_3^{(0)} = a54ff53a$，$H_4^{(0)} = 510e527f$，$H_5^{(0)} = 9b05688c$，$H_6^{(0)} = 1f83d9ab$，$H_7^{(0)} = 5be0cd19$。

在上述主循环的第③步中，$CH(\cdot)$、$MAJ(\cdot)$、$BSIG_0(\cdot)$ 和 $BSIG_1(\cdot)$ 为 4 个变换函数，分别定义：

$$CH(x,y,z) = (x \wedge y) \oplus (\overline{x} \wedge z)$$

$$MAJ(x,y,z) = (x \wedge y) \oplus (x \wedge z)(y \wedge z)$$

$$BSIG_0(x) = ROTR^2(x) \oplus ROTR^{13}(x) \oplus ROTR^{22}(x)$$

$$BSIG_1(x) = ROTR^6(x) \oplus ROTR^{11}(x) \oplus ROTR^{25}(x)$$

其中，x、y、z 都是 32bit 的二进制串。

另外，在步骤③中还用到了预定义的 64 个常量 W_t（$t = 0, 1, \cdots, 63$），取值如表 4-1 所示。

表 4-1 取值表

428a2f98	71374491	b5c0fbcf	e9b5dba5	3956c25b	59f111f1	923f82a4	ab1c5ed5
d807aa98	12835b01	243185be	550c7dc3	72be5d74	80deb1fe	9bdc06a7	c19bf174
e49b69c1	efbe4786	0fc19dc6	240ca1cc	2de92c6f	4a7484aa	5cb0a9dc	76f988da
983e5152	a831c66d	b00327c8	bf597fc7	c6e00bf3	d5a79147	06ca6351	14292967
27b70a85	2e1b2138	4d2c6dfc	53380d13	650a7354	766a0abb	81c2c92e	92722c85
a2bfe8a1	a81a664b	c24b8b70	c76c51a3	d192e819	d6990624	f40e3585	106aa070
19a4c116	1e376c08	2748774c	34b0bcb5	391c0cb3	4ed8aa4a	5b9cca4f	682e6ff3
748f82ee	78a5636f	84c87814	8cc70208	90befffa	a4506ceb	bef9a3f7	c67178f2

当主循环结束之后，处理完最后一个消息分组 $M^{(N)}$ 后就得到了最终的

256bit 的哈希结果 SHA256(m) = $H_0^{(N)} \| H_1^{(N)} \| H_2^{(N)} \| H_3^{(N)} \| H_4^{(N)} \| H_5^{(N)} \| H_6^{(N)} \| H_7^{(N)}$。

4.2 公钥密码体制

加解密算法是密码学的核心支撑技术，现代加密系统一般包括加密算法、加密密钥、解密算法、解密密钥 4 个典型的组成部分。

4.2.1 ▷ 非对称加密算法

现代加密系统的工作框图如图 4-2 所示，图中上半部分显示的是加密系统的工作过程。我们可以把加密算法看作一个函数 $C(\cdot)$，其包括两个输入参数：明文消息和加密密钥。加密算法利用加密密钥 key1 对明文消息 m 进行加密，生成密文消息 m'。

$$C_{key1}(m) = m'$$

图 4-2 下半部分显示的是相对应的解密系统的工作过程。我们可以把解密算法看作一个函数 $D(\cdot)$，其包括两个输入参数：密文消息和解密密钥。解密算法利用解密密钥 key2 对密文消息 m' 进行解密，生成明文消息 m。

$$D_{key2}(m') = m$$

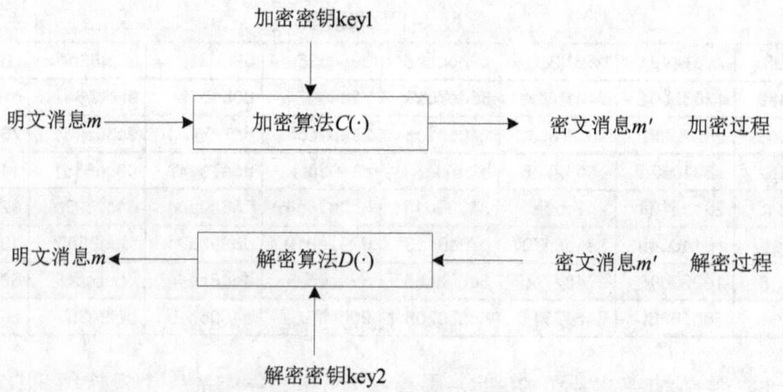

图 4-2 加密系统工作框图

根据密钥设计和使用方法的不同，加密算法可以区分为两大基本类型：对称加密算法和非对称加密算法。

在对称加密算法中，加密密钥 key1 和解密密钥 key2 相同或者能够相互推导出来。比如，对于简单的异或加密算法，假设待加密的明文消息是二进制串 10011101，加密密钥和解密密钥都是 11001100，那么加密过程可以表示为 10011101 $\oplus$ 11001100=01010001，生成的密文消息为 01010001。相应地，解密过程可以表示为 01010001 $\oplus$ 11001100=10011101。可见，使用同样的加密密钥和解密密钥，异或计算能够将明文消息进行加密，并能够将密文消息恢复成明文消息完成解密。

从上述对称加密算法可以看出，密钥的保护至关重要。因为加密密钥和解密密钥可以互相推导出来，所以任何一个密钥泄漏，都会导致整个加密体制被攻破。另外，如果 n 个用户之间要进行大规模保密通信，那么任意两个用户之间必须拥有和保存不同的加（解）密密钥，总的加密密钥数就是 $n(n-1)/2$ 个。这对于 n 个用户之间的大规模保密通信来说非常复杂，因此非对称加密算法被提了出来。在非对称加密算法中，加密密钥 key1 和解密密钥 key2 既不相同也不像对称加密算法中那样可以双向相互推导。一般来说，加密密钥被称为公钥，可以对外公开，解密密钥被称为私钥，必须由持有者妥善保存，由用户的公钥并不能推导出用户的私钥。这样一来，如果 n 个用户之间要进行大规模保密通信，就只需要各自公开自己的公钥，那么总的公钥数量就是 n 个。这时候如果用户 A 要和用户 B 进行保密通信，就只需要用用户 B 的公钥进行加密，用户 B 收到密文消息后，用自己的私钥进行解密。反之，如果用户 B 要和用户 A 进行通信，则可以用用户 A 的公钥进行加密，用户 A 收到密文消息后，用自己的私钥进行解密。由以上分析可见，非对称加密算法和对称加密算法相比，具有非常显著的特点，其构成了公钥密码体制的重要支撑。公钥密码体制的另一个重要支撑是数字签名技术，其在区块链中也得到了广泛应用。

4.2.2 ▷ 数字签名技术

数字签名是对手写签名的电子模拟,即对数字信息进行签名。签名必须要能够被接收者验证真伪,为此,签名方需要公开验证信息给接收者用于签名验证,另外,签名方不能泄露产生签名的机密信息,以防他人伪造签名。

数字签名可以实现消息和身份认证,以及消息的完整性认证。在区块链中,发起交易的一方通过对交易数据进行数字签名,用以验证自己的身份及交易的不可抵赖性。一般来说,数字签名方案基于公钥密码体制实现。数字签名的一般过程如图 4-3 所示。

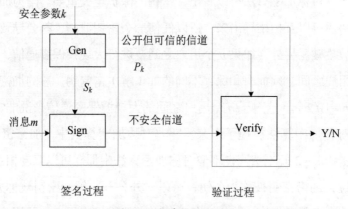

图 4-3 数字签名的过程

图 4-3 中,Gen 表示密钥生成算法,Sign 表示签名算法,Verify 表示验证算法。通过安全参数 k 产生公钥密码体制中的公钥 P_k 和私钥 S_k。签名者使用签名算法 Sign 和自己的私钥 S_k 对消息 m 进行签名,验证者利用公开验证算法 Verify 和签名者公开的 P_k 等信息来对签名 Sign(m) 进行验证,如果验证通过,则返回真,否则返回假。

在签名方案中,用于签名的私钥 S_k 必须妥善保管不能泄露,否则得到私钥的人将能够伪造签名,而签名者的公钥 P_k 可以公开,由公钥密码体制的性质可知,获知公钥的攻击者无法由公钥推导出签名者的签名私钥。

由于每一个签名者的签名私钥都是唯一的，所以通过验证签名也就验证了签名者的身份，同时也验证了签名消息未被篡改。

公钥密码体制构成了非对称加密算法和数字签名技术的基石，然而公钥密码体制的设计并非易事，主要基于大数质因子分解、离散对数、椭圆曲线等数学难题进行设计。

4.2.3 ▷ RSA 算法

1977 年，罗纳德·李维斯特（Ron Rivest）、阿迪·萨莫尔（Adi Shamir）和伦纳德·阿德曼（Leonard Adleman）提出了以他们名字首字母命名的 RSA 算法，这是一个能同时用于加密和数字签名的非对称加密算法，也易于理解和操作。接下来就以 RSA 算法为例来介绍非对称加密算法。

RSA 算法简单描述如下。

① 体制建立。随机选择两个不同的大素数 p 和 q，计算 $n = pq$，以及欧拉数 $\varphi(n)$，即小于 n，且与 n 互质的正整数的个数（$\varphi(n) = (p-1)(q-1)$），随机选择小于 $\varphi(n)$ 且满足 $\gcd(e, \varphi(n)) = 1$ 的整数 e，这里 $\gcd(\cdot)$ 表示最大公约数函数。然后计算整数 d，满足 $de \equiv 1 \bmod \varphi(n)$ 其中，mod 表示模运算。系统公钥为 (e, n)，私钥为 (d, n)，参数 p，q 不再需要，予以销毁。

② 加密。对于待加密消息 m，发送者利用接收者的公钥 (e, n) 计算 $m^e \equiv m' \bmod n$，m' 为密文消息。

③ 解密。对于密文消息 m'，接收者利用自己的私钥 d 计算 $(m')^d \equiv m \bmod n$，恢复明文消息 m。

为了便于理解公钥密码体制，下面对算法的正确性进行证明。首先证明一个引理。

引理（欧拉定理）：如果 n 和 m 为正整数，且 n 和 m 互质，则 $m^{\varphi(n)} \equiv 1 \bmod n$。

证明：因为小于 n，且与 n 互质的正整数共有 $\varphi(n)$ 个，不妨设其为

$x_1, x_2, \cdots, x_{\varphi(n)}$。

对于数集

$$y_1 = mx_1, y_2 = mx_2, \cdots, y_{\varphi(n)} = mx_{\varphi(n)}$$

一方面，这些数中的任意两个数模 n 都不同余。否则当 $i \ne j$ 时，$y_i - y_j = m(x_i - x_j)$ 能被整除，与 $x_i - x_j$ 不能被 n 整除矛盾。所以共有 $\varphi(n)$ 个余数。

另一方面，任意 $y_i (i = 1, \cdots, \varphi(n))$ 除以 n 的余数都与 n 互质。因为如果余数与 n 有公因子 r，即 $y_i = mx_i = tn + kr = rl$，那么 y_i 与 n 不互质。但是 m 和 x_i 都是与 n 互质的，所以 y_i 也与 n 互质，前后矛盾，所以任意 y_i 除以 n 的余数都与 n 互质。而且这些余数总数为 $\varphi(n)$ 个，余数必在 $x_1, x_2, \cdots, x_{\varphi(n)}$ 中。

因此可得

$$y_1 y_2 \cdots y_{\varphi(n)} \equiv x_1 x_2 \cdots x_{\varphi(n)} \bmod n$$

从而推出

$$m^{\varphi(n)} x_1 x_2 \cdots x_{\varphi(n)} \equiv x_1 x_2 \cdots x_{\varphi(n)} \bmod n$$

$$(m^{\varphi(n)} - 1) x_1 x_2 \cdots x_{\varphi(n)} \equiv 0 \bmod n$$

因为 $x_1, x_2, \cdots, x_{\varphi(n)}$ 都与 n 互质，所以有

$$m^{\varphi(n)} - 1 \equiv 0 \bmod n$$

即 $m^{\varphi(n)} \equiv 1 \bmod n$，定理得证。

证明了欧拉定理，即如果 n 和 m 为正整数，且 n 和 m 互质，则 $m^{\varphi(n)} \equiv 1 \bmod n$ 后，就可以进一步对 RSA 解密算法的正确性，分两种情况进行证明。

① m 与 n 互质。

对于密文消息 m'，解密时 $(m')^d \equiv (m^e)^d \bmod n \equiv m^{de} \bmod n$。

因为 $de \equiv 1 \bmod \varphi(n)$，所以 $de = k\varphi(n) + 1$，$m^{de} \equiv m^{k\varphi(n)+1} \equiv m^{k\varphi(n)} m \bmod n$。

由欧拉定理 $m^{\varphi(n)} \equiv 1 \bmod n$，可得 $(m')^d \equiv m \bmod n$，解密成功。

② m 与 n 不互质。

因为 n = pq，且 p 和 q 都是素数，所以 m 必然等于 kp 或者 kq。

不妨设 m = kp，这里 k 与 q 必然互质。根据欧拉定理，有
$$(kp)^{q-1} \bmod q \equiv 1 \bmod q$$

从而下式成立
$$[(kp)^{q-1}]^{h(p-1)}(kp) \bmod q \equiv kp \bmod q$$

因为 $\varphi(n) = (p-1)(q-1)$ 且 $de \equiv 1 \bmod \varphi(n)$，所以由上式可得
$$(kp)^{ed} \bmod q \equiv kp \bmod q$$

从而可设 $(kp)^{ed} = tq + kp$，因为这里 p 和 q 是互质的，所以这里 t 一定能被 p 整除，所以可设 $(kp)^{ed} = t'pq + kp = t'n + kp$。则 $(m')^d \equiv m^{ed} \equiv kp \bmod n \equiv m \bmod n$，解密成功。

下面举一个简单的例子来看看 RSA 算法的工作过程。

① 体制建立。随机选择两个不同素数 47 和 59，计算 n = pq = 2 773，以及欧拉数 $\varphi(n) = (p-1)(q-1) = 2\ 668$，随机选择小于 $\varphi(n)$ 且满足 $\gcd(e, \varphi(n)) = 1$ 的整数 e = 63，并计算整数 d = 847，满足 $de \equiv 1 \bmod \varphi(n)$。系统公钥为 (e, n) = (63, 2 773)，私钥为 (d, n) = (847, 2 773)，参数 p，q 不再需要，予以销毁。

② 加密。对于待加密消息，比如 m = 244，发送者利用接收者的公钥 (63, 2 773) 计算 $244^{63} \equiv 465 \bmod 2\ 773$，465 为密文消息。

③ 解密。对于密文消息 465，接收者利用自己的私钥 847 计算 $465^{847} \bmod 2\ 773 = 244$，完成解密。

RSA 算法不仅可以用于加密，也可以用于消息的签名。签名者用私钥 (d, n) 对消息 m 进行签名。
$$m^d \equiv m' \bmod n$$

接收者利用签名者的公钥 (e, n) 进行签名的验证。
$$(m')^e \equiv m \bmod n$$

如果等式成立，则接受消息签名，否则拒绝签名。

RSA 算法是第一个提出的能够同时用于加密和数字签名的算法，算法形式简洁，易于理解，适合学习。通过 RSA 算法，我们可以较容易地理解公钥密码体制的工作原理。实际上，RSA 算法目前仍在广泛使用，经历了各种攻击和分析，其安全性经受住了考验，到目前仍然被认为是安全的算法。

RSA 算法依然存在如下不足。

① RSA 算法的安全性依赖于分解两个大素数的乘积是困难的这一前提，但并没有理论证明破解 RSA 算法就必须要分解大素数的乘积。如果未来能够找出不需要分解大素数乘积的 RSA 破解算法，将对 RSA 算法安全性产生重大威胁。

② RSA 算法的运行速度较慢。由于 RSA 算法涉及大数的计算，其速度较慢，比起对称加密算法来说要慢很多。并且随着大数分解技术的发展，为保证安全性，大数的长度还在增加，速度变慢，也不利于数据的标准化。

③ 还存在一些针对 RSA 算法的攻击，包括选择密文攻击、公共模数攻击、小指数攻击等，这些攻击对 RSA 算法参数的选择及使用都提出了一定的安全要求。

4.2.4 ▷ 椭圆曲线算法

在实际使用过程中，RSA 算法的效率较低。同等安全强度下，椭圆曲线算法具有更短的密钥长度和更高的运行效率。比如，RSA 算法中 1 024bit 的密钥与椭圆曲线中 160bit 的密钥安全强度相当。因此，椭圆曲线算法获得了越来越广泛的应用，在区块链中使用的也是基于椭圆曲线的签名技术。

1. 椭圆曲线基本原理

一般来说，椭圆曲线可以用如下二元三阶方程来表示。

$$y^2 = x^3 + ax + b$$

其中，a，b 为系数。当 $a=-7$，$b=6$ 时，椭圆曲线的形状如图 4-4 所示。

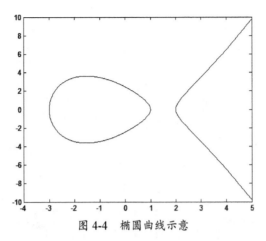

图 4-4　椭圆曲线示意

在椭圆曲线上定义如下运算。

① 加法运算。椭圆曲线上的两点 P_1、P_2 相加，定义为通过 P_1、P_2 画一条直线，该直线与椭圆曲线的交点关于 x 轴对称位置的点，即为 P_1+P_2，如图 4-5 所示。

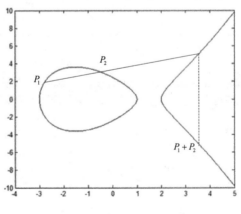

图 4-5　椭圆曲线加法运算

② 2 倍运算。在椭圆曲线加法中，如果 $P_1 = P_2 = P$，则两点相加可以表示为 $P + P = 2P$，定义为过 P 点的切线，与椭圆曲线的交点关于 x 轴对称位置的点，如图 4-6 所示。

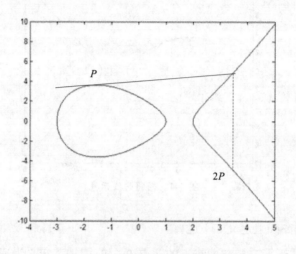

图 4-6　椭圆曲线 2 倍运算

③ 取反运算。将椭圆曲线上 P 点关于 x 轴对称位置的点定义为 $-P$，即椭圆曲线的正负取反运算，如图 4-7 所示。

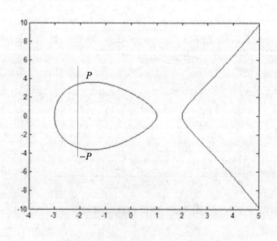

图 4-7　椭圆曲线取反运算

④ 无穷远点。如果将 P 与 $-P$ 相加，过 P 与 $-P$ 的直线平行于 y 轴，可以认为直线与椭圆曲线相交于无穷远点。

定义了椭圆曲线的上述运算规则之后，给定椭圆曲线上任意一点 P，则很容易计算 $2P$，$3P(=P+2P)$，$4P(=P+3P)$……也就是说，如果已知椭圆曲线上的一点 P 和整数 x，则容易求出 xP。然而，如果已知椭圆曲线上的一点 P 及其对应的另外一点 xP，则求出整数 x 是困难的。椭圆曲线密码体制正是基于这样的数学原理而构建的。

2. 椭圆曲线

接下来简单介绍一下在区块链中普遍使用的数字签名算法（Elliptic Curve Digital Signature Algorithm，ECDSA），算法的严格描述可以进一步参考其他文献。ECDSA 基于椭圆曲线密码体制构建，分为如下 3 个步骤。

① 体制建立。基于椭圆曲线生成一对公 / 私钥。私钥为随机选择的整数 k，公钥为 $K=kG$，其中 G 为所选择椭圆曲线上的点。

② 签名。选择随机数 r，在椭圆曲线上计算点 rG，其坐标记为 (x, y)；计算消息 m 的哈希值 $h=H(m)$，并进一步计算 $s=(h+kx)r^{-1}$；签名者将消息 m 及签名 (rG, s) 发送给接收者。

③ 签名验证。接收到消息 m 及签名 (rG, s) 后，接收者首先计算消息 m 的哈希值 $h=H(m)$，然后进一步计算 $hGs^{-1}+xKs^{-1} \stackrel{?}{=} rG$，如果等式成立，则接受签名，否则拒绝签名。

如果签名正确，则一定能够通过签名验证，证明如下。

$$\begin{aligned} hGs^{-1}+xKs^{-1} &= hGs^{-1}+x(kG)s^{-1} \\ &= (h+xk)Gs^{-1} \\ &= (h+xk)Gr(h+xk)^{-1} \\ &= rG \end{aligned}$$

4.3 区块链状态库

区块链是一种不易篡改的分布式共享账本，已记录的账目不可更改，而每次新增的记账条目则改变了账本的状态。我们可以将区块链看作一个状态机，在任意时刻都保持着一种状态，而状态库则记录了区块链所处的状态。

4.3.1 ▷ 状态库

对于区块链上进行的交易，可以看作对区块链所处状态进行改变的一次尝试，如果交易被打包进区块并最终得到确认，则区块链状态就进行相应的改变。对于区块链上交易对应的区块链状态的变化，我们可以做如下理解。

① 交易。表示一次价值转移操作，会导致账本状态的一次改变，如添加一条交易记录。

② 区块。记录一段时间内发生的交易和状态结果，是对当前账本状态的一次共识和确认。

③ 链。由一个个区块按照发生顺序串联而成，是整个区块链状态变化的日志记录。

在比特币系统中，每一笔交易都被永久地记录在区块中，代表了当时的区块链的状态。在以太坊中，另外还专门保存了 3 棵树：状态树、交易树和收据树，可方便账户做更多的信息查询。比特币系统是纯粹的"虚拟货币"应用，只有用户账户，而以太坊还支持各种智能合约的部署，所以有两种类型的账户：用户账户和合约账户。

4.3.2 ▷ 用户账户和合约账户

用户账户是用户身份的代表，如同拥有了银行账户，我们才能在银行进行相应的转账业务，拥有了用户账户，我们才能在区块链上进行相应的转账业务。在区块链上,每个用户账户都由用户来创建,并由公钥密码体制中的一对密钥来定义。用户账户以地址作为索引,而地址是由该用户的公钥生成的,比如可以取公钥的最后 20 字节表示地址。而账户交易的控制则由私钥来完成。在发送交易数据时,需要用私钥对交易数据进行签名以保证交易的不可抵赖性。

生成一个用户账户地址的主要过程如下。

① 自由生成一个用户的私钥。

② 根据指定的加密算法生成与私钥相配对的公钥。

③ 根据公钥生成相应的账户地址。

私钥作为用户最重要的私密信息,一旦丢失将无法找回,所以一定要妥善保管。私钥一般是和公钥一起,用创建账户时设置的密码进行加密保管在钥匙文件里,在以太坊中,钥匙文件存储在数据目录的 keystore 子目录下。为了防止丢失,最好将钥匙文件备份保存在不同的地方。

合约账户是由用户账户创建的账户,它是一种特殊的可编程账户,合约存在以太坊上,它是代码和数据的集合,并由合约代码控制。

合约账户的地址由合约创建者的地址和该地址发出的交易共同计算得出,其与用户账户最大的不同在于其存储有智能合约。

当合约账户收到一条交易信息时,其存储的合约代码将被交易输入的参数调用执行,从而改变合约账户的状态。合约账户的状态可以是余额、代码执行情况,以及合约的存储。

4.4 用户账户活动

在区块链中,用户账户是通过用户地址来进行索引的,而用户地址都是由该用户的公钥通过某种计算得出的。

4.4.1 ▷ 用户地址

以比特币系统为例，其用户地址的生成过程如图 4-8 所示。

① 随机选取一个 32 字节的数作为私钥。

② 使用椭圆曲线加密算法 ECDSA-secp256k1 计算私钥所对应的公钥。

③ 计算出公钥的 SHA256 哈希值。

④ 取上一步结果，计算 RIPEMD160 哈希值。

⑤ 取上一步结果，前面加入 1 字节地址版本号（比特币主网版本号 "0x00"）。

⑥ 取上一步结果，计算 SHA256 哈希值。

⑦ 取上一步结果，再计算一下 SHA256 哈希值。

⑧ 取上一步结果的前 4 个字节。

⑨ 把这 4 个字节加在第 5 步的结果后面，作为校验。

⑩ 用 BASE58 表示法对上一步结果进行变换，得到最后的用户地址。

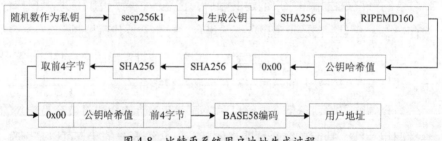

图 4-8 比特币系统用户地址生成过程

对于以太坊，其用户地址生成过程则显得简洁很多。

① 随机选取一个私钥。

② 利用 ECDSA 计算出私钥所对应的公钥。

③ 计算出公钥的 Keccak 哈希值。

④ 取上一步结果的最右边 20 字节作为最后的用户地址。

4.4.2 ▷ 交易发起

用户账户的交易主要是指该账户发送到区块链上另外一个账户的消息的签名数据包，签名表明了该用户的身份和消息来源的真实性，而消息的内容则代表了价值在用户之间的转移。

图 4-9 以简要的形式展示了以太坊用户账户交易发起和处理的过程。

① 用户 A 发起交易请求。交易请求本质上是一条转账记录请求，内容包括发送账户地址、接收账户地址、本次转移的"虚拟货币"数量、用来完成交易的燃料（Gas）数量、交易中愿意付出的燃料的单价等。我们可以将这个过程与银行的转账过程相类比，如果一个银行账户要向另一个银行账户进行转账，那么请求消息同样会涉及双方的账号、转账的金额、手续费、身份证明（如密码）等，只不过这个消息是发送给银行的，而在区块链这样的去中心化系统中，交易请求消息是发送到区块链中的。

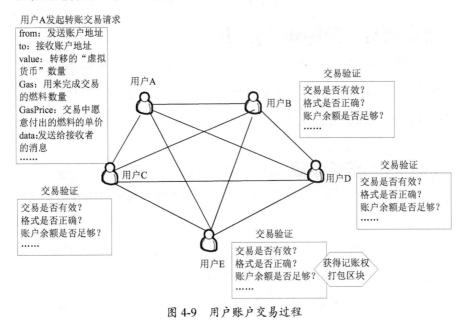

图 4-9　用户账户交易过程

② 网络节点验证交易请求。区块链上的任意用户收到用户 A 发出的交易请求后，执行操作检查交易是否有效，数据格式是否正确，计算本次

交易需要的手续费并判断发送账户余额是否足够。如果交易请求验证不通过，则本条交易请求被丢弃，否则将交易请求放进本地交易存储池中，同时将该交易向区块链中其他节点转发。其他节点收到交易请求后，执行同样的验证过程。

③ 交易打包进区块。区块链上节点按照共识机制的约定争夺区块打包权，假设用户 E 争夺到了区块打包权，则将该交易与本地交易存储池中的其他交易一起打包进区块，将该区块加入本地区块链，并向网络中传播此区块。

④ 区块加入共识区块链。其他节点收到该区块后，验证区块的合法性，如果通过验证，则将本地交易存储池中用户 A 的交易记录删除，然后将该区块同步到自己的区块链中。至此，完成交易的整个发起和处理过程。

4.5 合约账户活动

在以太坊上，除了用户账户外，还有合约账户。合约账户是由用户账户创建的，其地址由合约创建者的地址和该地址发出的交易共同计算得出，在合约账户上面存有智能合约。

4.5.1 ▷ 合约的创建

图 4-10 以简要的形式展示了以太坊用户合约创建交易发起和处理的过程。

① 用户 A 发起创建智能合约交易请求。内容包括发送账户地址、接收账户地址、本次转移的"虚拟货币"数量、用来完成交易的燃料数量、交易中愿意付出的燃料的单价等。为表明该交易为创建智能合约的交易，接收账户地址必须置为 0。

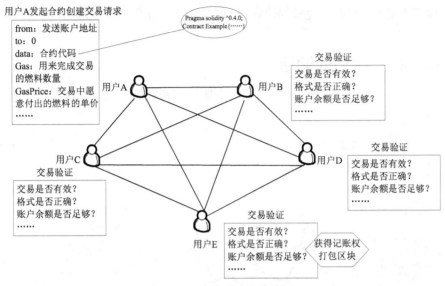

图 4-10　合约创建交易过程

② 网络节点验证交易请求。区块链上的任意用户收到用户 A 发出的交易请求后，执行操作检查交易是否有效，数据格式是否正确，签名数据是否合法，计算本次交易需要的手续费并判断发送账户余额是否足够。如果交易请求验证不通过，则本条交易请求被丢弃，否则将交易请求放进本地交易存储池中，同时将该交易向区块链中其他节点转发。其他节点收到交易请求后，执行同样的验证过程。

③ 交易打包进区块。区块链上节点按照共识机制的约定争夺区块打包权，假设用户 E 争夺到了区块打包权，则根据用户 A 提供的交易费用和合约代码，创建合约账户，并在账户空间中部署合约。同时将智能合约账户地址返回给用户 A，并将用户 A 的创建合约交易请求打包进区块，之后在全网传播该区块。

④ 区块加入共识区块链。其他节点收到该区块后，验证区块的合法性，如果通过验证，则将本地交易存储池中用户 A 的创建智能合约的交易记录删除，然后将该区块同步到自己的区块链，并将智能合约部署在各自的本

地区块链中。至此，完成创建智能合约交易的整个发起和处理过程。

4.5.2 ▷ 合约的调用

图 4-11 以简要的形式展示了以太坊用户合约调用交易发起和处理的过程。

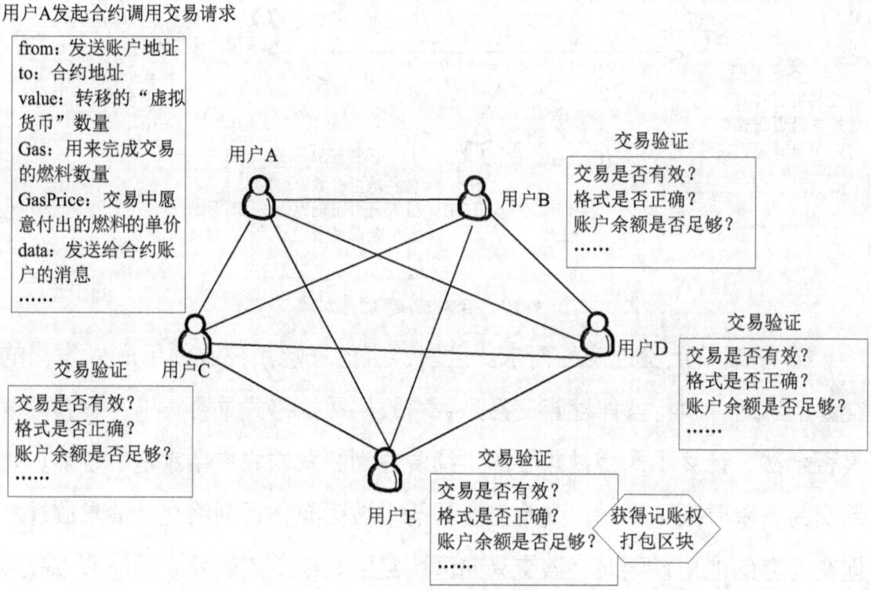

图 4-11 合约调用交易过程

① 用户 A 发起合约调用交易请求。交易内容包括发送账户地址、接收合约账户地址、本次转移的"虚拟货币"数量、用来完成交易的燃料数量、交易中愿意付出的燃料的单价等。该请求被传播到区块链上。

② 网络节点验证交易请求。区块链上的任意用户收到用户 A 发出的交易请求后，执行操作检查交易是否有效，数据格式是否正确，计算本次交易需要的手续费用并判断发送账户余额是否足够。如果交易请求验证不通过，则本条交易请求被丢弃，否则将交易请求放进本地交易存储池中，同时将该交易向区块链中其他节点转发。其他节点收到交易请求后，执行

同样的验证过程。

③ 交易打包进区块。区块链上节点按照共识机制的约定争夺区块打包权，假设用户 E 争夺到了区块打包权，则将该合约调用交易与本地交易存储池中的其他交易一起打包进区块，并在本地节点运行被调用的合约代码，直到代码运行结束或者燃料已经消耗完。然后将该区块加入本地区块链中，并向网络中传播此区块。

④ 区块加入共识区块链。其他节点收到该区块后，验证区块的合法性，如果通过验证，则将本地交易存储池中用户 A 的交易记录删除，在本地运行智能合约代码，然后将该区块同步到自己的区块链中。至此，完成交易的整个发起和处理过程。

4.6 课后习题

1. 一个设计良好的哈希函数具有哪些性质？
2. 加密技术的两大类型是什么？
3. 什么是私钥？什么是公钥？
4. 数字签名的作用是什么？
5. 请画框图表示数字签名的过程。
6. RSA 算法的劣势主要是什么？
7. 请描述基于椭圆曲线定义的加法运算、2 倍运算、取反运算。
8. 合约账户和用户账户的最大区别是什么？
9. 用户账户中的用户地址是由什么得到的？
10. 创建智能合约的交易和普通交易的区别是什么？
11. 简述以太坊用户账户交易发起和处理的过程。

第 5 章 区块链数据结构

从应用角度来看，区块链就是一个分布式账本，一种通过去中心化、去信任的方式共同维护一个可靠数据库的技术方案。要实现这样一个分布式账本，数据结构的支撑是必不可少的。

5.1 设计思路

作为分布式账本的区块链，必须满足两个设计要求：一是安全性，最基本的就是防止账本历史数据被篡改，或者换句话说，如果有攻击者篡改了账本历史数据，那么这种篡改很容易被检测出来，因此，也不会被区块链所接受；二是效率，即账本对于新数据的添加和历史数据的查询都应该是高效的。为了满足上述要求，区块链数据结构的设计中使用了哈希指针、默克尔树等技术。

5.1.1 ▷ 哈希指针

顾名思义，区块链总体上就是一种"区块+链"的结构，如图 5-1 所示。

图 5-1 区块链示意

采用区块来存储记账数据，一方面有利于数据的组织，另一方面有利于提高交易处理效率。区块按照生成的顺序由指针链接，构成了一个区块的链表。注意，这里的指针并不是通常意义上的地址指针，而是哈希指针，即对前一个区块数据做哈希计算而形成的哈希值。

选择哈希指针来链接区块，目的在于保证历史区块数据不被篡改。由 4.1 节中对哈希函数的讨论可知，哈希函数具有雪崩效应，即使输入信息改变很少也会导致输出哈希值的巨大变化，另外哈希函数还具有抗碰撞性，很难找到两个不同的输入信息产生相同的输出哈希值,因此,哈希值可以看作原始信息的数字指纹,可以用来检测原始信息是否被篡改。

在区块链的设计中,如图 5-1 所示,除了最初始的区块外,每一个区块中都保存有前一个区块数据的哈希值,这样形成的一条区块链,就保证了每一个历史区块的数据都不易被篡改。如果某人想篡改某个区块的交易数据,则会导致下一区块的哈希指针与前一区块不匹配。假设数据发生改变的区块为 k,这将会导致由区块 k 计算生成的哈希值与区块 $k+1$ 存储的哈希值不匹配。攻击者为了掩盖修改数据的事实,保证前后哈希值的一致性,就不得不连续修改后面所有区块的哈希值,然而区块链的生成是动态单向的,会在链尾不断地添加新的区块,攻击者必须掌握全网 51% 及以上的算力才能篡改整个链,然而这需要的算力和时间是惊人的,所需的成本和时间可能远远大于收益。因此,区块链的设计确保了数据的防篡改性。

同时需要注意,现有区块链的设计并不是只对前一个区块的所有数据做哈希计算,这将导致较低的处理效率。为了在具备防篡改性的同时保持较高的处理效率,区块链结构中后一个区块的哈希指针往往只对前一个区块头的数据做哈希计算,而为了保持区块内部的交易数据不被篡改,在区块内部普遍使用了默克尔树的数据结构。

5.1.2 ▷ 默克尔树

默克尔树(Merkle tree)是一种用哈希指针建立的数据结构,可以是二叉树也可以是多叉树,默克尔树常常用来检验数据的完整性。在区块链中,每个区块都含有一个默克尔树,其默克尔树根存储在区块头中。假设我们有很多包含数据的块,如图 5-2 所示的 4 个事件,在默克尔树中这些数据块的哈希值将作为树的叶节点,即图 5-2 中的 hash1、hash2、hash3 和 hash4。而其他节点包含左右两个哈希指针,把数据块的哈希值每两个配对组合,计算哈希值便得到默克尔树的下一个层级,如图 5-2 中将 hash1 和

hash2 组合再用哈希函数作用生成 hash12。将以上工作一直进行下去直到得到一个根节点，一个默克尔树便建立完成。

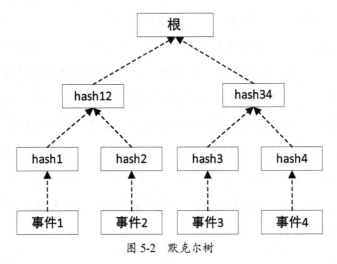

图 5-2　默克尔树

关于默克尔树的应用，在互联网领域，默克尔树运用最多的便是数据比对和完整性检验。在某些应用场景中，默克尔树能够减少数据的传输量及计算的复杂度。以图 5-2 为例，如果我们将数据从 A 传输给 B，当 B 得到数据之后想验证数据的完整性或者有效性，只需要验证 A 处数据的默克尔树根和 B 的默克尔树根是否一致即可。这使得在某些场景显得极为有效，例如，当需要检查我们之前上传的文件有没有发生篡改时，只需要保存原来上传文件时的默克尔树根，然后对比下载数据的默克尔树根即可。在默克尔树中如果某个数据块被篡改，也可以高效地定位发生变化的位置。以图 5-2 为例，若事件 3 被篡改，则首先会检测到默克尔树根发生变化，然后比对 hash12 和 hash34 便可发现被篡改的数据在右子树上，最后比对 hash3 和 hash4 得到数据发生变化的位置为事件 3，这样的定位时间复杂度为 $O(\log n)$。比特币系统的轻量级节点所采用的 SPV 验证就是利用默克尔树这一优点。

在区块链中利用默克尔树很容易验证某个交易是否包含在某个区块

中，我们只需从该区块的区块头来获取默克尔树根，从其他用户中获取中间值来验证。由于伪造区块头的代价很高，所以提供中间值的用户不需要是可信的，因为错误的中间值将会导致验证失败。

以图 5-2 为例，假设该默克尔树存在于区块链的某一区块中，现在要验证交易事件 1 是否包含在此区块内，用户只需要拿到中间值 hash2 和 hash34，然后通过 3 次哈希计算得到一个哈希值，通过比对该哈希值与默克尔树根便可验证事件 1 是否包含于该区块。注意，在此过程中我们并不需要知道交易事件 2、事件 3、事件 4 的明细即可验证事件 1。对于整个区块而言，所有的交易数据容量可能达到 400 000 字节，但是下载两个哈希值及一个区块头仅需要 120 字节。由这个例子可以看到默克尔树能大大地减少数据的传输量。

5.2 数据结构

如前文所述，我们可以把区块链看作一种数据结构。这种数据结构的核心就是将特殊设计的区块用哈希指针的方式链接起来。

5.2.1 ▷ 区块

在区块链结构中数据按照一定逻辑组合在一起并存储起来，而区块链使用了具有"哈希链"形式的数据结构保存基础数据。

从中本聪的创世区块开始，按照同样规则创建的区块在不断被"挖矿"和验证后，通过链式结构相连形成一条主链。每个区块都包含了许多技术，如时间戳（保障区块按时间顺序相连）和哈希函数（确保信息不被篡改）。

数据存储在区块中，区块链中的第一个区块被称为创世区块。在创世区块中，可输入任意数据，从第二个区块开始，每个区块的第一部分有前一区块的哈希值。此外，区块里的每一笔交易（数据），都由发起人的数字签名来保证其真实性和合法性。于是，先前区块里的任何数据都不可被篡改。随着时间的变化，数据库中的数据不断增加，每次增加的数据就是一个区块，这些不同时间生成的区块，就以这种形式链接在一起，如图 5-3 所示。

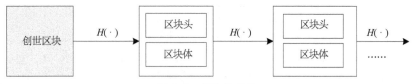

图 5-3　区块链结构

5.2.2 ▷ 区块结构

在比特币系统中，数据会以文件的形式被永久记录，我们称这些文件为区块。可以将区块想象为一本书上单独的一页纸，它有自己的内容，同时在纸张顶部或底部有自己独一无二的编号来告诉你它的位置。也可以将区块抽象为一张小纸条，纸条与其上一张纸条拥有唯一独特的接口相连，纸条上包含了交易记录及一些检验交易记录准确性的数据。

接下来看一下区块的具体结构。如图 5-4 所示，每一个区块都包括区块头和区块体，区块头包含默克尔树根、区块大小、元数据等数据，而区块体则主要包含交易数据。区块链的大部分功能都由区块头实现。

图 5-4　区块结构描述

5.2.3 ▷ 区块头

前文讲过区块链中起决定性作用的是区块头，它相当于是纸条上的接口和检验数据，比特币区块头具有图 5-5 所示的结构。

图 5-5　区块头描述

① 版本号。标识软件及协议的相关版本信息。

② 前一区块哈希值。通过这个值每个区块才能首尾相连组成区块链，且该值保障了区块链的安全性。

③ 默克尔树根。该值是由区块体中所有交易的哈希值再两两进行哈希计算得出的数值，主要用于检验一笔交易是否在区块中存在。

④ 时间戳。记录交易产生时间，依据该值将区块以时间顺序链接。

⑤ 难度值。该区块表明相关数学题的难度目标。

⑥ 随机数。该值记录了解密区块相关数学题的答案。

5.2.4 ▷ 区块体

区块体负责记录前一段时间内的所有交易记录，就像一个记账本一样，记录了所有的交易信息，如图 5-6 所示。

每一个节点的收支情况都被永久地嵌入数据区块中以供别人查询、检验，这也就是每一笔交易都可以追溯到的原因。这些数据区块中的交易数据存放在每一个节点中，这些节点则组成了极其健壮的分布式数据库系统。任何一个节点的数据被破坏都不会影响整个数据库的正常运转，因为其他的健康节点中都保存了完整的数据库。

在区块体中，支出和接收交易是写在一起的，整

图 5-6　区块体描述

个收支记录包括很多笔记录。每一笔记录都有自己的索引编号以供查询。以比特币为例，每一笔记录（见表5-1）中包括了生成时间、引用交易的哈希值、交易记录索引编号、比特币支出地址、支出地址数量等细节。每一笔收支交易记录都有一个默克尔树节点值，这个哈希节点值是整个默克尔树的一部分，决定了每一个地址都不能重复交易和被伪造。

表 5-1 比特币交易记录

子结构名称	描 述
生成时间	本次交易嵌入的时间
引用交易的哈希值	本次交易默克尔树的根节点哈希值，确保数据无篡改
交易记录索引编号	本次交易的索引编号，作为交易地址查询入口
比特币支出地址	本次交易比特币支出地址信息
支出地址数量	本次交易中比特币支出地址数量
版本	比特币协议的版本号
数字签名	记录本次交易的数字签名信息
比特币接收地址	记录本次交易比特币的接收地址信息
接收地址数量	本次交易比特币接收地址数量
记录大小	记录了本条记录的大小

5.3 结构树

前文介绍了比特币的区块头结构，与比特币的区块头结构相比，以太坊的区块头结构做了较大改进，增加了一些内容，最主要的就是存储了交易树、状态树和收据树的默克尔树根，这使交易数据的查询变得更加高效和便捷。

5.3.1 ▷ 交易树

交易树是一棵默克尔树，如图 5-7 所示，在交易树中存储了在本区块中发生的所有交易的数据，树的根节点存储在区块头结构中。

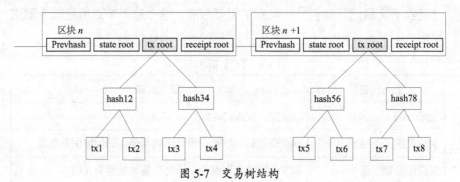

图 5-7 交易树结构

图 5-7 中，tx 代表交易记录，以太坊的交易记录结构如图 5-8 所示，各字段的含义如表 5-2 所示。

图 5-8 以太坊交易记录结构

表 5-2 以太坊的交易记录

子结构名称	描　　述
Nonce	发送者发送交易数的计数
gasLimit	发送者愿意为执行交易支付燃料数量的最大值
gasPrice	发送者愿意支付执行交易所需的燃料数量（单位：Wei）
to	接收者的地址
value	从发送者转移到接收者的燃料数量
v、r、s	用于产生标识交易发生着的签名
data	可选域，只有在消息通信中存在：消息通话中的输入数据

5.3.2 ▷ 状态树

状态树也是一棵默克尔树，如图 5-9 所示，在状态树中存储了整个区块链中当前所有账户的状态数据，树根存储在区块头结构中。

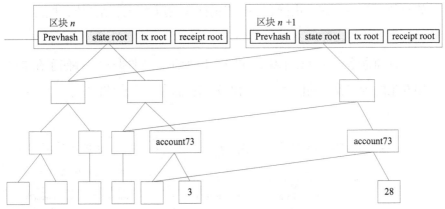

图 5-9　以太坊状态树结构

由图 5-9 可知，每一个区块中的区块根都代表了当时区块链所有账户所处的状态，当由于交易产生新的区块时，只需要对状态变化的账户（如图 5-9 中的 account73）涉及的默克尔树节点重新生成即可。因此，对于整个状态树只需要改变很少数的节点即可更新状态树。账户状态包括 Nonce、balance、storageRoot 和 codeHash 这 4 个字段，各字段含义如表 5-3 所示。

表 5-3　以太坊账户状态

子结构名称	描　　述
Nonce	如果账户是一个外部拥有账户，Nonce 代表从此账户地址发送的交易序号。如果账户是一个合约账户，Nonce 代表此账户创建的合约序号
balance	此地址拥有以太币的数量
storageRoot	默克尔树的根节点哈希值。默克尔树会将此账户存储内容的哈希值进行编码，默认是空值
codeHash	此账户以太坊虚拟机代码的哈希值。对于合约账户，就是被哈希的代码并作为 codeHash 保存。对于外部拥有账户，codeHash 字段是一个空字符串的哈希值

第5章　区块链数据结构

5.3.3 ▷ 收据树

以太坊为每笔交易都产生一个收据，每个收据包含关于交易的特定信息。这些收据包括区块序号、区块哈希值、交易哈希值、当前交易使用了的燃料值、在当前交易执行完之后当前区块使用的累计燃料值、执行当前交易时创建的日志等。

收据树也是一棵默克尔树，如图 5-10 所示，在收据树中存储了在本区块中发生的所有收据的信息，树的根节点存储在区块头结构中。

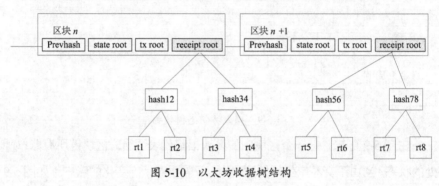

图 5-10　以太坊收据树结构

5.4　区块链的生成

本章前面对区块链数据结构做了介绍，其中哈希算法是整个区块链应用中的安全保障，默克尔树是一个二叉平衡树，其本身的数据结构特点使哈希验证更加高效。这里指出，当 N 个数据经过加密插入默克尔树后，至多经过 $N\log_2 N$ 次计算就能检查出某个特定的数据是否在树中，默克尔树结构存储了原始数据和数据的哈希值，通过两两递归计算相邻节点的哈希值，最终得到默克尔树根。通过区块结构的介绍，可以将区块链理解为是将一个个数据区块串联起来的数据存储结构，类似于一个线性链表。以比特币系统为例，比特币区块头包含了版本号、前一个区块的哈希值（Prevhash）、随机数（Nonce）、默克尔树根和时间戳（Timestamp）

及当前区块的目标哈希值，区块体是默克尔树其他节点数据，区块之间通过哈希值进行连接，由于哈希算法的"输入敏感性"，这种链状结构保证了链的安全性。

前面指出比特币系统可以理解为一个分布式账本，账本由链上所有节点共同维护，数据保持全部一致，在我们知道比特币区块结构之后，自然会提出下面这样的问题。

① 既然区块存储了交易信息，且每个节点的区块数据一致，那么当交易发生时区块是由哪一个节点生成呢？是怎么生成的呢？

② 区块生成后各节点是怎么保持同步的呢？

③ 区块的合法性是如何校验的？

以下借助比特币的交易过程来说明区块是如何生成、传播和校验的。

5.4.1 ▷ 区块的生成

区块的生成主要包括以下 4 个步骤。

1. 比特币的基本交易过程

每次交易时，支付用户将交易信息上传到比特币系统，经过网络确认后可以认为交易完成。与我们平常的交易方式不同的是，比特币交易中每个账户的比特币并不是以账户余额的方式存储在账户中，每个比特币账户拥有的是系统的未花费交易输出（Unspent Transaction Output，UTXO），每个交易信息包括一些输入和一些输出，未花费交易输出可以作为新交易的输入，新的交易需要花费 UTXO，然后产生输出，这里的输出也是 UTXO，因此不难看出，一个合法的交易应当满足输入总和大于所需的输出（对应于现实购物情况即为，出示的货币面额不小于商品的价值），多余的部分可以作为矿工的奖励或者将其转给自己的账户，UTXO 在交易中的流通过程如图 5-11 所示。那么用户怎么证明某条交易记录的输出属于自己呢？这里的 UTXO 是上一次交易的输出，即本次交易使用的 UTXO 是之前交易中别人支付给自己的，在支付时别人会使用自己的公钥将 UTXO 加密，当自己需要使用此条 UTXO 时，只需要使用自己的私钥解密即可，由于非对称加密的特性，由自己的公钥加密的数据只能由自己的私钥解密。

交易1			
输入	输出		
挖矿奖励	序号	UTXO数额	账户
	1	50	A

交易1			
输入	输出		
交易1的输出	序号	UTXO数额	账户
	1	25.5	B
	2	25.5	A

图 5-11 UTXO 流通示意

> **注意** 图 5-11 中交易 1 为账户 A 通过挖矿得到 50 个比特币，当 A 向 B 转账 25.5 个比特币时需要以 50 个比特币为一个整体作为交易 2 的输入，由于 50 > 25.5，故 A 把剩余的比特币转入自己账户。

一条交易的信息主要包括以下几个方面。

① 发送者的账户（账户是用户公钥经过一系列哈希计算及编码后生成的 160 位字符串）。

② 发送者的地址及发送者的公钥。

③ 交易输入所使用 UTXO 的交易事务 ID。

④ 输入和所需输出的金额。

⑤ 数字签名及时间戳（交易何时能够生效）。

2. 数字签名与交易的验证

当交易方将交易信息广播到网络后，比特币系统的其他节点需要验证交易的合法性，具体包括如下方面。

① 交易信息是否已经被处理。

② 交易信息是否是本人发出的。

③ 交易方所使用的 UTXO 是否是自己所拥有的。

④ 输入值和总和是否大于所需输出值。

验证此条交易消息是否由本人发出，需要利用数字签名。下面我们用一个具体的场景来描述数字签名，假设 A 向 B 转账 100 个比特币，首先 A 编辑原始交易信息（不包括数字签名）、原始交易信息的哈希值、哈希值经过私钥加密后得到的字符串（此字符串即为数字签名，得到最终交易信息后 A 将信息广播到网络中，其他节点验证时首先计算原始信息的哈希值，记为 hash1，再通过 A 的公钥解密签名得到 hash2（此处使用私钥签名，公钥验证，与 UTXO 的加解密方式相反，注意区别），如果 hash1 = hash2，则认为此条交易是由 A 本人发出的。

当交易信息验证合法后，则将交易信息标记为合法的未确认交易，并在网络内进行广播。交易数据经过广播后被打包成区块，比特币系统采用了"挖矿机制"来寻找打包区块的节点。当某节点打包的区块经过比特币系统中超过 50% 节点认证后，此条交易完成，通过哈希值将生成的新区块链接到链上（这里区块大概 10 分钟产生一个，区块记录这段时间内发生的交易）。

3. 挖矿

从广义来说，挖矿就是指通过某种工作来获取某些有价值的东西。比特币系统中的挖矿和我们生活中的挖矿有相同点也有不同点。相同点是都是为了获取有价值的东西，在比特币系统中挖矿是为了获取比特币；不同点就是比特币系统挖矿依靠的是一种算法。

在比特币系统中每个人都会竞争区块链这个账本的"记账权"（数据的打包权），因为系统会给"记账者"一定的奖励。但是"记账者"不可能由很多人同时担任，因此为了公平起见，比特币系统实施一种类似"掷色子"的方法来确认"记账者"，这种方法就是工作量证明（Proof of Work，PoW）。

PoW 的大致原理就是通过寻找一个满足一定条件的随机数，谁先找到这个随机数，谁就会获得记账权，即可以广播一个新的区块，其他节点验证这个广播出去的区块是否合法，如果合法就会写入自己的区块链账本中，承认它的合法性。这时，比特币系统就会奖励这名挖矿者一定数量的比特币作为奖励，而这个奖励是随着市面上比特币数量的增多而减少的，2009年1月创世区块诞生时，每挖1个区块奖励50个比特币，然后每产生21万个区块后奖励减半，2012年11月第一次减半，每挖1个区块只奖励25个比特币，2016年7月减半到每挖1个区块奖励12.5个比特币。而且由于比特币的总量是固定的，预计到2140年，所有比特币都被挖出，到那时，每个矿工就只能收入一些交易手续费而没有系统奖励的比特币了。

4. 区块的生成

通过挖矿机制选出将数据打包的节点后，区块就由此节点打包生成，主要操作为，将每一个交易事件以默克尔树的形式计算哈希值，最终生成默克尔树的根节点，将默克尔树的根节点存储在区块头中，将交易数据和除默克尔树根外的哈希值存储在区块体中，最后在区块头加入 Timestamp 和 Nonce 值并通过区块链中最后一个区块的哈希值将新区块链接到链上。区块的生成过程如图 5-12 所示。

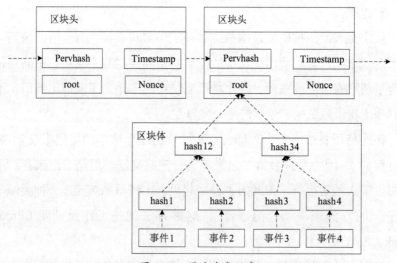

图 5-12　区块生成示意

5.4.2 ▷ 区块的传播

前文已经说到矿工通过区块链将区块数据广播出去,这里的广播并不是采用中心服务器模式,而是采用了 P2P 网络。P2P 网络与传统的 C/S 模式不同的是,P2P 网络中每台计算机既是客户端也是服务器,P2P 网络直接将计算机连接起来,人们可以直接连接其他用户的计算机进行文件交换,而不是像过去那样连接服务器去浏览与下载,因此,P2P 网络使各节点间的数据交互变得更直接、更容易,这也符合区块链技术的去中心化理念。区块链的 P2P 相关技术将在第 6 章进行详细介绍,这里不再赘述。图 5-13 展示了 P2P 网络与传统网络在结构上的区别。

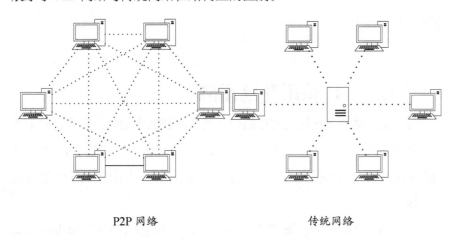

P2P 网络　　　　　　　　传统网络

图 5-13　P2P 网络与传统网络结构对比

5.4.3 ▷ 区块的校验

当矿工生成新区块并将其链接到区块链上后,将新追加的区块广播给其他节点,网络中的其他节点校验新区块的合法性。

① 区块记录交易的合法性验证。节点从默克尔树叶节点开始以此向上计算哈希值,最终得到默克尔树根的哈希值,在计算过程中比较每次计算得到的哈希值是否与区块中记录的哈希值相同,如果相同则说明交易记录

合法。

② 链接的合法性校验。节点校验新区块中区块头包含的前一节点哈希值是否合法，即计算前一区块所有数据的哈希值，然后与新生成区块头中的 Prevhash 比较，看是否相同，如果相同则说明链接是合法的。

③ Nonce 值校验。Nonce 值校验其实就是检验矿工身份的合法性，Nonce 值由矿工不断计算哈希值得出，其他节点只需按照挖矿规则将新区块中的 Nonce 值进行计算即可，如果哈希计算结果满足挖矿规则，则认为 Nonce 值无误。

以上检验全部完成后，各节点将新区块同步到自己维护的账本中，实现账本的一致性。

5.5 比特币交易示例

为了更好地理解区块链数据结构及其在区块链中的应用方式，接下来以比特币为例进一步详细介绍。比特币的交易都是基于 UTXO 的，即交易的输入是之前交易未花费的输出，这笔交易的输出可以被当作下一笔新交易的输入。

这里需要注意一点：挖矿奖励属于一个特殊的交易（称为 coinbase 交易），在这类交易中，输入部分没有对应的输出，而是由系统直接奖励发行的比特币。UTXO 是交易的基本单元，不能再分割。比特币没有余额的概念，只有分散到区块链里的 UTXO，在比特币从一个地址被移动到另一个地址的同时形成了一条所有权链，如图 5-14 所示。

比特币交易时首先要提供一个用于解锁 UTXO（用私钥去匹配锁定脚本）的脚本 [常称为签名脚本（Signature script）]，也叫交易输入，交易的输出则是指向一个脚本 [称为公钥锁定脚本（PubKey script）]，这个脚本表达了：谁的签名（签名是常见形式，并不一定必须是签名）能匹配这个输出地址，比特币就给谁。

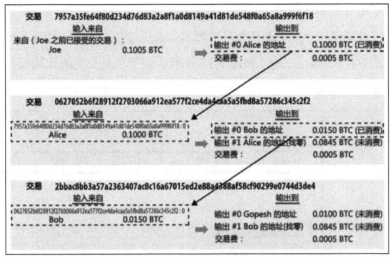

图 5-14　未花费的交易输出

每一个比特币节点会通过同时执行解锁脚本和锁定脚本（不是当前的锁定脚本，是指上一个交易的锁定脚本）来验证一笔交易，脚本组合结果为真，则为有效交易（当解锁脚本与锁定脚本的设定条件相匹配时，执行组合有效脚本时才会显示结果为真）。

比特币交易的脚本形式目前主要分为两种，一种是支付公钥哈希（Pay-to-Public-Key-Hash，P2PKH），另一种是支付脚本哈希（Pay-to-Script-Hash，P2SH），P2PKH 使用较为广泛，其锁定脚本与解锁脚本如图 5-15 所示。

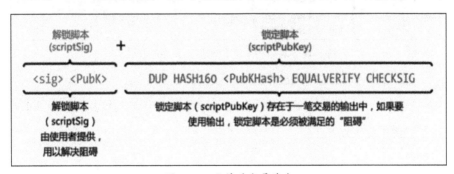

图 5-15　比特币交易脚本

比特币交易脚本语言是一种基于逆波兰表示法的、基于栈的执行语言。其脚本语言包含基本算术计算、基本逻辑（如 if…then）、报错以及返回结果和一些加密指令，不支持循环。脚本语言通过从左至右地处理每个项目的方式执行脚本。图 5-16 和图 5-17 分别展示了常见类型的比特币交易脚本验证执行过程。

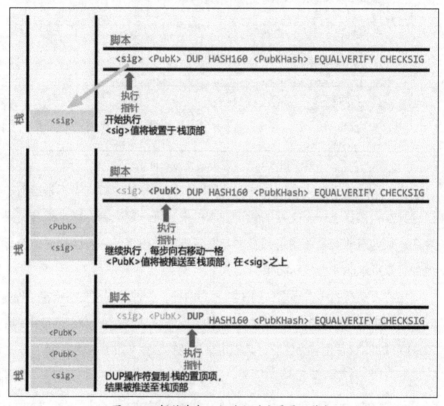

图 5-16　解锁脚本运行过程（主要是入栈）

图 5-17 中最后的结果显示为真，说明交易有效。

实际上，比特币的交易被设计为可以纳入多个输入和输出。表 5-4 展示了完整的交易结构。

图 5-17　锁定脚本运行过程（主要是出栈）

表 5-4　比特币的交易结构

字　　段	描　　述	大　　小
版本	这笔交易参照的规则	4 字节
输入数量	交易输入列表的数量	1～9 字节
输入列表	一个或多个交易输入	不定
输出数量	交易输出列表的数量	1～9 字节
输出列表	一个或多个交易输出	不定
锁定时间	锁定时间	4 字节

表 5-4 中交易的锁定时间定义了能被加到区块链里的最早的交易时间。在大多数交易里，它被设置成 0，用来表示立即执行。如果锁定时间不是 0 并且小于 5 亿，就被视为区块高度，指在这个指定的区块高度之前，该交易不会被包含在区块链里。如果锁定时间大于 5 亿，则它被当作一个

UNIX 纪元时间戳（从 1970 年 1 月 1 日以来的秒数），并且在这个指定时间之前，该交易不会被包含在区块链里。

交易的数据结构没有交易费的字段，交易费通过所有输入的总和，以及所有输出的总和之间的差来表示，即：

交易费 = 所有输入之和 – 所有输出之和

前面我们提过输入需要提供一个解锁脚本，现在通过表 5-5 和表 5-6 来看看一个交易的输入结构和输出结构。

表 5-5 比特币交易输入结构

大小	字段	描述
32 字节	交易哈希值	指向被花费的 UTXO 所在交易的哈希指针
4 字节	输出索引	被花费的 UTXO 的索引号，第一个是 0
1 ~ 9 字节	解锁脚本大小	用字节表示后面的解锁脚本长度
不定	解锁脚本	满足 UTXO 解锁脚本条件的脚本
4 字节	序列号	目前未被使用的交易替换功能，设为 0xFFFFFFFF

表 5-6 比特币交易输出结构

大小	字段	描述
8 字节	总量	比特币值
1 ~ 9 字节	锁定脚本大小	用字段表示的锁定脚本长度
不定	锁定脚本	一个定义了支付输出所需条件的脚本

表 5-5 和表 5-6 中交易涉及的哈希计算步骤如下。

① 交易结构各字段序列化为字节数组。

② 把字节数组拼接为字符串。

③ 使用 SHA256 算法对字符串进行两次哈希计算，得到交易哈希值。

从上面的介绍可以看出，比特币交易是通过脚本来实现的，脚本语言可以表达出无数的条件变种。

比特币的脚本语言可以实现多重签名等应用场景，具备了智能合约的雏形，但其毕竟不是图灵完备的语言，实现功能上有一定局限性，而以太坊在比特币系统的基础上进行了改进，真正实现了智能合约的功能。

5.6 课后习题

1. 什么是哈希指针?
2. 什么是默克尔树?举例说明默克尔树的应用场景。
3. 简述默克尔树检验比对数据的原理。
4. 画出一个简略的区块链结构。
5. 简述区块头中包含的内容及其含义。
6. 以太坊区块中存储有哪 3 种默克尔树?分别说明它们的主要作用。
7. 以太坊账户状态包括哪些内容?
8. 简述交易的合法性验证。
9. 一条交易中包括哪些内容?
10. 区块链与比特币有什么关系?
11. 简述比特币的交易过程。

第 6 章 区块链与P2P网络

当前普遍认为区块链都是去中心化应用，而 P2P 网络技术正是实现去中心化的基础，因而在区块链产品体系中 P2P 网络的地位不言而喻。本章将先介绍 P2P 网络的基本概念和典型结构模型；进而分析 P2P 网络技术与区块链的关系，揭示充当区块链网络层的 P2P 网络的可靠性；最后展示比特币系统和以太坊的 P2P 网络实现过程。

6.1　P2P 网络概述

P2P 网络是一种在 IP 网络之上的应用层的分布式网络，网络的参与者即对等节点共享它们所拥有的一部分硬件资源（如处理能力、存储能力、网络连接能力等）。P2P 网络中的这些共享资源提供的服务和内容能被 P2P 网络中的节点访问，访问不需要经过 P2P 网络外的其他中间实体。P2P 网络中的对等节点既是资源（服务和内容）提供者，又是资源获取者。

6.1.1 ▷ P2P 网络的基本概念

和现在出现的很多新技术不同，源于局域网中文件共享的 P2P 网络技术并非新技术，其早在 20 世纪 70 年代中期就开始流行起来。但限于当时 PC 的性能，并基于易管理性和安全性考虑，后来发展的那些架构在 TCP/IP 协议之上的软件大多采用了客户端/服务器（Client/Server, C/S）模式的结构，如邮件客户端和邮件服务器、浏览器和 Web 服务器等。随着 Web 服务器需求的增长，人们感到有必要直接控制、改变和共享资源。20 世纪 90 年代后期，PC 的性能在速度和处理能力上突飞猛进，人们开始意识到可以将服务器软件放在单独的 PC 上，而且可以在 PC 之间初始化全双工的信息流，这就导致了 P2P 网络技术的复兴。

P2P 与分布式计算是一种从属关系，分布式计算是一个更大范畴的概念。分布式计算最初是指在一台计算机多个处理器之间的协同计算。随着计算机网络的发展，分布式计算一般是指多台计算机协同完成任务。P2P 属于分布式计算，但某种分布式计算不一定是 P2P。分布式计算中的各台计算机之间的角色可能是不对等的，比如，主从方式（Master/Slave）架构的网络。

Ad Hoc 网络是一种无线环境中的分布式网络，它与 P2P 有很多相似的地方，也有一些差别。Ad Hoc 是一个网络层 (IP 层) 上的概念，Ad Hoc 网络中所有节点都执行路由算法和协议，承担 IP 层路由。P2P 是一个应用层的概念，P2P 网络是建立在 IP 层网络之上的。

P2P 网络作为一种分布式网络结构，是一种有别于传统的 C/S 模式的网络结构，图 6-1 展示了 P2P 与 C/S 模式网络结构的区别。

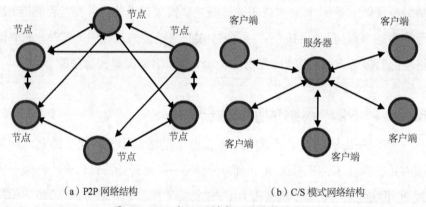

(a) P2P 网络结构　　　　　　　　(b) C/S 模式网络结构

图 6-1　P2P 与 C/S 模式网络结构的区别

图 6-1 中的 C/S 模式网络结构被描绘成星状拓扑，这当然仅仅是特例，大家可能在工作中遇到各种各样拓扑形状的 C/S 模式网络结构，但其核心特征是不变的：C/S 模式网络结构中的个体地位和功能不是全都平等的，客户端个体主要消耗资源，发起请求，服务器个体主要提供资源并处理请求，这使得 C/S 模式网络结构天然是中心化的。

相比之下，P2P 网络结构中最重要的特点在于：其网络中的个体在地位和功能上是平等的，虽然每个个体可能处理不同的请求，实际提供的资源在具体量化后可能有差异，但它们都能同时既消耗资源又提供资源。如果把整个所处网络中的资源（此处的资源包括但不限于运算能力、存储空间、网络带宽等）视为一个总量，那么 P2P 网络中的资源分布是分散于各个个体中的(也许不一定均匀分布)。所以，P2P 网络架构天然是去中心化的、分布式的。

> **注意** 图 6-1（a）的 P2P 网络，并非每个个体与网络中其他同类均有通信。这其实也是 P2P 网络的一个很重要的特点：一个个体只需要与相邻的一部分同类有通信即可，每个个体可与多少相邻个体、哪些个体有通信，是可以设计的。另外需要注意的一点是，无论是 C/S 模式网络结构还是 P2P 网络结构，都是以网络体系结构中的应用层加以区别的，其底层的网络协议并没有差别，运行于互联网上都是基于 TCP/IP 规则。

6.1.2 ▷ P2P 网络的特点

较之于传统的集中式网络服务结构，P2P 网络的特点主要体现在以下几个方面。

1. 可扩展性

不管是用户节点组成的 P2P 网络还是服务器组成的 P2P 网络，都是完全分布式的，不存在单点性能上的瓶颈。对于用户节点组成的 P2P 网络，随着用户的加入，不仅服务的需求增加了，系统整体的资源和服务能力也在同步扩充，始终能较容易地满足用户的需要，理论上其可扩展性几乎可以认为是无限的。对于服务器组成的 P2P 网络，只需向 P2P 网络中增加服务器即可平滑扩容。由于 P2P 自组织、自配置、自动负载均衡的特性，系统扩容变得非常容易。

2. 健壮性

P2P 网络天生具有耐攻击、高容错的优点。由于服务是分散在各个节点之间进行的，部分节点或网络遭到破坏对其他部分的影响很小。P2P 网络一般在部分节点失效时能够自动调整整体拓扑，保持其他节点的连通性。P2P 网络通常都是以自组织的方式建立起来的，并允许节点自由地加入或离开。P2P 网络还能够根据网络带宽、节点数、负载等变化不断地做自适应式调整。

3. 高性价比

一方面，对于用户节点组成的 P2P 网络来说，采用 P2P 结构可以有效地利用互联网中散布的大量普通用户节点的空闲资源，不需要部署服务器或需要的服务器很少。P2P 网络可以将计算任务或数据分布到所有用户节点上，利用其中闲置的带宽、计算能力或存储空间，达到高性能计算、海量数据传输、海量数据存储的目的。另一方面，对于服务器组成的 P2P 网络来说，采用 P2P 这种分布式结构后，可以使用一群高性价比的普通服务器来取代价格极其昂贵的超级服务器。

4. 私密性

在 P2P 网络中，由于信息的传输分散在各节点之间进行而无须经过某个集中环节，用户的隐私信息被窃听或泄漏的可能性大大降低。用户组成的纯 P2P 网络中也不会出现服务提供商滥用个人信息、出售个人信息的情况。此外，采用中继转发的技术方法，可以将通信的参与者隐藏在众多的网络实体之中。传统的一些匿名通信通常使用中继服务器来实现匿名通信的目的。而在 P2P 网络中，所有参与者都可以提供中继转发的功能，因而大大提高了匿名通信的灵活性和可靠性，能够为用户提供更好的隐私保护。

5. 流量均衡

P2P 网络环境下，硬件资源和数据内容分布在多个节点，而 P2P 节点可以分布在网络各个角落，这可以很好地实现整个网络的流量均衡。

6. 自组织、低部署维护成本

P2P 网络环境下，一般没有中心管理者，普通用户也缺乏高级的计算机知识。因此，P2P 网络采用了自动计算技术，以实现 P2P 网络的自组织、自配置、自愈等特性，从而大大降低了对人为干预的需要。对于采用 P2P 技术的服务运营者来说，这大大降低了系统的部署维护成本，降低了出现人为配置错误的可能性。

P2P 最大的优点在于能够提供可靠的信息查询，但从社会和法律意义来说，绝大多数的 P2P 服务都将不可避免地遇到知识产权冲突，也可能成为一些非法内容传播的平台。同时由于缺乏中心监管以及自由、平等的动态特性，自组织的 P2P 网络在技术层面也有许多难以解决的问题。

从某种意义上来说，P2P 网络和人际网络具有一定的相似性。一般来说，每个 P2P 网络都是众多参与者按照共同兴趣组建起来的一个虚拟组织，节点之间存在着一种假定的相互信任关系，但随着 P2P 网络规模的扩大，这些 P2P 节点本质所特有的平等、自由的动态特性往往与网络服务所需要的信任协作模型之间产生矛盾。传统的 P2P 网络缺乏奖励机制，使得节点间更多表现出"贪婪""抱怨"和"欺诈"的自私行为，一些模型试图在 P2P 中预先设定信任机制，但实际使用中显得非常脆弱，同时这种信任也难以在节点之间进行推理，导致了全局性信任的缺乏，这直接影响了整个网络的稳定性与可用性。而区块链中由于引入了共识机制，则为网络中节点的协调一致提供了很好的解决方案。

此外，相对于传统 C/S 模式的服务器可以做主动和被动的防御，由于 P2P 节点安全防护手段的匮乏以及 P2P 协议缺乏必要的认证机制和计算机操作系统的安全漏洞，安全问题在 P2P 网络中更为严重，这将直接影响 P2P 的大规模商用。另外，P2P 网络中的节点本身往往是计算能力相差较大的异构节点，每一个节点都被赋予了相同的职责而没有考虑其计算能力和网络带宽，局部性能较差的点将会导致整体网络性能的恶化，在这种异构节点的环境中难以实现优化的资源管理和负载平衡。同时，由于用户加入或离开 P2P 网络的随意性使得用户获得目标文件具有不确定性，导致许多并非必要的文件下载，而造成大量带宽资源的滥用。特别是大多数 P2P 用户喜欢传送音频、视频这些较大的媒体文件，这将使得带宽浪费问题更为突出。

6.1.3 ▷ P2P 网络的主要应用场景

目前，P2P 网络技术的应用已扩展到军事、商业、政府、通信等各大领域，根据具体应用，可以把 P2P 网络的主要应用场景分为以下几种类型。

1. 用于内容共享和数据分发

例如文件共享的 Napster、Gnutella、电驴、BT 和流媒体分发的 PPTV 网络电视 (原 PPLive)、爱奇艺（PPS）。P2P 网络技术使互联网上任意两台计算机间共享数据成为可能，利用 P2P 网络技术可以使计算机间不通过中心服务器直接进行内容交互和数据分发，比起传统 C/S 模式中需要把数据传到服务器再从服务器下载的方式，利用 P2P 的方式既方便了用户又省去了部署大量中心服务设备的开销。Napster 就是利用人们对 MP3 资源的需求提供一种方便下载 MP3 资源的方式从而引发了网络的 P2P 技术革命的。电驴、BT 更是被广泛地应用来下载各种文件。基于 P2P 方式的流媒体技术很好地解决了基于 C/S 模式的传统流媒体中带宽不足的问题，使得媒体播放更加流畅，网络电视、爱奇艺正是由于其流畅的播放而获得了广泛的应用。

2. 挖掘 P2P 计算能力和存储共享能力

例如 SETI@home、Avaki、Popular Power 等。利用 P2P 网络的分布式结构可以构造分布式的存储系统实现存储共享，从而实现高效率、稳健和负载平衡的文件存取功能。尤其是当存储规模较大时，集中方式往往不再适合，这种情况下就需要构建一个分布式的存储系统来管理系统中的数据。P2P 网络的节点除了可以共享存储能力之外，还可以共享 CPU 处理能力，通过把网络中众多计算机的计算能力联合起来就可以执行超级计算机的任务。目前已有很多公司投入对等计算的开发，Intel 也利用对等计算技术来设计其 CPU，可以为其节省极大的费用。由加州大学伯克利分校创立的 SETI@home 则是迄今为止最成功的分布式计算试验项目之一。

3. 基于 P2P 网络的协同处理与服务共享平台

例如 JXTA、Magi、Groove 等。协同处理和服务共享是指多用户之间利用网络中的协同计算平台互相协同来共同完成计算任务、共享信息资源等。通过采用 P2P 技术使得互联网上任意两台 PC 都可建立实时的联系，采用多种方式建立在线、非在线的协同应用环境。协同应用一般包括实时通信、聊天室、文件共享、语音通信等基本功能以及共享白板、协同写作、视频会议，甚至包括工程人员的协作开发软件。比起传统协同工作的 Web 实现方式，采用 P2P 技术使协同工作不再需要中心服务器，参与协同工作的计算机可以建立点对点的连接。Groove 就是一个典型的基于 P2P 的协同软件平台，已经被微软公司收购。

4. 采用 P2P 技术的即时通信交流

例如 ICQ、QQ、Skype、P2PSIP 等。即时通信与网络电话（Voice over Internet Protocol，VoIP）应该是日常使用最多的应用了，QQ、Skype 这些都是目前非常流行的即时通信与 VoIP 软件。这些应用软件都采用了 P2P 技术作为其实现的一种技术方式，只是应用的程度不同。以 QQ 为代表的传统即时通信软件只是在连接建立后数据传输时采用 P2P 技术，而以 Skype 为代表的 P2P VoIP 软件则是从连接建立到数据传输过程中都是采用 P2P 技术实现的。Skype 良好的通话质量令其拥有了众多的注册用户，成为目前最成功的 P2P VoIP 应用之一，这也证明了采用 P2P 技术的即时通信与 VoIP 软件具有良好的应用前景。

6.2 P2P 网络模型

要理解 P2P 网络，就要明确 P2P 网络在整个网络体系结构中的位置与作用。从 TCP/IP 协议族分层的角度来说，P2P 网络中实际的数据交换，依然是网络层用 IP 协议，传输层用 TCP 协议，而 P2P 协议，应算作应用层再往上，类似于逻辑拓扑层。

6.2.1 ▷ P2P 网络模型概述

熟悉计算机网络体系结构的读者应该理解，整个 TCP/IP 协议栈中应用层以下的协议是为了通信而设计的，无论它多么复杂，对于应用程序（应用层）来说，TCP/IP 是一个基础设施。因此，在 P2P 的文献中会把 TCP/IP 网络作为物理网络，进一步来说，如果 P2P 网络是建立在 Ad Hoc 网络之上时，我们也会把 Ad Hoc 网络称为物理网络，一句话，物理网络就是应用层以下的协议栈层组成的网络，这是一个通信的基础设施。

通常情况下，一个 P2P 网络系统主要由以下几部分组成。

1. 覆盖网络的结构

一般而言，覆盖网络可以根据其对应覆盖图的性质分为两类：无结构化覆盖网络和结构化覆盖网络。无结构化覆盖网络通常基于随机图来建立，节点随机从覆盖网络中选取节点作为邻居；而结构化覆盖网络则是基于预先定义好的结构（如环、超立方等），每一个节点都要有唯一标识，且只能和那些标识满足预先定义条件的节点连接。随着技术的发展，一些覆盖网络同时包含了结构化和非结构化的特性，且在一些应用环境中表现出更好的性能。覆盖网络所对应的图有很多特点可以进行分析，如网络的直径，它决定路由算法的代价。每个点的度决定节点的邻居表的大小，并直接决定维护邻居表的代价。如一个 n 节点完全图，它的直径是 1，而度是 n，则它的路由过程非常高效，但邻居表的维护代价就非常大了；另外一个 n 节点所组成的环形图，那么它的直径是 $n/2$，度是 2，则它的路由复杂度为

$O(n)$，邻居表大小为 $O(1)$。

2. 覆盖网络的路由算法

这和覆盖网络的结构是紧密结合在一起的，可以说有什么样的结构，就对应什么类型的路由算法。随机图的结构，对应的是广播式的路由算法；而正则图则对应对数的路由算法，类似于 K 分查找树的查找过程。

3. 节点的加入、初始化路由表、路由更新和容错算法

P2P 系统是动态的，节点不断地加入和退出。当一个节点加入了，它要运行节点加入算法，以获得网络上其他节点的信息，同时要初始化它的邻居表（路由表），这样其他节点知道他加入后，要调整自己的邻居表（路由更新），以使得新节点加入后，依然保持网络结构。如果某些节点下线，有可能通知，也可能没有通知其他节点，那么网络中的相关节点能检测出来节点掉线，自动调整邻居表，使网络结构依然保持，这就是容错算法所要做的事情了。注意，这些算法都是独立运行在每个节点上的，它们是通过节点间的协作通信而工作的。

几乎所有的 P2P 网络模型都包含了上述三部分内容，但由于具体实现方式的不同而呈现出不同的特性，下面将分别介绍当前主要的几种 P2P 网络模型。

6.2.2 ▷ 集中目录式 P2P 网络模型

集中目录式 P2P 网络模型是最早出现的 P2P 应用模式。由于它采用中央目录服务器管理 P2P 网络各节点，仍然具有中心化的特点，因而也被称为非纯粹的 P2P 结构。

虽然集中目录式 P2P 网络模型的拓扑结构以及用户注册、文件检索过程与传统的 C/S 模式类似，但是，这种结构不同于 C/S 模式。传统意义上的 C/S 模式采用的是一种垄断的手段，所有资料都存放在服务器上，客户端只能被动地从服务器上读取信息，并且客户端之间不具有交互能力。而在集中目录式 P2P 网络模型中，中央目录服务器只保留索引信息，由对等节点负责保存各自提供服务的全部资料，此外，服务器与对等节点以及对等节点之间都具有交互能力。

集中目录式 P2P 网络模型的原理如图 6-2 所示。它采用星状拓扑结构，群组中的对等节点都与中心目录服务器相连，并向其发布分享的文件列表。查询节点可向中心目录服务器发起文件检索请求，得到回复后，查询节点则根据网络流量和延迟等信息选择合适的节点建立直接连接，而不必经过中央服务器进行，此时文件交换即可直接在两个对等节点之间进行。该过程中,中央目录服务器负责记录群组所有参加者的信息，以进行适当的管理。

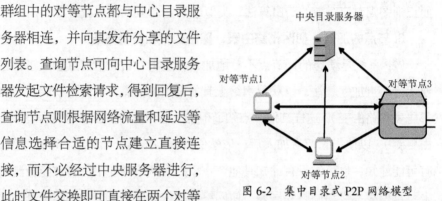

图 6-2　集中目录式 P2P 网络模型

集中目录式 P2P 网络模型结构非常简单，它显示了 P2P 系统信息量巨大的优势和吸引力。这种结构的最大优点是维护简单、效率高。由于资源的发现依赖中心化的目录系统，发现算法灵活、高效并能够实现复杂查询。另外，这种结构提高了网络的可管理性，使得对共享资源的查找和更新非常方便。但是同时，这种对等网络模型也存在很多问题，主要表现如下。

① 可靠性和安全性较低。集中目录式结构最大的问题与传统 C/S 结构类似，容易造成单点故障。中央目录服务器失效,则该服务器下的对等节点将全部失效。

② 维护成本高。随着网络规模的扩大，对中央目录服务器进行维护和更新的费用将急剧增加。

③ 存在法律版权和资料浪费问题。通过这种网络模型，中央目录服务器能够轻易地获得大量有版权的资料，故常常引起共享资源在版权问题上

的纠纷。

集中目录式结构对小型网络而言，在管理和控制方面占一定优势，但鉴于其存在的种种缺陷，并不适合应用于大型网络。

6.2.3 ▷ 纯 P2P 网络模型

纯 P2P 网络模型中，每个节点都同时扮演着客户端和服务器的角色，节点之间的通信（包括发送请求、接收响应及下载文件等）是完全对等的，如图6-3所示。与集中目录式结构不同，纯 P2P 风格模型不需要来自中心服务器的任何帮助，而是每个节点都维护着一个邻居列表，节点通过和它的邻居进行交互来完成特定的行为。这种网络结构解决了中心化的问题，且扩展性和容错性较好。

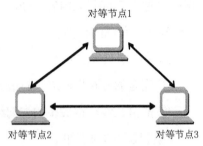

图 6-3　纯 P2P 网络模型

纯 P2P 网络模型从网络拓扑上进一步分为非结构化覆盖网络（Unstructured Overlay Network）和结构化覆盖网络(Structured Overlay Network) 两种，它们之间的差异很大。

1. 纯 P2P 非结构化覆盖网络模型

纯 P2P 非结构化覆盖网络模型也被称为广播式的 P2P 模型。由于没有专门的目录服务器等，节点之间的内容查询和内容共享都是直接通过相邻节点广播接力完成的。

在这种网络模型中，每个用户随机接入网络，并与自己相邻的一组邻居节点通过端到端连接构成一个逻辑覆盖的网络。在非结构化覆盖网络中，节点维护的邻居是随意、无规则的，信息资源在 P2P 网络中的存放位置和网络本身的拓扑结构无关。没有一个对等节点知道整个网络的结构或者组成网络的每个对等节点的身份，对等节点必须使用它们所在的网络来定位其他对等节点。当希望知道网络中另一个对等节点的位置时，该查询节点就发出一个查询请求并直接广播到所连接的邻居节点，这些邻居尝试满足这个请求。如果这些邻居不能完全满足这个请求，就以同样的方式广播到它们各自连接的邻居节点，以此类推。为防止搜索环路的产生，每个节点还会记录搜索轨迹，直到收到应答或达到最大步数（为避免系统无限循环而定义的检索级数，通常设置值为 5~9），从而发起原始查询的终端即可直接向对等节点获取内容。Gnutella 协议模型是当前应用最广泛的纯 P2P 非结构化覆盖网络模型。

这种模型的优点如下。

① 完全的分布性使之具有最大的容错性，不会出现单点崩溃现象。

② 能潜在地获得最多的查询结果。

这种模型的缺点如下。

① 整个网络的扩展性较差，随着对等节点数量的增加，网络可能因过多的查询消息而发生拥塞。

② 由于模型中没有中央目录服务器对用户进行管理，因此缺乏较好的集中控制和策略。

③ 查询的有效期和正确性都不能保证。

④ 能力有限的对等节点易成为系统瓶颈。

⑤ 网络中对等节点的查找和定位比较复杂，效率低下。

2. 纯 P2P 结构化覆盖网络模型

由于在非结构化网络模型中，采用广播请求模式的随机搜索会造成网络的不可扩展性，针对如何构造一个高度结构化的网络模型来解决有效查找信息这一问题，人们提出了纯 P2P 结构化覆盖网络模型。

所谓结构化与非结构化模型的根本区别在于每个节点所维护的邻居是否能够按照某种全局方式组织起来以利于快速查找。纯 P2P 结构化覆盖网络模型是一种采用纯分布式的消息传递机制和根据关键字进行查找的定位服务。在结构化网络模型中,节点维护的邻居是有规律的,P2P网络的拓扑结构是受到严格控制的,信息资源将有规则地被组织存放到合适的节点。查询将以较少的跳数,路由到负责所查询信息资源的节点上。

目前纯P2P结构化覆盖网络模型的主流方法是采用分布式哈希表(Distributed Hash Table,DHT)技术,这也是目前扩展性最好的P2P路由方式之一。它是在非结构化的P2P系统中加入了人为控制策略,把整个系统的工作重点放在如何有效地查找信息上,目前已经研究出了相对比较成熟的算法,这些算法都避免了类似Napster的中央服务器,也不是像Gnutella那样基于广播进行查找,而是通过分布式哈希函数,将输入的关键字唯一映射到某个节点上,然后通过某些路由算法同该节点建立连接。

DHT的主要思想:每条文件索引被表示成一个(key,value)对,key称为关键字,可以是文件名(或文件的其他描述信息)的哈希值,value是实际存储文件的节点的IP地址(或节点的其他描述信息)。所有的文件索引条目[即所有的(key, value)对]组成一张大的文件索引哈希表,只要输入目标文件的key值,就可以从这张表中查出所有存储该文件的节点地址。网络中每个节点根据性能不同被分配去维护部分哈希表,这里的分配方式根据不同的DHT算法有所差异。这样,节点查询文件时,只要把文件关键字哈希成key值,再根据key查找到对应信息的存储位置,就能够快速定位资源的位置。

这种模型的优点如下。

① 由于DHT各节点并不需要维护整个网络的信息,只在节点中存储其邻近的后继节点的信息,因此,较少的路由信息就可以有效地实现到达目标节点的目的。

② 取消泛洪算法,利用分布式哈希表进行定位查找,可以有效地减少节点信息的发送数量,从而增强了P2P网络的扩展性。

③ 出于冗余度以及延时的考虑,大部分DHT总是在节点的虚拟标识

与关键字最接近的节点上复制备份冗余信息,这样也避免了单一节点失效的问题。

④ 该模式下,使用者匿名,数据传输加密。

DHT 结构最大的问题是其维护机制较为复杂,尤其是节点频繁加入、退出造成的网络波动会极大增加其维护代价。每次节点的加入或退出都要做烦琐的处理,如果由于某种不可预知的原因有节点出现故障,那么维护的代价更为高昂,所以纯 P2P 结构化网络模型不适用于高动态性的网络环境。

DHT 所面临的另外一个问题是其仅支持精确关键词匹配查找,无法支持内容/语义等复杂查询。另外,纯 P2P 结构化网络模型的规模受到自身算法的限制,不适用于超大型的 P2P 系统。

6.2.4 ▷ 分层式 P2P 网络模型

前面分别对集中目录式 P2P 网络模型和纯 P2P 网络模型进行了概述。但在实际应用中,尤其在大规模网络中,这两种网络模型都显露出各自的不足。集中目录式 P2P 网络模型有利于网络资源的快速检索,但是其中心化的模式容易遭到直接的攻击;纯 P2P 网络模型解决了抗攻击问题,但是又缺乏快速搜索和可扩展性。为了解决以上不足,设计出了分层式 P2P 网络模型。

1. 原理简介

分层式 P2P 网络模型吸取了集中目录式 P2P 网络模型和纯 P2P 网络模型的优点,在设计和处理能力上都进行了优化,按节点能力不同(计算能力、内存大小、连接带宽、网络滞留时间等)分为超级节点和普通节点两类。在资源共享方面,所有节点的地位相同,区别在于,超级节点上存储了系统中其他部分节点的信息,发现算法仅在超级节点之间转发,超级节点再将查询请求转发给适当的普通节点。这样,在超级节点之间就构成了一个高速转发层,超级节点和所负责的普通节点构成了若干层次。分层式 P2P 网络模型的工作原理如图 6-4 所示。

另外，还可以根据需要在各个超级节点之间再次选取性能最优的节点，或者另外引入新的性能最优的节点作为更高一层超级节点来保存整个网络中可以利用的超级节点信息，并且负责维护整个网络的结构。

在分层式网络中，一个或几个超级节点与其临近的若干普通节点之间构成

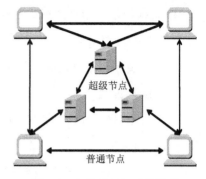

图 6-4　分层式 P2P 网络模型

一个自治的簇。簇内节点可以自治地进行消息查询；而整个 P2P 网络中各个不同的簇之间，通过纯 P2P 网络模式将超级节点相连起来进行消息查询。

2. 查询机制

根据簇的规模不同，各个簇可采用不同的查询机制。

① 如果一个簇只有少量节点（比如几十个），每个节点可以维护一个本地路由表，通过一致哈希函数来分配和定位（key, value）对，使查询簇内的其他任一节点的跳数为 $O(1)$。

② 如果簇内有比较多的节点（比如几百个），那么可以利用超级节点查询簇内的其他节点。这时，只要查询节点向簇内的超级节点发送查询请求，就可以在 $O(1)$ 内查找到目的节点。

③ 如果簇内有大量节点（比如上千个），那么就可以在簇内使用 Chord、CAN、Pastry 或 Tapestry 这类算法。这样，查找跳数会是 $O(\log_2 N)$，其中，N 为簇内节点数。

假设簇 g 中的一个节点 x 要在网络中查询节点 y，则查询步骤如下（这里只考虑两层时的查询）。

① 节点 x 通过簇内协议在簇 g 中查找，若节点 y 也在簇 g 中，则查询结束；若节点 y 不在簇 g 中，则由超级节点组成的上层 overlay 利用簇间查询协议进行查找。

② 利用超级节点组成的上层 overlay 找到距离节点 y 最近的簇 g′，那么 g′ 将继续本次查询。

③ 簇 g 再根据其内部协议查询到节点 y，并把查询结果返回给节点 x。

3. 簇的管理

下面介绍在分层式网络模型中，簇是如何划分的，以及各簇中的超级节点是如何维护的。

若节点 x 要加入一个分层式 P2P 网络，假定 x 可以获得一个它应归属的超级节点的 ID 值 k。首先，x 用 k 与网络中已经存在的另一节点 y 取得联系，y 定位并返回对应于 k 的簇中超级节点的 ID。如果这个返回的超级节点 ID 值恰好是 k，那么 x 就使用普通节点加入机制加入该超级节点所在簇，并将自己的 CPU、带宽等信息告知该超级节点；如果返回的超级节点 ID 不是 k，那么就会生成一个新的簇，这个簇只包含 x 一个节点。

在一个网络中，若每个簇有 m 个超级节点，那么先加入簇的那个节点将会成为超级节点。然而，如前文所述，超级节点应该是性能稳定、功能强的节点，因此，这些超级节点监视着新加入簇的节点。超级节点维护着一个"超级节点候选名单"，一个节点在网络中持续时间越长，它所拥有的资源越多，那么这个节点越容易被选为超级节点。这个名单会定期发送给簇中的普通节点。当一个超级节点失效或退出时，名单中的第一个候选节点将会成为超级节点，加入上层 overlay，并通知簇内所有节点和其他簇的超级节点，因此，上层 overlay 中节点的稳定性最高，并且能快速修复超级节点偶尔的失效或离开。

分层式 P2P 网络模型的优点如下。

① 按性能对节点进行分类。根据节点的能力合理分担负载，只有计算能力强、网络带宽高的节点能成为超级节点，并承担簇间查询任务。

② 各簇相对独立。如果一个簇改变了其内部查询机制，这种改变对于其他簇和上层查询机制是独立的。同样，当一个节点失效（或加入网络），

只对其归属簇的路由表有影响,而不会对其他簇造成影响。

③ 提高了查询速度。由于划分簇,每个簇内节点个数远少于总节点数,从而减少路由跳数。同样,由超级节点组成的上层 overlay 网络比一般的 P2P 网络更稳定,这增加了整个网络的稳定性,使得查询跳数更接近理论上的最佳值,比如,对于 Chord 算法平均跳数为 $1/2\log_2 N$(N 为 Chord 网络中的节点数),并且查询时延也大大减小。

④ 减少了查询消息传播的数量。由于上层的 overlay 性能稳定,从而减少了重发消息的数量。每次查询最少的跳数同样意味着每次请求最少的消息交换。并且,这种分层式节点组织可以很好地适应内容存储,因此可以进一步减少簇间的消息数量。

分层式 P2P 网络模型的缺点:实现比较困难,为了能够利用这种模型的优点,需要提供能够有效组织节点间关系的搜索网络。

4. 分层式

通过上述章节内容的介绍,我们对集中目录式 P2P 网络模型、纯 P2P 网络模型和分层式 P2P 网络模型有了基本的认识,表 6-1 从可靠性、可扩展性、可维护性、发现算法效率和是否支持复杂查询这 5 个方面对这几种模型进行了比较。

表 6-1 4 种 P2P 网络模型性能比较

比较标准	集中目录式 P2P 网络模型	纯 P2P 网络模型		分层式 P2P 网络模型
		非结构化	结构化	
可靠性	差	好	好	中等
可扩展性	差	差	好	中等
可维护性	好	好	较好	中等
发现算法效率	高	中等	较高	中等
复杂查询	支持	支持	不支持	支持

6.3 区块链 P2P 网络

公钥密码体制、共识机制和 P2P 网络是比特币系统的三大支撑技术，其中 P2P 网络作为其系统的底层网络支撑具有极其重要的作用。在比特币之后的主流区块链中，加密算法与共识机制都有不少的变化与创新，但截至本书完成，P2P 网络作为底层网络传输手段的地位却一直没有被撼动。

6.3.1 ▷ P2P 与区块链的关系

P2P 在区块链的结构模型中处于网络层，如图 6-5 所示。网络层的主要目的是实现区块链网络中节点之间的信息传播、验证和交流。区块链网络本质上是一个 P2P 网络，每一个节点既接收信息，也产生信息。节点之间通过维护一个共同的区块链来保持通信。

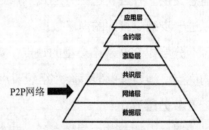

图 6-5 P2P 网络在区块链模型中的位置

区块链网络中，每一个节点都可以创造新的区块，在新区块被创造后会以广播的形式通知其他节点，其他节点会对这个区块进行验证，当全区块链网络中超过规定数量的用户验证通过后，这个新区块就可以被添加到主链上了。在区块链网络中，每一个节点都会如前面介绍的 P2P 网络模型一样，连接网络中的其他一些节点，节点在不同的区块链中使用 P2P 网络进行节点间信息的传播和验证时，采用的机制与算法会有所差异，比如，比特币网络使用相对简单的 P2P 协议方法来执行对等节点的发现和节点间的通信；以太坊使用的是以 Kadelima 协议为基础的方式；而超级账本采用基于 Gossip 的协议实现 P2P 的数据分发。

6.3.2 ▷ 区块链网络的可靠性

由于区块链使用 P2P 网络作为底层网络架构，因而具有了 P2P 网络的高容错的特点，因为网络中的资源是分布在每一个节点中的，即使一个节点遭到了破坏，整个网络并不会受到太大的影响，而且点对点网络具有自我调节能力，在一些节点离开之后，能够自动调节其网络拓扑结构，因此，节点的加入或离开都比较方便，而且不会影响这个网络。并且，区块链网络中节点越多，网络的健壮性就越好。综合来说，区块链网络是点对点网络的升级版，在点对点网络的基础上，增加了一些区块链对数据的验证，从而保证了区块链网络的安全性和可靠性。

由于区块链本质上是分布式的分类账本，因此，P2P 网络模式是当前主流区块链运作的基础。它为区块链提供了如下技术优势。

1. 防止单点攻击

当网络中某个节点丢失而导致数据丢失时，因为其他节点仍然保留该数据副本，所以并不会造成整个网络中该数据的丢失。

2. 较强的容错性

即使某些节点出现故障，也不会对整个网络造成损害，因为有多个信息来源可用。

3. 较好的兼容性与可扩展性

可以轻松适应越来越多的节点，并适应网络配置的频繁变化。

以比特币系统为例，在区块链中，节点负责运行维护整个比特币系统。节点通过一种发送事务的机制，更新区块链，并有效地将信息传递到网络上的每个节点。该发送事务机制中，实现信息的全网发布就是采用了"绯闻协议"，即任意节点都将数据发送给它所知道的每个节点，并从这些节点接收数据，然后所有的节点依据它们收到的数据更新相应的内容，这样就实现了信息在整个网络中有效传播。

当然，采用 P2P 的区块链网络并非完美无缺，仍然存在一些安全隐患。

网络专家 Bahack 指出，与普通节点相比，具有良好网络连接的攻击者更容易发起块丢弃攻击（Block Dis-carding Attack）。攻击者将多个具有良好网络连接的节点置于网络中，使其具有网络连接优势，进而不但可以方便地获知新被挖掘的区块，也可以比其他节点更加快速地传播某个区块。在此攻击中，当攻击者挖出新区块时，先不公布，一旦得知任何合法节点公布区块时，攻击者便立即发布自己的采矿块，并且利用布置好的节点快速地播报到整个网络，使得该合法节点开采的区块被丢弃。块丢弃攻击带来的威胁十分巨大，攻击者不仅浪费了合法节点的算力资源，而且可以选择地记录某些交易（每个区块大小有限，因此每个区块记录的交易数目有限），从而使得另一些重要合法交易的确认被延误。

Feld 等学者的研究表明，在比特币系统中，若对等节点所连接的大部分对等节点都位于同一个自治系统，则意味着 P2P 网络连接不良。在这种情况下，添加新的区块到区块链中可能存在困难。若有攻击者发起类似这样的攻击，则将使得分布式共识的实现变得十分困难，区块链数据的合法性与完整性将无法得到保障，这将给区块链的正常运行带来严重的灾难。

6.3.3 ▷ 案例：日食攻击

希森·海尔曼等在 2015 年 3 月发表的论文《针对比特币网络的日食攻击》（Eclipse Attack on Bitcoin's Peer-to-Peer Network）上描述了一个名为"日食攻击"（Eclipse Attack）的安全漏洞。

日食攻击或称掩蔽攻击，它是其他节点实施的网络层面攻击，其攻击手段是，囤积和霸占受害者的点对点连接时隙（slot），将该节点保留在一个隔离的网络中。这种类型的攻击旨在阻止最新的区块链信息进入日食节点，从而隔离节点。一般意义上，该攻击是指攻击者入侵并恶意修改节点的路由表，将足够多的恶意节点添加到该节点的邻节点集合中，从而将该节点恶意"隔离"于正常网络之外，因此，日食攻击也称为"路由病毒化"。

比特币作为区块链信息交互的重要支撑，P2P网络采用节点间广播的方式来发布比特币信息，日食攻击正是利用这种广播特性进行攻击。在比特币系统中，攻击节点随机选择8个其他对等节点，并保持长时间的传输连接，用于传输和存储有关其他对等体的信息。由于具有公共IP的节点最多可以接收来自其他IP节点的117个未经请求的入站连接（Incoming Connection），攻击者"策略性"地控制受害节点所有信息的接收与发送，使得受害节点的入站连接数量达到上限，从而阻止其他合法节点的连接请求。其攻击行为表现为，攻击者不断向上述8个对等节点发出请求，并且发送大量无用的信息，直到这些对等节点重新启动；而这些对等节点即使重新启动，也将首先收到攻击者连接请求与无用信息，进而被比特币系统"隔离"出来，导致受害节点的挖矿工作无效，从而达到攻击的目的。简而言之，攻击者可以征用受害者的挖矿能力，并用它来攻击区块链的一致性算法或用于"重复支付和私自挖矿"。

当某个节点遭受日食攻击时，其大部分对外数据交互都会被恶意节点所劫持，由此恶意节点得以进一步实施后续的攻击，如路由欺骗、存储污染、拒绝服务（Denial of Service，DoS）以及ID劫持等。

随着区块链应用的不断扩展，特别是智能合约应用的出现，日食攻击带来的威胁影响也在不断增加，在2018年3月，波士顿大学和匹兹堡大学的研究人员在共同撰写的论文《针对以太坊的点对点网络发动的低资源日食攻击》中表明，仅使用一两台机器就能在以太坊上发起一次日食攻击，攻击难度较比特币系统大为下降，使得日食攻击对以太坊的影响比对比特币系统的要更大。

在以太坊中攻击者可以垄断受害节点所有的输入和输出连接，从而将受害节点与网络中其他正常节点隔离开来。之后攻击者日食攻击可以诱骗受害者查看不正确的以太网交易细节，诱骗卖家在交易还没有完成的情况下将物品交给攻击者。日食攻击还可以攻击以太坊合约，方法就是让受害节点无法看清楚区块链信息，从而延迟节点看清楚智能合约的内部计算可能用到的各个参数，导致不正确的智能合约输出，因而攻击者可以大赚一笔。

这一案例也让我们意识到，区块链网络系统的安全可靠对区块链的应用与发展极为重要，要想使区块链能有长远的发展，构建安全可靠的底层网络系统刻不容缓。

6.4 实现案例：比特币系统的 P2P 网络

比特币网络中存在不同类型的节点，不同节点在 P2P 网络中扮演的角色也有所不同，其中发挥核心作用的是完整节点，比特币网络协议使用完整节点为区块和交易的交换协作来维护 P2P 网络。在把区块和交易转发到其他节点之前，完整节点下载和验证当前区块和交易。文档节点是存储了整个区块链并且能够为其他节点提供历史区块的节点。轻量级节点（修剪节点）是不存储整个区块链的节点。许多轻钱包简单支付验证（Simplified Payment Verification，SPV）客户端也使用比特币网络协议连接到完整节点。

下面简单描述一下比特币系统的 P2P 网络的工作过程。由于 P2P 网络没有一个服务器，那么比特币网络中的节点是如何发现其他节点的呢？这就需要节点的发现协议来实现。首先该节点会启动一个网络端口（比特币中通常是 8333），通过这个端口与其他已知节点建立连接。连接时，会发送一条包含认证内容的消息进行"握手"确认。由于比特币系统的 P2P 网络是靠彼此共享节点信息来寻找其他节点的，当一个节点与其他节点建立连接后，会发送一条包含自身 IP 地址的消息给邻近的节点，而邻居节点收到后会再次发送给自己的邻居，以此逐步完成全网络的信息同步。当然，节点并不是只能被动等待接收信息，也可以自己主动发送请求给其他节点索取这些地址信息。如果发现节点之间能够连接成功，那么就会被记录下来，下次启动时就会自动去寻找上次成功连接过的节点。也就是说，比特币系统的 P2P 网络在失去已有连接时会去主动发现新节点，同时也为其他节点提供链接信息，以此来完成整个网络的信息同步。

为了提供实际的比特币系统的 P2P 网络的例子，本节使用比特币核心作为完整节点代表，使用比特币 J 作为 SPV 客户端代表。两个程序都是灵活的，所以仅描述了默认的行为，而且为了隐私，例子中实际的 IP 地址使用 RFC5737 保留的 IP 地址替代。

6.4.1 ▷ 节点发现

第一次启动时，程序不知道任何活跃的完整节点的 IP 地址。为了发现一些 IP 地址，查询一个或多个 DNS 名称（叫作 DNS 种子），硬编码成比特币核心和比特币 J。查询的响应应包括一个或多个 DNS 主地址记录，该记录具有可能接受新收入连接的完整节点的 IP 地址。例如，使用如下 Unixdig 命令。

```
;; QUESTION SECTION:
;seed.bitcoin.sipa.be    IN  A


;; ANSWER SECTION:
seed.bitcoin.sipa.be  60  IN   192.0.2.113
seed.bitcoin.sipa.be  60  IN   198.51.100.231
seed.bitcoin.sipa.be  60  IN   203.0.113.183
[...]
```

DNS 种子被比特币社区成员维护：一些成员提供动态的 DNS 种子服务器，该服务器自动通过扫描网络获取活跃节点的 IP 地址；其他成员提供需要手动更新的种子，而且更可能为非活跃节点提供 IP 地址。在两种情况中，如果节点运行在主网默认的 8333 端口或测试网络默认的 18333 端口，将被添加到 DNS 种子中。

DNS 种子结果是未被认证的，而且恶意节点操作者或网络中间人攻击者可以只返回被攻击者控制的节点的 IP 地址，在攻击者自己的网络中隔离程序，并且允许攻击者壮大它的交易和区块。因此，程序不应该依赖唯一的 DNS 种子。

一旦程序连接到网络中，节点会把网络中具有其他节点的 IP 地址和端口号的地址信息 addr 发送给它，提供完全去中心化的节点发现方法。比特币核心在持久的硬盘数据库中保存已知节点的记录，这通常允许它直接连接到后续启动的节点，而不用使用 DNS 种子。

然而，节点经常离开网络或改变 IP 地址，所以在成功连接之前，程序可能需要在启动的时候尝试几种不同的连接方式。这会增加连接网络的大量的时间延迟，需要强迫用户在发送交易或检查支付状态之前等待。

为了避免可能的延迟，比特币 J 总是使用动态 DNS 种子作为被相信当前是活跃状态的种子获取 IP 地址。比特币核心也尝试在最小化延迟和避免不必要的 DNS 种子使用之间取得平衡：如果比特币核心进入节点数据库，在回到种子之前，要花费 11s 尝试至少连接它们中的一个；如果连接在规定时间实现，则不会查询任何种子。

比特币核心和比特币 J 也把一个硬编码的 IP 地址列表和端口号加入到几十个节点中，这些节点在特定的软件版本被第一次发布时是活跃的。比特币核心也将开始尝试连接这些节点，如果没有DNS 种子服务器在 60s 内响应查询的话，将提供一个自动化回退选项。

作为一个手动的回退选项，比特币核心也提供了几个命令行连接选项，包括从一个特定的节点通过 IP 地址获取节点列表，或者通过 IP 地址持久连接一个特定节点。

6.4.2 ▷ 连接节点

通过发送 version 信息连接节点，该信息包含你的版本号、区块和当前发送给远程节点的时间。远程节点使用它自己的 version 信息响应。然后两个节点互相发送 version 信息表明连接已经建立。

一旦连接，客户端会给远程节点发送 getaddr 和 addr 信息获取额外的节点。

为了和节点维持连接，节点默认在激活的 30 分钟前给节点发送信息。如果 90 分钟过去了，没有收到任何信息，客户端将假设连接已经关闭。

6.4.3 ▷ 初始化区块下载

在完整节点验证未确认交易和最新挖出的区块之前，必须下载和验证从区块 1 到最佳区块链的顶部的所有区块。这就是初始化区块下载（Initialization Block Download，IBD）或初始化同步。

虽然单词"初始化"暗示该方法仅适用一次，但是在大数量区块需要下载的时候，也可使用。例如当先前捕获节点离线很长一段时间，这种情况下，节点可以使用初始化区块下载方法下载自它最后在线时间到现在生产的所有的区块。

比特币核心任何时间都可使用初始化区块下载方法，只要最后的区块在本地的最佳区块链上有个区块头部时间超过 24h。如果本地的最佳区块链超过 144 个区块，但是比本地最佳头部链低（也就是本地区块链过去超过 24h），比特币核心 0.10.0 也将实现初始化区块下载。下面分别介绍两种比特币使用的初始化区块下载方式。

1. "区块优先"方式

"区块优先"是比特币核心（直到 0.9.3）使用一个简单的初始化区块下载方法，叫作"第一块"，如图 6-6 所示。目标是从最佳区块链上按序下载区块。

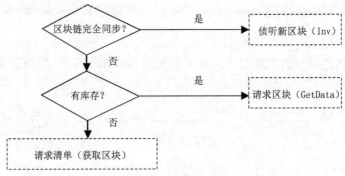

图 6-6 "区块优先"方式

节点第一次启动,在本地最佳区块链中只有一个区块——硬编码的创世区块(区块 0)。该节点选择一个远程节点,叫作同步节点,并发送图 6-7 所示的 GetBlocks 信息。

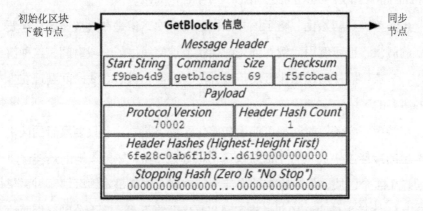

图 6-7 "区块优先"方式发送 GetBlocks 信息

在 GetBlocks 信息的 Header Hashes 字段中,新节点发送它仅有的区块——创世区块的头部哈希值。此外,还需把 Stopping Hash 字段设置成 0,以便请求最大数量的响应。

直到 GetBlocks 信息接收的时候,同步节点获取第一个(唯一的一个)头部哈希值,并搜索包含该头部哈希值的区块所在的最佳区块链。它发现区块 0 匹配,所以使用从区块 1 开始的 500 个区块清单(GetBlocks 信息最大响应)。把这些清单在 Inv 信息中发送,如图 6-8 所示。

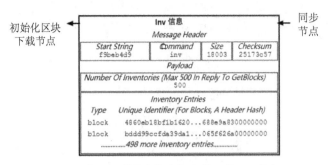

图 6-8 "区块优先"方式回复 Inv 信息

因为每个区块头部引用之前区块的头部哈希值，所以按序请求和发送区块对于第一节点来说很重要。这意味着初始化区块下载节点不能完全验证区块，除非接收到父区块。那些因为没有接收到父区块所以无法验证有效性的区块叫作孤立区块。

"区块优先"方式的初始化区块下载的主要优点是简单；主要缺点是初始化区块下载节点依赖于单个同步节点。

2. "头部优先"方式

比特币核心 0.10.0 使用的一个初始化区块下载方法叫作头部优先，如图 6-9 所示。目标是下载最佳头部链的头部，尽可能部分地验证它们，而且并行地下载相应的区块。这解决了旧的"第一区块"初始化区块下载方法的几个问题。

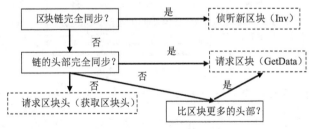

图 6-9 "头部优先"方式

节点第一次启动时，在本地最佳区块链中仅有一个独立区块——硬编码的创世区块（区块 0）。该节点选择一个远程节点，叫作同步节点，并发送图 6-10 所示的 GetHeaders 信息。

图 6-10 "头部优先"发送 GetHeaders 信息

在 GetHeaders 信息的 Header Hashes 字段中,新节点仅发送它仅有的区块——创世区块的头部哈希值。此外,还需把 Stopping Hash 字段全部设置成 0 请求最大响应。

接收到 GetHeaders 信息后,同步节点获取第一个头部哈希值并搜索包含该头部哈希值的最佳区块链。它发现区块 0 符合,所以使用从区块 1 开始的 2 000(最大响应)个头部回应 0。它在 Headers 信息中发送这些头部哈希值,如图 6-11 所示。

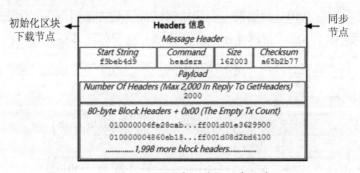

图 6-11 "头部优先"回复信息

初始化区块下载节点可以部分地验证这些区块头部,通过确保所有的字段遵循共识规则,而且根据 nBits 字段判断头部的哈希值是否低于目标阈值(完全验证需要从相应区块请求所有交易)。

初始化区块下载节点部分地验证区块头部之后,可以同时做如下两件事。

（1）下载更多头部

初始化区块下载节点可以给同步节点发送另一个 GetHeaders 信息以请求最佳头部链上的区块头部信息（默认 2 000 个）。这些头部可以立刻被验证并重复请求另一批，直到从同步节点接收到的 Headers 信息少于 2 000 个，表明没有头部可提供了。当前，头部同步已可以在 200 次内完成。一旦初始化区块下载节点从同步节点接收到的 Headers 信息少于 2 000 个，给每个节点发送 GetHeaders 信息获取它们的最佳头部链。通过比较反馈，可以轻易地判断下载的头部是否属于任意外部节点的最佳头部链。这意味着不诚实的同步节点将很快被发现，甚至校验点都尚未使用（只要初始化区块下载节点连接到至少一个诚实节点，比特币核心将继续提供校验点以防没有发现诚实节点）。

（2）下载区块

初始化区块下载节点继续下载头部时，以及头部完成下载之后，初始化区块下载节点将请求和下载每个区块。初始化区块下载节点可以使用从头部链计算出的头部哈希值创建请求它所需要的区块的 GetData 数据。不需要从同步节点请求这些——可以从任意完整节点请求（虽然不是所有的完整节点都可能存储所有区块）。这允许它并行捕获区块而且避免下载速度受限于单独同步节点的上传速度。

为了在多个节点间传播加载，比特币核心一次从一个独立节点仅请求 16 个区块。最多可以连接到 8 个外部节点，这意味着头部优先比特币核心同时可以最多请求 128 个区块（和区块优先比特币核心从同步节点请求的最大数量相同）。

比特币核心的头部优先模式使用 1 024 个区块动态窗口最大化下载速度。窗口中最低高度的区块是下一个要被验证的区块。如果区块没有在比特币核心准备验证的时候抵达，比特币核心将等待失速节点 2s 去发送区块。如果区块仍未抵达，比特币核心将与失速节点断开连接并请求连接其他节点。例如，在图 6-12 中，如果没有在 2s 内发送区块 3，节点 A 将会被断开。

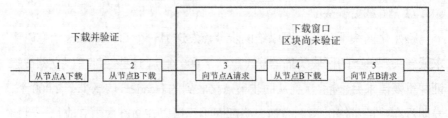

图 6-12　模拟"头部优先"下载窗口（真实窗口更大）

一旦 IBD 节点同步到区块链顶端，将接受定期区块广播发送的区块。

6.4.4 ▷ 区块广播

当一个矿工发现一个新区块时，使用以下任一方法把新区块广播给它的节点。

① 主动区块推送。矿工发送一个带有新区块的区块信息给它的每个完整节点。以这种方式，矿工可以理性地绕过标准的中继方法，因为它知道它的节点尚未拥有刚发现的区块。

② 标准区块中继。矿工，像一个标准的中继节点行动，发送具有索引新区块的清单的 Inv 信息给它的每个节点（完整节点和简易支付验证）。比较常见的响应如下。

• 每个想要通过 GetData 信息获取区块的区块优先（BF）节点请求完整区块。

• 每个想要通过 GetHeaders 返回区块的区块头部节点包含了最佳头部链的顶部的头部哈希值，而且也可能一些头部进一步返回到最佳头部链允许分叉检测。该信息被一个请求完整区块的 GetData 信息跟随。通过首先请求头部，头部优先节点可以拒绝孤立区块。

• 每个想通过 GetData 信息获取区块的简易支付验证（Simplified Payment Verification, SPV）客户端典型地请求一个默克尔树区块。

矿工根据 block 信息中的区块、Headers 信息中的一个或多个头部、被 0 或更多 Tx 信息跟随的默克尔树区块信息中的与 SPV 客户端的 Bloom 过滤器相关的默克尔树区块和交易返回每个请求。

③直接的头部公告。一个中继节点通过发送包含所有新区块的头部的 Headers 信息，可以忽略被 GetHeaders 跟随的 Inv 信息的往返负载。一个接收这个信息的头部优先节点将部分验证区块头部，正如在头部优先初始化区块下载期间所做的，如果头部是有效的，将使用 GetData 信息请求完整区块内容。中继节点然后使用 Block 或默克尔树区块信息中的完整的或过滤了的区块数据响应 GetData 数据。通过在连接握手期间发送一个特殊的 SendHeaders 信息，一个头部优先节点或许会标明它更愿接收 Headers 代替 Inv 声明。

区块广播的协议是在 BIP 130 提出的，而且自从版本 0.12 开始在比特币核心实现。

默认情况下，比特币核心广播使用了直接头部声明给任意标识了 SendHeaders 的区块，并针对所有尚未使用标准区块的中继使用标准的区块中继。比特币核心将接受发送的使用了上面任意一种方法的区块。

完全节点验证和接受区块，并使用上述描述的标准区块中继方法推荐给其他节点。表 6-2 指出了上面描述的信息的操作（中继、BF、HF 和涉及中继节点的 SPV、区块优先节点、头部优先节点和一个 SPV 客户端，任意涉及使用区块检索方法的节点）。

表 6-2　信息操作简表

信　　息	操　　作	有效负载
Inv	Relay → Any	新区块的库存清单
GetData	BF → Relay	新区块的库存清单
GetHeaders	HF → Relay	在高频节点最佳头链上的一个或多个头部哈希值
Headers	Relay → HF	多达 2 000 个头部连接高频节点最佳头链以回复节点的最佳头链
Block	Relay → BF/HF	串行化格式的新区块
默克尔树区块	Relay → SPV	新的区块加入到默克尔树结构中
Tx	Relay → SPV	匹配 Bloom 过滤器的新的区块的序列化的转接

6.4.5 ▷ 孤立区块

区块优先节点或许下载孤立区块——该区块的前一个区块头部的哈希字段涉及一个该节点尚未看到的区块头部。换句话说，孤立区块没有已知的父区块（不像陈旧区块，虽然有已知的父区块，但不是最佳区块链的一部分）。

当一个区块优先节点下载一个孤立区块时，将不会验证它。相反，会给该孤立区块的节点发送一个 GetBlocks 信息；广播节点将使用包含了下载节点缺失的任意区块的清单信息的 Inv 信息响应。下载节点将使用 GetData 信息请求这些区块；广播节点将发送这些带有区块信息的区块。下载节点将验证这些区块，一旦之前的孤立区块的父区块已经被验证，它将验证之前的孤立区块。

头部优先节点通过在使用 GetData 信息请求区块之前，使用 GetHeaders 请求区块头部避免这类复杂性。广播节点将发送包含了它认为下载节点需要掌握的最佳头部链的顶部的所有的区块头部（最大 2 000）；每一个头部都将指明父头部，所以当下载节点收到区块信息时，区块不会成为孤立区块——所有的父区块都已知（甚至虽然还尚未验证）。如果不管这些的话，区块信息中接收到的区块就是孤立区块，头部优先的节点将会立刻将之丢弃。

然而，在主动区块推送方法中，孤立区块丢弃意味着头部优先节点将忽略矿工发出的孤立区块。

6.4.6 ▷ 交易广播

为了给节点发送一笔交易，需要发送 Inv 信息。如果接收到 GetData 响应信息，使用 Tx 发送交易。接收到交易的节点也将以同样的方式转发交易，假定它是个有效的交易。

6.4.7 ▷ 交易池（内存池）

比特币网络中几乎每个节点都会维护一份未确认交易的临时列表，其被称为交易池或内存池。节点们利用这个池来追踪记录那些被网络所知晓，但还未被区块链所包含的交易。例如，保存用户钱包的节点会利用这个交易池来记录那些网络已经接收但还未被确认的、属于该用户钱包的预支付信息。

随着交易被接收和验证，它们被添加到交易池并通知相邻节点，从而传播到网络中。

有些节点的实现还维护一个单独的孤立交易池。如果一个交易的输入与某未知的交易有关，如与缺失的父交易相关，该孤立交易就会被暂时存储在孤立交易池中直到父交易的信息到达。

当一个交易被添加到交易池时，会同时检查孤立交易池，看是否有某个孤立交易引用了此交易的输出（子交易）。任何匹配的孤立交易会被进行验证。如果验证有效，它们会从孤立交易池中删除，并添加到交易池中，使以其父交易开始的链变得完整。对新加入交易池的交易来说，它不再是孤立交易。前述过程重复递归寻找进一步的后代，直至所有的后代都被找到。通过这一过程，一个父交易的到达把整条链中的孤立交易和它们的父交易重新结合在一起，从而触发了整条独立交易链进行级联重构。

交易池和孤立交易池（如有实施）都是存储在本地内存中，并不是存储在永久性存储设备（如硬盘）里。更准确地说，它们是随网络传入的消息动态填充的。节点启动时，两个池都是空闲的，随着网络中新交易不断被接收，两个池逐渐被填充。

∞ 6.5　实现案例：以太坊的 P2P 网络

较之于比特币系统，以太坊在引入智能合约等强大功能的同时也带来了更大的系统复杂性，为便于读者理解，本节仅对以太坊 P2P 网络的主要结构与内容进行概括介绍。

6.5.1 ▷ 引导节点的实现

以太坊在启动时需要告之至少一个对等节点，这样才能接入整个以太坊网络，引导节点（BootNode）相当于一个第三方中介，Node 在启动时会将自己的信息注册到 BootNode 的路由中，并且会从 BootNode 得到其他节点的路由信息，一旦有了对等节点信息后就不需要连接 BootNode。公有链的节点硬编码了一些 BootNode 节点地址。下面以以太坊私有链为例，进行 BootNode 测试。

1. 确定 BootNode

以太坊以 networkid 的形式来标识一个网络，推荐使用 --networkid 的形式去指定，主网络的 networkid 是 1（默认的），如果想要建立私有网络，可以指定一个新的网络 ID。

2. 确保网络的连通性

为了节点都能够相互连通，并达成一致的状态，我们需要设置一些 BootStrap 节点，这些节点能够帮助其他节点实现相互连通，这里配置 BootStrap 节点的命令如下。

```
bootnote --genkey=boot.key
```

```
bootnote --nodekey=boot.key
```

一旦 BootStrap 节点在线，它将返回一个合法的远程连接 URL，该 URL 能够用于实现节点之间的相互连接。请确保显示的 IP 地址同你期望的外网访问的 IP 地址一致。

> **注意** 也可以使用全功能的 Geth 节点作为 BootStrap 节点。

3. 启动成员节点

一旦你的 BootStrap 节点配置好，并能够通过网络访问，比较简单的方式就是通过 telnet <ip> <port> 进行测试。所有的 Geth 节点都能够通过 --bootnotes 选项指定 BootNode，在启动多个节点的时候，请确保每个节点的数据文件夹是独立的，避免冲突，可以通过 --datadir 的选项进行指定。

```
geth --datadir path/to/custom/data/folder --networkid 15 --bootnodes <bootnode-enode-url-from-above>
```

如此一来，你的私有网络就可以工作了，该网络完全同主网络和测试网络隔离开，所以需要配置一些挖矿节点接受并处理交易生成新的区块。

6.5.2 ▷ 以太坊的 P2P 协议结构类型

以太坊中用到的 P2P 协议族的结构类型如图 6-13 所示，大致可分为 3 层。

① 第一层处于 pkg eth 中，可以直接被 eth.Ethereum、eth.ProtocolManager 等顶层管理模块使用，在类型声明上也明显考虑了 eth.Ethereum 的使用特点。典型的有 eth.peer{}、eth.peerSet{}，其中，peerSet 是 peer 的集合类型，而 eth.peer 代表了远端通信对象和其所有通信操作，它封装更底层的 p2p.Peer 对象以及读写通道等。

② 第二层属于 pkg P2P，可认为是泛化的 P2P 通信结构，比较典型的结构类型包括代表远端通信对象的 p2p.Peer{}，封装自更底层连接对象的 conn{}，通信用通道对象 protoRW{}，以及启动监听、处理新加入连接或断开连接的 Server{}。这一层中，各种数据类型的界限比较清晰，尽量不出现糅杂的情况，这也是泛化结构的需求。值得关注的是 p2p.Protocol{}，它应该是针对上层应用特意开辟的类型，主要作用包括容纳应用程序所要求的回调函数等，并通过 p2p.Server{} 在新连接建立后，将其传递给通信对象 peer。从这个类型所起的作用来看，命名为 Protocol 还是比较贴切的，尽管不应将其与 TCP/IP 等既有概念混淆。

③ 第三层处于 golang 自带的网络代码包中，也可分为两部分：第一部

分是 pkg net，包括代表网络连接的 <Conn> 接口，代表网络地址的 <Addr> 及它们的实现类；第二部分是 pkg syscall，包括更底层的网络相关系统调用类等，可视为封装了网络层（IP）和传输层（TCP）协议的系统实现。

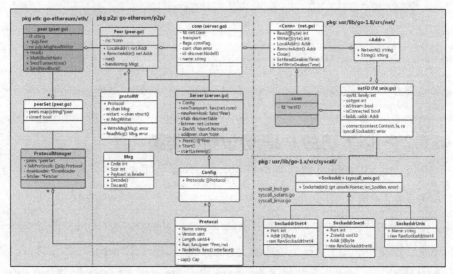

图 6-13　以太坊 P2P 协议族

6.5.3 ▷ 以太坊的 P2P 协议

由 6.2 节内容可知，P2P 网络分为有结构和无结构两种，有结构的 P2P 网络采用一致性哈希表构建每个节点的路由表，无结构的 P2P 网络中节点之间路由的方式为广播式，每个节点都向其邻居节点读取和发送数据，以此在网络中进行数据的传递和广播。以太坊采用的就是这种无结构的 P2P 网络，在这种网路结构下，数据的加密和验证就显得格外重要。

Kademlia 协议是 2002 年由美国纽约大学的 Petar P. Manmounkov 和 David Mazieres 提出的，它是一种分布式哈希表（Distributed Hash Table，DHT）技术，以异或运算为距离度量基础，已经在 BitTorrent、比特彗星、电驴等软件中得到应用。以太坊中的节点发现协议就是以 Kademlia 协议为基础实现的。

Kademlia 的路由表是通过称为 K 桶的数据构造而成，K 桶记录了节点 NodeID、distance、endpoint、IP 等信息。以太坊 K 桶按照与 Target 节点距离进行排序，共 256 个 K 桶，每个 K 桶包含 16 个节点。

以太坊 P2P 网络中节点间通信基于用户数据报协议（User Datagram Protocol，UDP），主要由表 6-3 所示的命令构成，若两个节点间 PING-PONG 握手通过，则认为相应节点在线。

表 6-3　Kademlia 通信协议（基于 UDP）

分类	PING	PONG	FINDNODE	NEIGHBORS
功能描述	探测一个节点，判断其是否在线	PING 命令响应	向节点查询某个与目标节点 ID 距离接近的节点	FIND_NODE 命令响应，发送与目标节点 ID 距离接近的 K 桶中的节点

构成	struct PingNode
	{
	h256 version = 0x3;
	Endpoint from;
	Endpoint to;
	uint32_t timestamp;
	};
		struct Pong
		{
		Endpoint to;
		h256 echo;
		uint32_t timestamp;
		};
			struct FindNeighbours
			{
			NodeId target;
			uint32_t timestamp;
			};
				struc. Neighbours
				{
				List nodes: struct Neighbour
				{
				Inline Endpoint endpoint;
				NodeId node;
				};
				uint32_t timestamp;
				};

6.5.4 ▷ 以太坊的 P2P 节点

C++ 版本以太坊源码中，NodeTable 是以太坊 P2P 网络的关键类，采用 Kademlia 算法来负责以太坊的节点发现，所有与邻居节点相关的数据和方法均由 NodeTable 类实现。表 6-4 展示了 NodeTable 类的主要成员。

表6-4 NodeTable 类的主要成员

序号	成员名称	说明
1	m_node	本节点，包含 NodeID、endpoint、IP 等
2	m_state	K 桶，包含邻居节点的 NodeID、distance、endpoint、IP
3	m_nodes	已知的节点信息，但并没有加入到 K 桶

其中节点间的距离定义如下。

① 节点 NodeID（512bit）会先用 SHA3 算法生成一个 256bit 的哈希值。计算两个节点的 256bit 哈希值的异或运算（XOR）值，节点距离定义为此 XOR 值的 1 位最高位的位数（例如，XOR 值为 0010 0000 1000 0101，那么这两个节点的距离为 14）。

② 此处的 NodeID 为网络节点公钥（512bit）。

> **注意** 这里的节点距离与机器的物理距离无关，这个距离仅仅是逻辑上的一种约定。表 6-5 展示了 NodeTable 类的主要功能函数。

表6-5 NodeTable 类的主要功能函数

序号	函数名	路径	功能
1	NodeTable::NodeTable(ba::io_service& _io, KeyPair const& _alias, NodeIPEndpoint const& _endpoint, bool _enabled)	cpp-ethereum/libp2p/NodeTable.cpp	NodeTable 类构造函数，初始化 K 桶，发起邻居节点发现过程
2	void NodeTable::doDiscovery()	Cpp-ethereum/libp2p/NodeTable.cpp	具体发现函数
3	shared_ptr<NodeEntry> NodeTable::addNode(Node const& _node, NodeRelation _relation)	cpp-ethereum/libp2p/NodeTable.cpp	将节点加入 m_nodes，并发起 PING 握手
4	void odeTable::doDiscover(NodeID _node, unsigned _round, shared_ptr<set<shared_ptr<NodeEntry>>> _tried)	cpp-ethereum/libp2p/NodeTable.cpp	底层发现函数，从 K 桶中选出节点，发送 FINDNODE 命令
5	vector<shared_ptr<NodeEntry>> NodeTable::nearestNodeEntries(NodeID _target)	cpp-ethereum/libp2p/NodeTable.cpp	从 K 桶中选出节点

续表

序号	函数名	路径	功能
6	void NodeTable::onReceived(UDPSocketFace*, bi::udp::endpoint const& _from, 字节 sConstRef _packet)	cpp-ethereum/libp2p/NodeTable.cpp	Kademlia 协议处理
7	void NodeTable::noteActiveNode(Public const& _pubk, bi::udp::endpoint const& _endpoint)	cpp-ethereum/libp2p/NodeTable.cpp	将新节点加入到 K 桶

邻居节点是指加入 K 桶，并通过 PING-PONG 握手的节点。其具体流程如图 6-14 所示。

表 6-6、表 6-7 具体展示了邻居节点发现的流程和刷新 K 桶的流程。

表 6-6 邻居节点发现的流程

步骤	内容
1	系统第一次启动随机生成本机节点 NodeID，记为 LocalID，生成后将固定不变，本地节点记为 local-eth
2	系统读取公共节点信息，PING-PONG 握手完成后，将其写入 K 桶
3	系统每隔 7 200ms 刷新一次 K 桶

表 6-7 刷新 K 桶的流程

步骤	内容
1	随机生成目标节点 ID，记为 TargetID，从 1 开始记录发现次数和刷新时间
2	计算 TargetID 与 LocalID 的距离，记为 Dlt
3	K 桶中节点的 NodeID 记为 KadID，计算 KadID 与 TargetID 的距离，记为 Dkt
4	找出 K 桶中 Dlt 大于 Dkt 的节点，记为 K 桶节点，向 K 桶节点发送 FindNODE 命令，FindNODE 命令包含 TargetID
5	K 桶节点收到 FindNODE 命令后，同样执行 b-d 的过程，将从 K 桶中找到的节点使用 Neighbours 命令发回给本机节点
6	本机节点收到 Neighbours 后，将收到的节点写入 K 桶
7	若搜索次数不超过 8 次，刷新时间不超过 600ms，则返回到步骤 2 循环执行

第6章 区块链与P2P网络

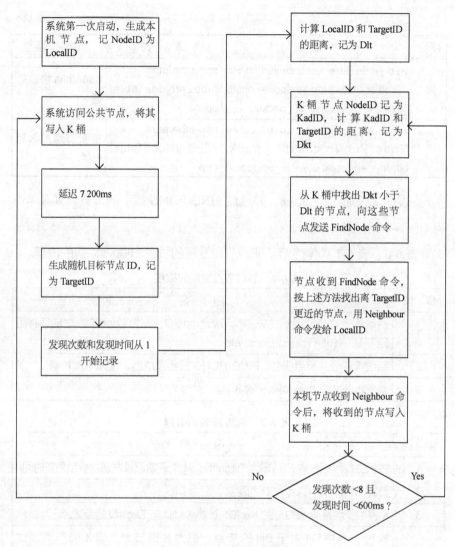

图 6-14　邻居节点发现的方法

图 6-15 展示了邻居节点网络拓扑及刷新机制，其中，TargetID 为随机生成的虚拟节点 ID。

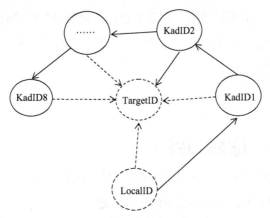

图 6-15 邻居节点发现的方法

以太坊 Kademlia 网络与传统 Kademlia 网络的区别如下。

① 以太坊节点在发现邻居节点的 8 次循环中，所查找的节点均在距离上向随机生成的 TargetID 收敛。

② 传统 Kademlia 网络发现节点时，在距离上向节点本身收敛。

以太坊节点状态如图 6-16 所示。

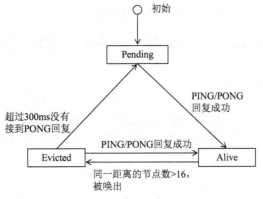

图 6-16 节点状态转化

① Pending。挂起状态，每个新发现的节点或通过代码添加的节点的初始状态，在新增节点时会向此节点发送 PING 消息，查看是否已在线。

② Alive。此状态说明 PONG 消息已收到，此节点在线。

③ Evicted。由于对当前节点某个距离的桶最多只允许存在 16 个节点，若在此距离发现的新节点超过了限额，则新节点保留，桶中最老的节点会被唤出，进入此状态。

6.6 课后习题

1. P2P 网络与传统中心化网络模型有什么区别？
2. 简单分析 P2P 网络协议的优势与不足。
3. 简单分析 P2P 网络协议与 TCP/IP 协议间的关系。
4. 分析集中目录式 P2P 模型的特性及适用领域。
5. 比较纯 P2P 网络两种模型的差异。
6. 分析分层式 P2P 网络模型的特点。
7. P2P 网络位于区块链体系结构的哪一层？字的作用是什么？
8. 简要说明 P2P 网络与区块链技术的关系。
9. 简要分析区块链中 P2P 网络的可靠性。
10. 简要描述比特币系统中 P2P 网络实现一致性的过程。

第7章 共识机制与奖励机制

共识机制是区块链最核心的内容之一,是区块链网络中众多独立节点能够协调一致共同完成合约任务和信息交互的基础,其中蕴含的奖励机制也是促使用户节点能形成一个由利益驱动的自适应组织的保障。本章首先从两个经典的一致性问题引入共识机制的必要性,再分析区块链与传统分布式一致性问题的异同,并给出其设计原则。在此基础上,给出当前区块链上主流共识机制的设计与算法描述,分析其各自适应的环境,并加以总结与比较。最后,介绍比特币系统和以太坊共识机制的代码实现。

7.1 共识机制的引入

对区块链进行介绍时,可以用一句简洁明了的去中心化分布式账本来概括。既然是分布式系统,首先必须解决的就是一致性问题,即在这个账本中,如何保证存在于多个独立节点的账本内容的统一与可信,以及如何对在几乎相同时间内产生的账本内容进行前后排序,这就涉及如何在多个节点之间达成共识的问题了。需要注意的是,达成一致并不一定能保证结果正确,其关键是要成为一致的行动。如果是中心化的场景,达成一致很容易办到,但是在分布式的环境里,则会存在诸多困难,如节点之间的通信信道是不可靠的,会存在延时,节点会有故障甚至宕机。如果简单采用同步方式来调用分散的节点,就等于失去了分布式的优势,代价太大。为解决分布式系统的一致性问题,学者们进行了深入的研究,最后得出两个定理,即 FLP 定理和 CAP 定理。

FLP 定理是由 Fischer、Lynch 和 Patterson 于 1985 年联合提出的。其核心思想为,在网络可靠、存在节点失效(即使只有一个)的最小化异步模型系统中,不存在一个可以解决一致性问题的确定性算法。该定理表明,在允许节点失效的情况下,纯粹异步系统无法保证一致性在有效时间内完成。

CAP 定理最早由 Eric Brewer 于 2000 年提出猜想，后经 Lynch 等进行了证明。其定义为，分布式计算系统不可能同时确保数据的一致性（Consistency，C）、可用性（Availability，A）和分区容错性（Partition Tolerance，P），这三者不可兼得。下面简单介绍这三者的含义。

① 一致性。所有节点在同一时刻能够看到同样的数据，即"强一致性"。

② 可用性。确保每个请求在有效时间内都可以收到确定其是否成功的响应。

③ 分区容错性。因为网络故障导致的系统分区不影响系统正常运行。

从上述两个定理可以看出，在分布式系统中，要达到强一致性难度很大。但是在实际应用中，我们往往对一致性并没有那么迫切的要求，我们设定共识的目标是在一定约束条件下实现所谓"最终的一致"，即系统在某个时刻达到了一致的状态。为了更好地理解共识机制，先来看两个古老的引入问题：两军问题和拜占庭将军问题。

7.1.1 ▷ 两军问题

两军问题如图 7-1 所示，其中，白军驻扎在沟渠里，蓝军则分散在沟渠两边。白军比任何一支蓝军都更为强大，但是蓝军若能同时合力进攻，则能够打败白军。蓝军不能够远程沟通，只能派遣通信兵穿过沟渠去通知另一队蓝军，协商好进攻时间和一些其他的约定。是否存在一个能使蓝军必胜的通信协议呢？这就是两军问题。

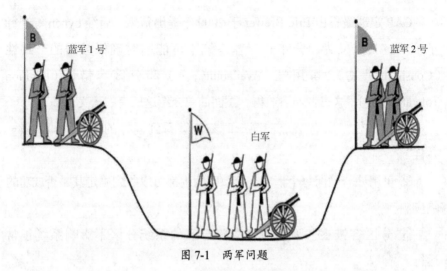

图 7-1 两军问题

倘若蓝军 1 号（简称 1）向蓝军 2 号（简称 2）派出了通信兵，若 1 要知道 2 是否收到了自己的信息，1 必须要求 2 给自己传输一个回执，说"你的信息我已经收到了，我同意你提议的明天早上 10 点 9 分准时进攻"。

然而，就算 2 已经送出了这条信息，2 也不能确定 1 一定会在这个时间进攻，因为 2 发出的回执 1 并不一定能够收到。1 收到 2 的回执后，必须再给 2 发出一个回执"我收到了"，但是 1 也不知道 2 是否收到其回执，所以 1 还会期待一个 2 的回执。这个过程看上去像一个"死循环"，因为在这个系统中永远需要存在一个回执，这对于双方来说都并不一定能够达成十足的确信。而且我们还没有考虑，通信兵的信息是否被篡改。由此可见，经典情形下两军问题是不可解的，并不存在一个能使蓝军一定胜利的通信协议。

由此可见，两军问题作为现代通信系统中必须解决的问题，我们尚不能将之完全解决，这意味着我们彼此传输信息时仍然可能出现丢失、监听或篡改的情况。出于现实的需要，我们期望通过一种相对可靠的方式来解决大部分情形，于是就有了 TCP 的"三次握手"协议。"三次握手"协议中，A 先向 B 发出一个随机数 x，B 收到 x 以后，发给 A 另一个随机数 y 以及

$x+1$ 作为答复，这样 A 就知道 B 已经收到了，因为要破解随机数 x 的可能性并不大；然后 A 再发回 $y+1$ 给 B，这样 B 就知道 A 已经收到。这样，A 和 B 之间就建立一个可靠的连接，彼此相信对方已经收到并确认了信息。

而事实上，A 并不会知道 B 是否收到了 $y+1$；并且由于信道的不可靠性，x 或者 y 都是可能被截获的，这些问题说明了即使是"三次握手"，也并不能够彻底解决两军问题，只是在现实成本可控的条件下，把 TCP 当作两军问题的现实可解方法。

7.1.2 ▷ 拜占庭将军问题

拜占庭将军问题（Byzantine Generals Problem 或 Byzantine Failure），是 2013 年度图灵奖得主莱斯利·兰波特（Leslie Lamport）在 1982 年与另两人共同提出用来解释一致性问题的一个虚构模型。其核心为既允许军中可能有叛徒，又要保证战争胜利。引申到计算机领域，就成为一种容错理论。也就是守卫边境的多个将军（系统中的多个节点）需要通过信使来传递消息，达成某些一致的决定。但由于将军中可能存在叛徒（系统中节点出错），这些叛徒将努力向不同的将军发送不同的消息，试图干扰一致性的达成。拜占庭将军问题即为在此情况下，如何让忠诚的将军们能达成行动一致的问题。

和两军问题不同，拜占庭将军问题中并不去考虑通信兵是否会被截获或无法传达信息等问题，即消息传递的信道为安全信道。兰波特已经证明了在消息可能丢失的不可靠信道上，试图通过消息传递的方式达到一致性是不可能的。所以，在研究拜占庭将军问题的时候，就假定了信道是没有问题的，并在这个前提下，去做一致性和容错性的相关研究。

下面用一种简易的方式来描述拜占庭将军问题。如图 7-2 所示，拜占庭帝国想要进攻一个强大的敌人，为此派出了 5 支军队去包围这个敌人。

这个敌人需要3支常规拜占庭军队同时进攻才会被打败,如图7-2(a)所示。基于一些原因,这5支军队不能集合在一起单点突破,必须在分开的包围状态下同时攻击,任一支军队单独进攻都毫无胜算。5支军队分散在敌国的四周,依靠通信兵相互通信来协商进攻意向及进攻时间。困扰这些将军的问题是,他们不确定军队中是否有叛徒,而叛徒可能擅自变更进攻意向或者进攻时间,导致行动的失败,如图7-2(b)所示。在这种状态下,拜占庭将军们能否找到一种分布式的协议来让他们能够远程协商,从而赢取战斗?

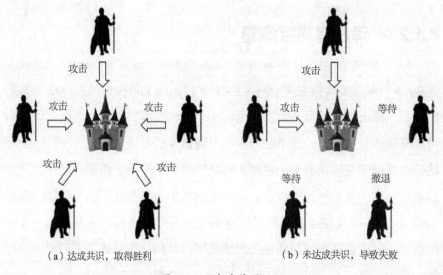

(a) 达成共识,取得胜利　　　　(b) 未达成共识,导致失败

图 7-2　拜占庭将军问题

我们可以将上述问题进行简化,即将拜占庭将军问题简化为所有忠诚的将军都能够让别的将军接收到自己的真实意图,并最终一致行动,而形式化的要求就是"一致性"与"正确性"。已经证明,如果背叛的将军超过将军总数的1/3,则上述目标不可能达成,即问题不可解。

与两军问题考虑传输信道的不可靠不同,拜占庭将军问题主要考虑通信各方存在故意破坏者或叛徒的情况下,如何来保持正确的一致性问题。

7.2 共识机制与奖励机制概述

共识机制是所有区块链的核心,其功效在于验证每一次记录的有效性,防止恶意节点篡改数据。目前区块链上的共识机制有很多种,不同的应用场景可根据效率和安全性的考量选择不同的共识机制。而区块链中的奖励机制往往与其所选择的共识机制相匹配,特别是在公有链中,如果奖励机制设计得当,出于每个节点都有最大化自己利益的倾向,绝大多数节点都会遵守规则,成为公正节点,从而保证共识机制不被破坏。

7.2.1 ▷ 共识机制的设计

分布式网络的核心难题是如何高效地达成共识,就好比现有的社会系统,中心化程度高的、决策权集中的社会更容易达成共识,像独裁和专制,但是社会的满意度很低;中心化程度低的、决策权分散的社会更难达成一致,像民主投票,但是整个社会的满意度更高。从 7.1 节介绍的 CAP 定理可知:任何基于网络的数据共享系统,都最多拥有以下 3 条中的 2 条:数据一致性;对数据更新具备高可用性;分区容错性。对于分布式系统来说,分区容错是必然的,那么只能在一致性或可用性之间选择一条,即选择弱化一致性或者弱化可用性。如何在一致性和可用性之间进行平衡,在不影响实际使用体验的前提下还能保证相对可靠的一致性,是研究共识机制的目标。

在区块链中,共识机制的作用在于验证每一次记录的有效性,从而防止任意节点篡改数据。共识层能让高度分散的节点在去中心化的系统中高效地针对区块数据的有效性达成共识。要对区块链的共识机制有清晰的认识,首先需要了解区块链的共识机制与传统分布式一致性算法之间的区别与联系,在此基础上进一步理解分析公有链、联盟链和私有链各适合怎样的共识机制。图 7-3 展示了区块链共识机制与传统分布式一致性算法的异同。

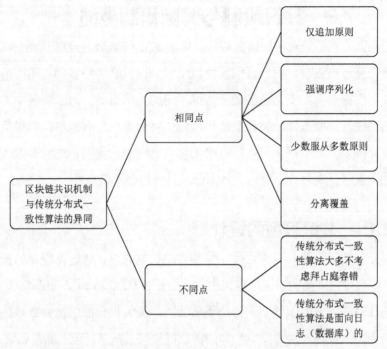

图 7-3　区块链共识机制与传统分布式一致性算法的异同

1. 相同点

① 仅追加（Append only）原则。

② 强调序列化。

③ 少数服从多数原则。

④ 分离覆盖的问题，即长链覆盖短链区块，多节点覆盖少数节点日志。

2. 不同点

① 传统分布式一致性算法大多不考虑拜占庭容错（Byzantine Paxos 除外），即假设所有节点只发生宕机、网络故障等非人为问题，并不考虑恶意节点篡改数据的问题。

② 传统分布式一致性算法是面向日志（数据库）的，即更通用的情况，而区块链共识机制是面向交易的，所以严格来说，传统分布式一致性算法应该处于区块链共识机制的下面一层。

通过本书第 2 章对区块链发展的介绍可以得知，早期以比特币为代表的区块链都属于公有链，其共识机制是为了适应公有链的特性。但随着区块链技术的发展，联盟链、私有链逐渐进入人们的视野，由于应用环境的不同，其上设计的共识机制与公有链也有所区别。结合私有链和联盟链的性质，可以得出以下结论。

① 私有链。封闭生态的存储网络，节点进入网络需要授权，链上所有节点都是可信任的，如某大型集团内部多数公司。

② 联盟链。半封闭生态的交易网络，节点进入网络需要授权，存在对等的不信任节点，如房地产或金融行业的不同公司间进行交互。

③ 公有链。开放生态的交易网络，节点可以自由进出网络，这层主要是为行业链和私有链提供全球交易网络。

由于私有链是封闭生态的存储网络，也就是说使用传统分布式一致性模型应该是最优的。由于联盟链其半封闭半开放特性，使用"Delegated Proof of XXX"是较好的方式，可以考虑以传统一致性算法作为基础加入拜占庭容错/安全防护机制进行改进。在公有链中，PoW、PoS 共识机制仍然是目前的优先选择。

7.2.2 ▷ 奖励机制的设计

区块链设计奖励机制是为了鼓励节点参与区块链的安全验证工作，特别是在公有链中，奖励机制的设计十分重要，是区块链能否成功的关键因素之一。

以比特币为例：在比特币总量达到 2 100 万个之前，奖励包括两个部分，其一是开采出新区块的节点会得到系统奖励的一定数量的比特币和记账权，其二是记账权使节点在处理每笔交易数据的时候得到交易费用（手续费）。而当比特币总量达到 2 100 万个时，新产生的区块将不再获得系统奖励的比特币，这时奖励机制主要是每笔交易扣除的手续费。比特币的交易费用基于自愿原则，提供交易费用的交易会被优先处理，而不含交易费用的交易会先放在交易池中，随时间的增加而增加其优先级，最终还是会被处理。

奖励机制保证了整个区块链网络的向外扩张，促使全节点提供资源，自发维护整个网络。以比特币为例，2017年，整个比特币网络的算力已经达到800PH/s，超过了全球前五百名超级计算机的算力总和，单个组织或机构想要影响整个比特币网络几乎不可能。

与比特币使用脚本引擎进行相对简单的"虚拟货币"交易不同，以太坊是一个运行智能合约的去中心化平台，提供了一个以太坊虚拟机（Ethereum Virtual Machine，EVM），开发者可以在其上开发各种应用。EVM功能非常强大，号称"图灵完备"，可以实现循环语句。但"循环"的引入在带来强大功能性的同时，也容易出现死循环的问题。在传统单机或分布式系统中，死循环导致的死机可以通过重启系统进行解决。但是在以太坊这种去中心化的区块链中，EVM出现死循环，是无法进行重启的。

由于图灵停机问题（The Halting Problem）已经证明不存在一种能够检测程序是否会死循环的方法，所以在以太坊中需要别的方法阻止死循环带来的影响。或许是受到了汽车加油才能开动的启发，以太坊的开发者们提出了一个极具创意的代替方案：如果让EVM上的程序的每条指令都要消耗一点"资源"，"资源"用光了，无论程序是否执行完，都会被强行终止，这样无论是不是死循环都没关系了。

这个在以太坊上执行程序时要消耗的资源就被称为燃料（Gas），每一条指令都要消耗不同数量的燃料。燃料是以太坊里对所有活动进行消耗资源计量的单位。注意，这里的活动是泛化的概念，包括但不限于转账、合约的创建、合约指令的执行、执行中内存的扩展等。

越复杂的运算，需要消耗的燃料越多，只要给程序加上一个消耗燃料的上限，就可以防止程序出现死循环的情况。同时，以太坊还给每个区块包含的程序消耗的总燃料设定了上限，以免区块中包含的程序过多，影响一些性能比较弱的节点。每个区块能消耗的燃料上限也是可以调整的，由矿工们进行投票决定。

Ether（ETH）是以太坊世界中使用的"虚拟货币"，也就是常说的以太币，主要用其来获取燃料。每个程序都会给出它们愿意用多少以太币来获取1单位的燃料，这被称为燃料价格（Gas Price）。

每个程序需要为获取燃料而使用的以太币可以用如下公式计算。

$$燃料成本 = 消耗的燃料数量 \times 燃料价格$$

你愿意使用的以太币数量越多，你的交易就会越快被矿工打包，这和比特币的交易形式类似。

举个例子，如果某个账号，Address A想要发起一个交易，比如一次简单的转账，即向Address B发送一笔数额为H的"虚拟货币"，那么Address A本身拥有的Ether，除了转账的数额H之外，还要有额外一笔数额用以获取交易所耗费的燃料。

如果可以实现燃料和Ether之间的换算，那么以太坊里所有的活动，都可以用Ether来计量。

比特币对矿工挖矿实行"赢者通吃，失败者一无所有"的奖励机制，而其达成共识使用的PoW算力竞争会引起高废块率，带来算力浪费的问题。为解决这一矛盾，约纳坦·索穆林斯基（Yonatan Sompolinsky）和阿维夫·佐哈尔（Aviv Zohar）在2013年12月提出了"幽灵"（Greedy Heaviest Observed Subtree，GHOST）协议。废区块指的是在新区块广播确认的时间里"挖"出的符合要求的区块。GHOST协议提出在计算最长链时把废区块也包含起来，即在比较哪一个区块具有更多的工作量证明时，不仅有父区块及其祖先区块，还添加其祖先区块的作废后代区块来计算哪个区块拥有最大的工作量证明。在以太坊中，采用了简化版GHOST协议，废区块只在五代之间参与工作量证明，并且废区块的发现者也会收到一定数量的以太币作为奖励。

以太坊创造了一个新的名词"叔伯块（Uncle Block）"，如图7-4所示。不能成为主链一部分的孤儿区块，如果有幸被后来的区块通过uncles字段收留进区块链就变成了叔伯块。如果一个孤儿区块没有被任何区块收留，这个孤儿区块还是会被丢弃，不会进入区块链，也就是说孤儿区块被收留后才会变成叔伯块。

以太坊的设计比比特币系统人性得多，叔伯块也是可以获得奖励的，矿工们再也不用担心白忙活了。而且以后的区块谁要是把叔伯块收留了，收留了叔伯块的区块还有额外的奖励，收留叔伯块也被称为包含叔伯块。

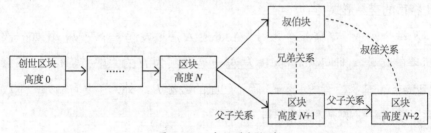

图7-4 以太坊的叔伯块

下面来介绍一下以太坊中普通区块和叔伯块各自的奖励策略。

普通区块的奖励如下。

① 出现4 370 000个区块前，固定奖励5个以太币，之后固定奖励缩减为3个以太币，每个普通区块都有。

② 区块内包含所有程序的燃料成本的总和。

③ 如果普通区块包含了叔伯块，每包含一个叔伯块可以得到固定奖励的1/32。即在4 370 000个区块前为5个以太币的1/32，也就是0.156 25个以太币；在4 370 000个区块后为3个以太币的1/32，也就是0.093 75个以太币。

叔伯块的奖励计算有些复杂，公式如下所示。

叔伯块奖励 =（叔伯块高度 + 8 − 包含叔伯块的区块的高度）× 普通区块奖励 /8

我们可以通过以太坊官网查看每个区块的奖励，如图 7-5 所示，一个 2018 年 5 月 26 日挖出来的区块 5 678 995，由于我们是在主链上看到它的，所以它是普通区块。

图 7-5　以太坊挖出普通块的奖励

普通区块的奖励包含如下三部分。

① 固定奖励：3 个以太币。

②（燃料）成本：0.079 445 509 903 187 34 个以太币。

③ 两个叔伯块包含的奖励：3 ×（1 / 32）× 2 = 0.187 5 个以太币。

再来看一个"叔伯块"的例子，图 7-5 的区块中包含了两个叔伯块，选择处于"位置 0"的叔伯块进行检验，如图 7-6 所示。该叔伯块区块高度为 5 678 994，包含该叔伯块的区块高度为图 7-5 中的区块高度 5 678 995，直接代入公式：(5 678 994 + 8 − 5 678 995) × 3 / 8 = 2.625 个以太币，与图中显示一致。

图 7-6　以太坊挖出叔伯块的奖励

虽然我们将区块链分为公有链、联盟链和私有链，但从技术的角度来讲，这些链可以是完全相通的。可以认为一个公有链就是一个巨大无比的并能自由加入的联盟链；联盟链可以认为是一种小范围内的权限控制严格的公有链，且不许可任何外面的人进来；而私有链是只许可公司内部的某些节点访问的联盟链。举个例子，完全可以把以太坊拿出来，有几个相关公司共同使用构成一个联盟链，若是一个公司自己运行起来，就形成自己的一个私有链，但本质上或者代码的协议上它仍然是以太坊的协议。因此，在公有链上运行的奖励机制仍可以在联盟链或私有链上继续使用。

当然，目前在区块链应用里面有一些私有链和一些联盟链的技术，它们取消了显性奖励机制（如使用 PBFT 共识机制的超级账本）。但企业商户通过区块链技术，降低成本、优化运营，虽然没有直接使用通证作为奖励，但从某种程度上讲降低运营成本就是奖励，去中心化就是奖励，保障信息安全就是奖励。

7.3 PoW 共识机制

PoW 共识机制是区块链上使用最早也是最广泛的共识机制之一，最早在中本聪的论文《比特币：一种点对点的电子现金系统》中被提出。该机制利用机器进行数学运算来竞争记账权，这一过程也就是俗称的挖矿。

7.3.1 ▷ 基本概念

PoW 共识机制的本质就是根据节点的计算能力来决定记账权。简单地说，PoW 就是一份证明，证明你做过一定量的工作，即通过查看工作结果就能知道你完成了指定量的工作。其核心思想是通过引入分布式节点的算力竞争来保证数据的一致性和共识的安全性。在比特币系统中，所有参与"挖矿"的节点都在遍历寻找一个随机数，这个随机数使当前区块的区块头进行两次哈希计算（SHA256 算法）的结果小于或等于某个值，找到符合要求的随机数的节点获得当前区块的记账权，并获得一定数额的比特币作为奖励。另外，引入动态难度值，使求解该数学问题所花费的时间在 10 分钟左右。PoW 共识机制具有十分重要的意义，将比特币的发行、交易和记录完美地联系起来，同时还保证了记账权的随机性，确保比特币系统的安全和去中心化。

与其他共识机制相比，PoW 共识机制资源消耗大，可监督性弱，每次达成共识需要全网节点共同参与运算，性能效率比较低，但其共识机制安全性较高,容错性方面允许全网 50% 的节点出错。

PoW 共识机制的优点在于完全去中心化,节点自由进出。其缺点是目前比特币系统已经吸引全球大部分的算力,其他使用 PoW 共识机制的区块链应用很难获得相同的算力来保障自身的安全;挖矿造成大量的资源浪费;共识达成的周期较长。

目前使用 PoW 共识机制的代表项目有比特币和以太坊前 3 个阶段——Frontier(前沿)、Homestead(家园)、Metropolis(大都会)。

7.3.2 ▷ 比特币系统 PoW 共识机制的实现原理

从 2009 年 1 月 3 日,中本聪在位于芬兰赫尔辛基的一个小型服务器上挖出比特币的第一个区块算起,挖矿已经经历了从最开始的 CPU 挖矿,过渡到 GPU 挖矿,然后到 ASIC(专业矿机)挖矿,最终演化到当前的矿池挖矿时代。由于篇幅有限,本节仅介绍比特币系统的经典挖矿原理。

要讨论挖矿原理,首先要解析区块头(Blockheader)结构。以比特币系统为例,我们说挖矿本质是执行哈希函数的过程,而哈希函数是一个单输入/单输出函数,输入数据就是这个区块头。比特币区块头共 6 个字段,80 字节,如表 7-1 所示。

表 7-1 比特币区块头字段

字段名称	字段类型	说明
nVersion	int32_t	区块版本号,4 字节,只有在升级时才改变
hashPrevBlock	uint256	前一个区块的区块头的哈希值,32 字节
hashMerkleRoot	uint256	包含本区块的所有交易构造的默克尔树根,32 字节
nTime	int32_t	UNIX 时间戳,4 字节
nBits	int32_t	记录本区块难度,4 字节,由全网决定,每 2 016 个区块重新调整,调整算法固定
nNounce	int32_t	随机数,4 字节

比特币系统每一次挖矿，实际上都是穷举随机数算法，就是使用 SHA256 算法对这 80 字节连续进行两次哈希计算（SHA256D），运算结果是固定的 32 字节（二进制 256bit）。而这 6 个字段又可以分为两个部分：其中的 nVersion、hashPrevBlock 和 nBits 字段可以理解为是固定的，对于每个矿工来说都一样；矿工可以自由调整的地方是剩下的 3 个字段。

- nNonce。提供 2^{32} 种可能取值。
- nTime。其实本字段能提供的值空间非常有限，因为合理的区块时间有一个范围，这个范围是根据前一个区块时间来定，比前一个区块时间早太多会被其他节点拒绝。值得一提的是，后一个区块的区块时间略早于前一个区块时间，这是允许的。一般来说，矿工会直接使用机器当前的时间戳。
- hashMerkleRoot。理论上提供 2^{256} 种可能，本字段的变化来自于对包含区块的交易进行增删，或改变顺序，或者修改 Coinbase 交易的输入字段。

根据哈希函数的特性，这 3 个字段中哪怕其中任意 1 个位的变化，都会导致哈希函数运行结果的巨大变化。在 CPU 挖矿时代，搜索空间主要由 nNonce 提供，进入矿机时代，nNonce 提供的 4 字节已经远远不够，搜索空间转向 hashMerkleRoot。

比特币系统求解工作量证明问题（挖矿）的步骤归纳如下。

① 打包交易。检索待确认交易内存池，选择包含进区块的交易。矿工可以任意选择，甚至可以不选择（挖空块），因为每一个区块都有容量限制（当前是 1MB），所以矿工也不能无限选择。对于矿工来说，比较合理的策略是首先根据手续费对待确认交易集进行排序，然后由高到低尽量纳入最多的交易。

② 构造 Coinbase。确定了包含进区块的交易集后，就可以统计本区块手续费总额，结合产出规则，矿工可以计算自己本区块的收益。

③ 构造 hashMerkleRoot。对所有交易构造默克尔树，得到根节点数值。

④ 填充其他字段。获得完整区块头，将区块头的 80 字节数据作为工作量证明的输入。

⑤ 哈希计算。对区块头进行两次哈希计算（SHA256D）。不停地变更区块头中的随机数 Nonce，并使用 SHA256 算法对每次变更后的区块头进行两次哈希计算，将结果值与当前网络的目标难度做比对，如果满足难度条件，则解题成功，PoW 完成。

⑥ 验证结果。将步骤⑤的结果值与当前网络的目标难度（nBits）做比对，如果满足难度条件，则解题成功，PoW 完成，矿工获得该区块的记账权，并广播到全网，挖下一个块；不符合难度则根据一定策略改变以上某个字段（经典版本为随机数 nNounce）的值，然后返回步骤⑤再次进行哈希计算并验证。

合格的区块条件如下。

SHA256D（Blockherder）＜ F（nBits）

其中，SHA256D（Blockherder）就是挖矿结果，F（nBits）是难度对应的目标值，两者都是 256bit，都当成大整数处理，直接对比大小以判断是否符合难度要求。如图 7-7 所示，挖矿计算出的哈希值要小于当前区块目标难度值 m，换言之，找到合格区块就是找出满足给定数量 n 前导 0 的哈希值的过程。n 越大，代表难度越大。

图 7-7 挖矿合格区块条件

新产生的区块需要快速广播出去，以便其他节点对其进行验证，以防造假。每个区块存着上一个区块的哈希值,可以溯源,只有经过验证后才最终获得区块的交易记账权。在比特币系统中,平均每 10 分钟有一个节点找到一个区块。如果两个节点在同一个时间找到区块,那么网络将根据后续节点的决定来确定以哪个区块构建总账。从统计学角度讲,一笔交易将在 6 个区块(约 1 小时)后被认为是明确确认且不可逆的。

7.3.3 ▷ 以太坊 PoW 共识机制的实现原理

前文介绍的是比特币系统中 PoW 共识机制的实现原理,在以太坊中对 PoW 共识机制进行了改进,形成了自己的 PoW 共识机制——Ethash 算法。PoW 共识机制存在挖矿中心化的问题,即一部分挖矿机构可以通过集中挖矿资源形成矿池,通过矿池获得操控现有区块链网络中算力的优势,从而获得高额的通证奖励。这一现象的出现,意味着挖矿不再是高度去中心化和追求平等主义的产物,而是巨额资本之间的竞争。这就可能会产生出一个矛盾:一个以"去中心化"为目标的区块链因为现实中集中挖矿硬件资源的矿池的出现而有了中心。为了解决这一问题,以太坊基金会对原有 PoW 共识机制进行了修改,设计出一种能有效抵御算力资源集中的中心化矿池影响,轻客户端也能进行快速验证的 PoW 共识机制,以体现公平的原则,这就是 Ethash 算法。

Ethash 将 DAG(有向无环图)用于 PoW 共识机制,其中 PoW 是内存难解的,这一特点使得该算法的挖矿效率基本与 CPU 性能无关,而与内存、带宽正相关,从而可以有效抑制专业矿机的优势,减弱矿池带来的影响,该算法基本流程如下。

① 对于每一个区块,都能通过扫描区块头的方式计算出一个种子(Seed),该种子只与当前区块有关。

② 从种子可以计算出一个 16MB 的伪随机缓存,用于轻客户端存储缓存。

③ 从缓存中可以生成一个 1GB 的数据集，称为 DAG。数据集中的每个元素项只依赖缓存中的少量元素项。即只要有缓存，就可以快速计算出 DAG 中指定位置的元素。数据集会随时间线性增长，完整的客户和矿工存储这个数据集。

④ 挖矿过程可以概括为从数据集（DAG）中选择随机元素并对其进行哈希计算的过程。

⑤ 在进行验证时可以通过使用缓存来重新生成所需的数据集中自己需要指定位置的特定元素，然后验证这些元素的哈希值是否小于某个特定值，即验证矿工的工作是否符合要求，从而使验证者可以使用低内存的机器进行验证，因为只需存储缓存即可验证。

完整的大数据集每隔 30 000 区块更新一次，因此大多数矿工的工作将是读取数据集，而不是对其进行更改。

算法在数据集的产生和验证过程中用到了大量的哈希计算，这就是 PoW 共识机制的具体体现。将缓存设为 16MB 是因为此容量缓存仍需要较高的宽带进行读取，不易被专用矿机进行优化。而将数据集设为 1GB 也是因为此内存容量大于大多数专用矿机的存储器和高速缓存，但对于普通计算机来说它仍然足够小，使用户能使用普通计算机进行挖矿活动。这在一定程度减小了专业矿机对挖矿资源的垄断，体现了去中心的特点。

7.3.4 ▷ 算法分析

区块链采用 PoW 共识机制让挖矿的矿工竞争记账权，挖矿需要付出大量的能源和时间，谁付出的工作量多谁就能以更大的概率获得一个区块的记账权。获取记账权的矿工会将当前区块链接到前一区块，形成最新的区块主链，该矿工也会得到系统奖励的一定数量的通证。所有的区块链接在一起形成了区块链的主链，从创世区块到当前区块，在区块链上的所有历史数据都可以被追溯和查询。

要得到合理的区块哈希值需要经过大量的尝试计算，计算时间取决于机器的哈希计算速度。当某个节点提供出一个合理的区块哈希值时，说明该节点确实经过了大量的尝试计算，当然，这并不能得出计算次数的绝对值，因为寻找合理的哈希值是一个概率事件。当节点拥有全网 $n\%$ 的算力时，该节点即有 $n\%$ 的概率找到区块哈希值。另外，区块链引入动态难度值概念，让计算难度（也就是上一节中提到的前导 0 的个数）随着全网算力的变化而增减，使求解该数学问题所花费的时间保持在 10 分钟左右。

随着比特币系统等区块链的普及，严重依赖全网节点算力的 PoW 共识机制也暴露出以下问题。

① PoW 导致节点的不对等。理论上，在区块链网络中每个节点被平等地对待，但是为了挖矿获得经济回报，开始进行硬件竞赛，导致节点之间的不对等（使用矿机的节点自然比使用 CPU 的节点更容易挖到矿）。目前，使用 CPU 挖比特币，理论概率几乎等于 0。区块链记账权的随机性受到破坏，违背了设计初衷。

② PoW 导致的产业化趋势。同样，也是为了挖矿获得经济收益，产生了矿池。矿池指的是产业化、规模化挖矿，通常在地理位置上选择靠近水电站的地区，在硬件上选择专门用于挖矿的矿机，成千上万台机器集群，试图用较低的成本来挖矿获得收益。以比特币系统为例，据统计，算力排名前 5 的矿池的总算力所占比例已经过半，比特币系统中有约 60% 的算力来自中国的矿池，比较有名的三大矿池是 F2Pool、BTCChina Pool 及 Huobi Pool。算力的集中破坏了分布式设计，并且带来了著名的"51% 攻击"威胁。

51% 攻击问题，简单地说，就是在投票制中掌握了半数以上的选票，可以使任何提案得到通过，放在比特币系统下就成为实现双重支付的手段，一笔交易只要半数以上的节点通过，那么对整个网络来说就是合法、有效的。虽然理论上掌握分布式网络的大多数算力几乎是不可能的事，但是矿池的出现使"51%攻击"具备了实施的可能，并且算力的集中破坏了去中心化，带来了种种安全隐患。

③ 中心化趋势。分布式网络的中心化趋势也是一大问题，前面所说矿池的出现不仅带来了"51%攻击"的威胁，也影响了整个分布式网络的稳定性，如果一个矿池发生问题（如停电、火灾等），整个网络都会受到影响，削弱了分布式网络的优势。

④ PoW存在严重的效率问题。每个区块的产生需要耗费时间，同时新产生的区块需要后续区块的确认才能保证有效，这需要更长的时间，严重影响系统效率。例如，比特币系统平均10分钟产生一个区块，需等待6个后续区块进行确认，这样对于一个交易，需等待1小时才能保证被确认。

⑤ PoW过程通常是计算一个无意义的序列，需要消耗大量计算资源、电力能源，造成浪费，即使后来提出的有用的工作量证明（Proof of Useful Work）共识机制尝试通过求解正交向量、3SUM、最短路径等问题，代替寻找无意义的二进制数来抵消需要消耗的资源，仍无法解决效率等问题。

鉴于PoW共识机制出现的以上种种问题，业界投入巨大精力开发新的共识机制来应对区块链的发展，也取得了一些成果，其中权益证明（Proof of Stake，PoS）共识机制是比较著名的一类。

7.4 PoS系列共识机制

权益证明（Proof of Stake，PoS）共识机制也称股权证明共识机制，是2011年在比特币论坛讲座上由一位名为Quantum Mechanic的用户首先提出，后经Peercoin（点点币）和NXT（未来币）以不同思路实现的。如果说PoW的本质是谁的计算能力强，谁就更有可能获得记账权，那么PoS的本质就是谁拥有的资源多，谁更容易获得记账的资格。

7.4.1 ▷ PoS 共识思想

中本聪在 2010 年提出了"币龄"的概念，币龄的定义是"虚拟货币"所持有的时间段，即将"虚拟货币"的金额与所持有的时间进行数学运算（相乘）后得出的结果，而 PoS 共识机制正是基于币龄这个概念提出的。类似把钱存在银行，银行会根据你持有货币的数量和时间给你分配相应的利息收益。采用 PoS 的数字资产，区块链会根据你的"币龄"给你分配相应的权益。例如，你有 10 个"虚拟货币"的数字资产，持有时间为 30 天，那么你的币龄就是 300。

PoS 共识机制的目的是提供一种在分布式系统中达成共识的方法。不同于 PoW 共识机制，该机制中节点生成一个新的区块时会提供一种证明，证明该区块在被网络接受之前获得过一定数量的"虚拟货币"。生成一个区块需要输入一定数量的"虚拟货币"，这样可以证明该节点对"虚拟货币"的所有权。而这些"虚拟货币"将影响生成区块时挖矿过程的难度系数。

在基于权益证明的区块中定义了一种新的交易，称为利息币交易。利息币交易与传统交易不同，利息币交易过程中会消耗交易者的币龄从而获取在网络中生成区块的权利,同时也获得在 PoS 共识机制下"造币"的权利。利息币中首先要输入一定的核心（Kernel），接下来的过程与 PoW 共识机制中挖矿过程类似，同样是通过求解随机数，使其经过哈希计算满足目标值。但是在 PoS 共识机制中，使用哈希计算对随机数求解时，会降低求解难度，这样会极大地缩小寻找随机数的空间，从而减少能源的消耗。因此，Kernel 消耗得越多，哈希计算空间则会越小，随机数的计算则越容易。与 PoW 共识机制中所有节点的目标值一样不同，PoS 共识机制中各节点的目标值不同，因此权益大的节点更加容易挖矿。

在校验方面，该机制中对主链的判断不再是通过难度系数判断，而是通过对币龄的消耗进行判断。因为在区块中的每笔交易都会消耗币龄，最终区块链选择币龄消耗最多的链作为主链。这样的设计也降低了基于 PoW 共识机制所提出的"51% 攻击"问题，因为在 PoS 共识机制中，节点首先要控制众多的"虚拟货币"达到足够的币龄后才可以伪造区块进行攻击，而这个过程所要消耗的成本远高于集中全网 51% 算力的成本。同时攻击者在攻击主链时会消耗币龄，对于攻击者来说也是一种损失。

PoS 的主要理念是节点记账权的获得难度与节点持有的权益成反比，其挖矿的过程不仅和节点的算力有关，也和节点的权益相关。权益大的节点的挖矿过程会比权益小的节点更加容易，从而提高了挖矿效率，减少算力浪费，相比 PoW，其在一定程度上减少了数学运算带来的资源消耗，性能也得到了相应的提升，但依然是基于哈希算法，竞争获取记账权的方式，可监管性弱。该共识机制的容错性和 PoW 相同。它是 PoW 的一种升级，根据每个节点所占"虚拟货币"的比例和时间，等比例地降低挖矿难度，从而加快找到随机数的速度。

在使用 PoS 共识机制的系统中存在一个持币人的集合，他们把手中的"虚拟货币"放入 PoS 共识机制中，这样他们就变成验证者。比如对区块链最前面的一个区块而言，PoS 共识机制在验证者中随机选取一个（选择验证者的权重依据他们投入的"虚拟货币"量，比如一个投入 10 000 "虚拟货币"的验证者被选择的概率是一个投入 1 000 "虚拟货币"验证者的 10 倍），给他产生下一个区块的权利。如果在一定时间内，首个验证者没有产生一个区块，则选出第二个验证者代替其产生新区块。与 PoW 一样，PoS 以最长的链为准。

较之 PoW，PoS 的优势有如下 3 个方面。

① 在一定程度上缩短了达成共识的时间。

② 不再需要消耗大量能源去比拼算力进行挖矿。

③ 更难进行 51% 攻击，攻击者要拥有 51% "虚拟货币"才能发起攻击，区块链受到攻击会造成攻击者自己的利益受损，不符合经济收益。

PoS 缺点如下。

① 前期产生"虚拟货币"的过程还需要挖矿，本质上没有解决商业应用的痛点。

② 所有的确认都只是一个概率上的表达，而不是一个确定性的事情，理论上有可能存在其他攻击影响，例如，以太坊的 DAO 攻击事件造成以太坊硬分叉。且依据权益结余来选择，会导致首富账户的权力更大，有可能支配记账权。

目前一些区块链项目开始使用 PoW 发行新的"虚拟货币"，使用 PoS 维护区块链网络安全，以更好地利用两种共识机制的优势来提升区块链的效率和安全性。使用 PoS 共识机制的代表项目有 Peercoin（点点币）、NXT（未来币）、以太坊的第 4 个阶段［即 Serenity（宁静）］。

7.4.2 ▷ 股份授权证明共识机制

针对 PoW、PoS 的不足，"天才程序员"BM（网名为 Bytmaster，真名为 Daniel larimer）在其创立的 BitShares（比特股）社区首先提出了股份授权证明（Delegated Proof of Stake，DPoS）共识机制。DPoS 是在可信的加密"虚拟货币"网络中提供事务处理和去中心化的共识协议的一种方法，它与 PoS 的主要区别在于由持币者选举出一定数量节点作为代理人，由代理人进行验证和记账，但其合规监管、性能、资源消耗和容错性与 PoS 相似。为了激励更多人参与代理人竞争，系统会产生少量"虚拟货币"作为代理人的奖励。

DPoS 的工作原理有点像议会制度，具体实现方式：每个股东按其持股比例拥有相应的影响力，51% 股东投票的结果将是不可逆且有约束力的，其挑战是通过及时而高效的方法达到"51% 批准"。为了达到这个目标，每个股东可以将其投票权授予一名代表。获票数最多的前 n（比特股设定为 101）位代表按既定时间表轮流产生区块。每位代表分配到一个时间段来生产区块。

所有的代表将收到等同于一个平均水平的区块所含交易费的 10% 作为报酬。如果一个平均水平的区块用 m 股作为交易费，一位代表将获得 m/n 股作为报酬。

网络延迟有可能使某些代表没能及时广播他们的区块，而这将导致区块链分叉。实际上这不太可能发生，因为制造该区块的代表可以与制造该区块前后的区块的代表建立直接连接。建立这种与你之后的代表（也许也包括其后的那名代表）的直接连接是为了确保你能得到报酬。

DPoS 的投票模式可以每 30s 产生一个新区块，并且在正常的网络条件下，区块链分叉的可能性极小，即使发生也可以在几分钟内得到解决。执行该模式的基本步骤如图 7-8 所示。

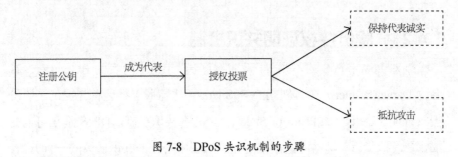

图 7-8　DPoS 共识机制的步骤

① 成为代表。成为一位代表，你必须在网络上注册你的公钥，并获得一个 32bit 的特有标识符。该标识符会被每笔交易数据的"头部"引用。

② 授权投票。每个钱包有一个参数设置窗口，在该窗口里用户可以选择一位或更多的代表，并将其分级。一经设定，用户所做的每笔交易将把选票从"输入代表"转移至"输出代表"。一般情况下，用户不会创建专门以投票为目的的交易，因为那将耗费他们一笔交易费。但在紧急情况下，某些用户可能觉得通过支付费用这一更积极的方式来改变他们的投票是值得的。

③ 保持代表诚实。每个钱包将显示一个状态指示器，让用户知道他们

的代表表现如何。如果他们错过了太多的区块，那么系统将会推荐用户更换一位新的代表。如果任何代表被发现签发了一个无效的区块，那么所有标准钱包将在每个钱包进行更多交易前要求选出一位新代表。

④ 抵抗攻击。在抵抗攻击上，前 n 位代表所获得的权力是相同的，即每位代表都有一项平等的投票权，因此，无法通过获得超过 1% 的选票而将权力集中到单一代表上。由于只有 n 位代表，不难想象一个攻击者可以对每位轮到生产区块的代表依次进行拒绝服务攻击。幸运的是，由于每位代表的标识是其公钥而非 IP 地址，这种特定攻击的威胁很容易被减轻。这将使确定 DDoS（分布式拒绝服务）攻击目标更为困难。而代表之间的潜在连接将使妨碍他们生产区块变得更为困难。

其伪代码如下。

```
for round i // 分成很多个 round，round 无限持续
    dlist_i = get N delegates sort by votes // 根据投票结果选出得票率最高的 N 个受托人
    dlist_i = shuffle(dlist_i) // 随机改变顺序
    loop //round 完了，退出循环
        slot = global_time_offset / block_interval
        pos = slot % N
        if dlist_i [ pos ] exists in this node //delegate 在这个节点
            generateBlock(keypair of dlist_i [ pos ] ) // 产生 block
        else
            skip
```

DPoS 的优点在于大幅缩小参与验证和记账节点的数量，可以达到秒级的共识验证，从而使区块链数字资产的交易速度接近 VISA 等中心化结算系统，满足现代商业交易量的需求。其缺点是整个共识机制还是依赖于"虚拟货币"，前期"虚拟货币"的产生仍需要进行"挖矿"，而一些商业

应用是不需要"虚拟货币"的。

目前使用 DPoS 共识机制的代表项目有比特股（BitShares）、Steemit、EOS、Asch 等，由于其带来的数据吞吐量与交易效率的显著提升（如 EOS 目前可以达到 1.5s 的平均确认速度，以及 3 300TPS 的数据吞吐量。通过并行链的方式，EOS 未来理论上可以达到毫秒级的确认速度、最高一百万 TPS 的数据吞吐量），正受到越来越多的关注。

7.4.3 ▷ 基于投注的共识机制

投注共识是以太坊下一代的共识机制 Casper（鬼马小精灵）引入的一个全新概念，属于 PoS。Casper 的共识是按区块达成的，而不是像 PoS 那样按链达成的。

为了防止验证者在不同的网络中提供不同的投注，还有一个简单、严格的条款：如果你两次的投注序号一样，或者说你提交了一个无法让 Casper 依照合约处理的投注，你将失去所有保证金。从这一点可以看出，Casper 与传统 PoS 不同的是，Casper 有惩罚机制，这样非法节点通过恶意攻击网络不仅得不到交易费，而且还面临着保证金被没收的风险。

Casper 协议下的验证者需要完成出块和投注两个活动，具体如下。

出块是一个独立于其他所有事件而发生的过程，验证者收集交易，当轮到他们的出块时间时，他们就制造一个区块并签名，然后发送到网络上。投注的过程更为复杂一些，目前 Casper 默认的验证者策略被设计为模仿传统的拜占庭容错共识：观察其他的验证者如何投注，取 33% 处的值，向 0 或者 1 进一步移动。

而客户端确认当前状态的过程是这样的：一开始先下载所有的区块和投注，然后用上面的算法来形成自己的意见，但是不公布意见；它只要简单地按顺序在每个高度进行观察，如果一个区块的概率高于 50% 就处理它，否则就跳过它。在处理所有的区块之后所得到的状态就可以显示为区块链的"当前状态"。客户端还可以给出对于"最终确定"的主观看法：如果高度 k 之前的每个区块形成的意见高于 99.999% 或者低于 0.001%，那么客户端就可以认为前 k 个区块已经最终确定。

7.4.4 ▷ 基于认证的共识机制

由于 7.4.3 节介绍的 Casper 共识机制距离真正使用仍有一段距离，为了弥补这段时间的空缺，以太坊 go team 的 leader Péter Szilágyi 提出了一种基于认证的共识机制——Proof of Authortiy（PoA），又称 Clique 算法。这种算法的原理十分简单，即网络中的每一个区块是由某一个认证节点进行认证的，其他节点仅需要验证认证信息来判断该区块是否合法。下面从区块的认证与认证节点的维护两方面来介绍 Clique 算法。

1. 区块的认证

在 Clique 算法中，节点可以分为两类：认证节点和非认证节点。前者具有为一个区块签名的权利，可以对应 PoW 共识机制中的矿工节点；后者不具备签名的权利，是区块链网络中的普通同步节点。两者可以相互转换，而这种动态管理所有认证节点的机制也是 Clique 算法的难点与精髓之一。

（1）认证原理

Clique 算法中使用的认证原理非常简单，借用了椭圆曲线数字签名算法进行实现。每一个认证节点，可以利用本地节点的私钥对一个区块的数据进行签名，并将产生的数字签名放置在区块头中；其他节点在接收到该区块后，利用数字签名和区块数据反解出签名节点的公钥信息，并截取出相应的节点地址，若该节点地址在本地节点所维护的认证节点列表中，且该区块通过所有共识相关的检测，则认为该区块是合法的；否则就认为接收到了一个恶意区块。

为了不破坏区块本身的数据结构，Clique 算法在实现时复用了之前定义的字段，将认证节点的签名放在区块头的 extraData 字段中。

（2）机会均等原则

为了使出块的负载（或者说是机会）对于每个认证节点尽量均等，同时避免某些恶意节点持续出块，Clique 算法中规定每一个认证节点在连续的 SIGNER_LIMIT 个区块中最多只能签发一个区块，也就是说，每一轮中，最多只有 SIGNER_COUNT - SIGNER_LIMIT 个认证节点可以参与区块签发。

其中，SIGNER_LIMIT = floor（SIGNER_COUNT / 2）+ 1，SIGNER_COUNT 表示认证节点的个数。

这样设计的目的：在保证好节点的个数大于坏节点的前提下，好节点最少的个数为 SIGNER_LIMIT（大于50%），坏节点最多的个数为 SIGNER_COUNT - SIGNER_LIMIT（小于50%）。一个节点在 SIGNER_LIMIT 这个时间窗口内最多只能签发一个区块，这就使恶意节点处在不超过50%的情况下，从理论上无法一直掌握区块的签发权。

（3）难度计算

在以太坊中，每个节点都会维护一条难度总值最大的区块链作为主链，在其他叉链上的区块成为叔伯区块。因此为了兼容现有的架构，Clique 算法中同样有难度值这个概念。

为了让每个认证节点都有均等的机会去签发一个区块，每个节点在签发时都会判断本节点是不是本轮的 inturn 节点，若是 inturn 节点，则该节点产生的区块难度为2，否则为1。每一轮仅有一个节点为 inturn 节点。

判断是否为 inturn 节点十分简单，将本地维护的认证节点按照字典序排序，若当前区块号除以认证节点个数的余数等于该节点的下标，则该节点为 inturn 节点。

为 inturn 节点设计更高难度值的目的是，使得区块链能够朝着某一个方向进行收敛。倘若所有节点签发区块的难度没有区别，则会出现多条难度相同的叉链导致网络无法达成共识。

但是即便 inturn 节点能够签发高难度区块，其他节点也会参与竞争。这是因为 inturn 节点可能在此期间处于离线状态，其他节点可以弥补 inturn 节点的空缺，继续为网络签发区块。不过这也就会导致这一轮可能会有若干条不同状态的区块链产生（因为其他节点签发的难度值相同），这种状态最终会通过下一轮或者下几轮 inturn 节点签发的高难度区块而达到收敛。

（4）区块分发

Clique 算法每一轮出块的间隔时间是可配置的，假设每一轮出块的时间配置为 10s，那么每个认证节点在完成一个区块的签名流程后，会计算当前区块的时间戳，计算方式为父区块的时间加上 10s，并且延迟至该时间才向外广播区块。

但是在一轮区块竞赛中，网络中会有 SIGNER_COUNT - SIGNER_LIMIT 个认证节点可以参与签发区块，为了避免网络拥堵以及不必要的区块链重组，在每个节点完成签发，分发区块之前，采用了非 inturn 节点延迟分发的优化。

具体的策略为非 inturn 节点随机延迟 rand（SIGNER_LIMIT）×500ms 的时间，而 inturn 节点不增加额外的延迟时间。

（5）区块验证

普通节点在收到一个新区块时，会从区块头的 extraData 字段中取出认证节点的签名，利用标准的 spec256k1 椭圆曲线进行反解公钥信息，并且从公钥中截取出签发节点的地址，若该节点是认证节点，且该节点本轮拥有签名的权限，则认为该区块为合法区块。

2. 认证节点维护

Clique 算法的区块认证机制十分简单，难点在于如何动态地维护认证节点列表信息。因此，Clique 算法中采用了一种基于投票的认证节点维护机制。

以下为几个基本概念。

（1）Signer

认证节点。

（2）Purposal

用户可以利用 RPC 接口发起一次 Purposal，指定要加入或移除某一个认证节点。一个 Purposal 的结构为，需要改变状态的认证节点的地址和新状态。

（3）Vote

每个认证节点在每一轮签发区块时，都会从 Pending 状态的 Purposal 池里随机挑选一个 Purposal，并将 Purposal 的目标节点地址填在 beneficiary 字段中，将新状态填在 Nonce 字段中，以此作为一次投票。

（4）Tally

每个认证节点本地会维护一个投票结果计数器 Tally，其中记录了每一个被选举节点的新状态（加入或移除）、已经获取的票数。一旦获得票数超过半数，就立即更改认证节点的状态。

Clique 算法的一次投票流程如下。

① 用户通过 RPC 接口发起一次请求，要求对地址为 a 的节点进行状态变更，将其从普通节点变为认证节点或者从认证节点变为普通节点。生成的请求会缓存在本地的 Purposal 池中，等待应用。

② 本地认证节点在一次区块打包的过程中，从 Purposal 池中随机挑选一条还未被应用的 Purposal，并将信息填入区块头，将区块广播给其他节点。

③ 其他节点在接收到区块后，取出其中的信息，封装成一个 Vote 进行存储，并将投票结果应用到本地，若关于目标节点的状态更改获得的一致投票超过半数，则更改目标节点的状态。若新增认证节点，将目标节点的地址添加到本地的认证节点的列表中。若删除认证节点，将目标节点的

地址从本地的认证节点列表中删除。

较为复杂的情况是删除一个认证节点。由于认证节点的减少,导致之前还未到达共识的 Purposal 由于节点数的减少而达到了一致,也就是说在一次投票应用的过程中,可能会有多个 Purposal 同时达到满足条件。针对这种情况,Clique 算法规定在一个投票应用中,只能对 beneficiary 字段指定的地址进行状态变更,而对于其他的 Purposal,需要等待下一次 beneficiary 字段与其目标地址一致时才可以被触发。

> **注意** 由于可能发生区块链重组的情况,因此即便一个新的认证节点被加入,或者被删除,都有可能发生回滚。

(5) Checkpoint

为了防止某些恶意节点不断地发起 Purposal,导致每个节点在内存中维护大量的投票统计信息,Clique 算法加入了一个 Checkpoint 机制。每隔一个时期,所有节点将 pending 状态的投票信息、统计信息都删除,并在这个区块头中填入当前所有认证节点的地址信息,供其他节点进行一次状态同步。

这样做的优势是,避免了维护统计信息无限增大的内存开销,使得新加入的节点不必从头同步区块数据,来重放投票过程生成认证节点地址列表,而直接通过 Checkpoint 的区块获取完整的认证节点地址(如 fast sync)。

7.5 其他常见的公有链共识机制

由于近几年区块链技术的迅猛发展,各种新技术的应用层出不穷,在公有链共识机制方面,除了前文所介绍的 PoW 和 PoS 两种常见的共识机制外,还出现了不少新的共识机制,在各自的应用领域占有一席之地。由于新的共识机制不断涌现,本节仅介绍重要性证明这种目前影响较广的共识机制。

重要性证明（Proof of Importance，PoI）是一种新型的共识机制，它使用网络理论来分配每个账户在网络中的重要性的评级，将信誉作为重要性元素，引入到分布式共识机制中，即只需要向整个经济体证明自己的重要性（信誉）来获取区块奖励。这样它也无须特殊的挖矿硬件，故省电环保，有助于解决令人头疼的地球高碳排放带来的温室变暖问题。很显然，重要性证明可以解决比特币生态中的大量资源浪费和挖矿设备之间的竞争问题，除此之外，在重要性证明方案下，有钱并不意味着重要，它更看重的是交易量、活跃度，以及和谁做交易，这些特性可以去除其他所有 PoS 系统都拥有的弊端，即进入让富者更富这样的循环。

本质上，PoI 是指分析交易状态后对节点进行聚类的方法。它使用各个节点的交易量和余额作为指标，计算每个节点的重要性，并将哈希计算中的优先级分配给重要的节点，集群可以检测某些可能进行非法交易的节点。

7.6 拜占庭共识机制

7.1 节介绍了拜占庭将军问题，知道如果叛徒的数量大于或等于 1/3，那么拜占庭问题不可解，这个 1/3 也被称为拜占庭容错，三模冗余是完全无法容错的（也就是说无解，不可能保持一致性）。

7.6.1 ▷ 拜占庭容错系统

拜占庭将军问题的复杂性可以用计算机容错学的概念来表述。根据对所在系统中节点限制的多少，容错系统可分为不同概念层次。若节点一旦发生故障就不再与其他节点有任何交互，该类容错被称为崩溃停止容错。若节点崩溃前能把状态完整地保存在持久存储器上，重新启动后可以按照以前的状态继续执行和通信，则被称为遗漏容错。而拜占庭容错是容错系统中最难处理的情况之一，在这种情况下，一个节点可以完全不按程序逻辑执行，对它的调用会返回随意或混乱的结果。

在中本聪发明区块链之前，拜占庭容错技术是解决拜占庭将军问题这一类分布式系统容错技术的通用方案，要实现这一方案，需要构造拜占庭容错系统。

拜占庭容错系统是指，一个拥有 n 个节点的系统，系统中发生故障的节点称为拜占庭节点；正常的节点称为非拜占庭节点。整个系统，对每个请求满足如下条件。

① 所有非拜占庭节点使用相同的输入信息，产生同样的结果。

② 如果输入的信息正确，那么所有非拜占庭节点必须接收这个信息，并计算相应的结果。

与此同时，在拜占庭容错系统的实际运行过程中，一般假设系统中拜占庭节点不超过 m 台，并且对每个请求满足如下 2 个指标。

① 安全性（Security）。每个节点保证相同的输入序列，并在每个节点产生相同的输出结果。当节点接收到相同顺序的交易时，每个节点将发生相同的状态改变。算法的执行结果必须与单节点相同依次执行每个交易的结果一致。

② 存活性（Liveness）。在没有通信故障的情况下，可以接受并且执行非拜占庭客户端的请求，不会被任何因素影响而导致非拜占庭客户端的请求不能执行。

拜占庭容错系统目前普遍采用的假设条件如下。

① 拜占庭节点的行为可以是任意的，拜占庭节点之间可以共谋。

② 节点之间的错误是不相关的。

③ 节点之间通过异步网络连接，网络中的消息可能丢失、乱序、延时到达。

④ 服务器之间传递的信息，第三方可以知晓，但是不能篡改、伪造信

息的内容和验证信息的完整性。

7.6.2 ▷ 实用拜占庭容错

由卡斯特罗（Castro）和利斯科夫（Liskov）在 1999 年提出的实用拜占庭容错（Practical Byzantine Fault Tolerance，PBFT）是第一个得到广泛应用的拜占庭容错共识机制。在 PBFT 共识机制中，能容忍不超过系统全部节点数量 1/3 的拜占庭节点发生"背叛"，即只要系统中有不少于 2/3 的节点是正常工作的，就可以保证一致性。PBFT 共识机制解决了原始拜占庭容错共识机制效率不高的问题，使拜占庭共识机制协议的运行复杂度从指数级别降低到多项式级别，使其在分布式系统中应用成为可能。

PBFT 共识机制通常假设故障节点数为 m 个，而整个服务节点数为 $3m+1$ 个。PBFT 共识机制的总体过程：客户端向主节点发送请求调用服务操作，如"<REQUEST, o, t, c>"，这里客户端 c 请求执行操作 o，时间戳 t 用来保证客户端请求只会执行一次。每个由副本节点发给客户端的消息都包含了当前的视图编号，使得客户端能够追踪视图编号，从而进一步推算出当前主节点的编号。客户端通过点对点消息向它自己认为的主节点发送请求，然后主节点自动将该请求向所有备份节点进行广播。

视图编号是连续编号的整数。主节点由公式 $p = v \bmod |R|$ 计算得到，这里的 v 是视图编号，p 是副本编号，$|R|$ 是副本集合的个数。副本发给客户端的响应为"<REPLY, v, t, c, i, r>"，v 是视图编号，t 是时间戳，i 是副本的编号，r 是请求执行的结果。

主节点通过广播将请求发送给其他副本，然后执行如下 3 个阶段的任务。

① 预准备阶段。主节点分配一个序列号 n 给收到的请求，然后向所有备份节点群发预准备消息，预准备消息的格式为"<<PRE-PREPARE, v, n, d, m>"，这里的 v 是视图编号，m 是客户端发送的请求消息，d 是请

求消息 m 的摘要。

② 准备阶段。如果备份节点 i 接受了预准备消息，则进入准备阶段。在准备的同时，该节点向所有副本节点发送准备消息 "<PREPARE, v, n, d, i>"，并且将预准备消息和准备消息写入自己的消息日志。

③ 确认阶段。当 (m, v, n, i) 条件为真的时候，副本 i 将 "<COMMIT, v, n, D(m), i>" 向其他副本节点广播，于是就进入了确认阶段。所有副本都执行请求并将结果发回客户端。客户端需要等待来自不同副本节点的响应，当 m+1 个节点发回相同的结果后，就作为整个操作的最终结果。

如果客户端没有在有限时间内收到回复，请求将向所有副本节点进行广播；如果该请求已经在副本节点处理过了，副本就向客户端重发一遍执行结果；如果请求没有在副本节点处理过，该副本节点将把请求转发给主节点；如果主节点没有将该请求进行广播，那么就认为主节点失效；如果有足够多的副本节点认为主节点失效，则会触发一次视图变更。

图 7-9 展示了一个简化的 PBFT 协议通信模式，其中 C 为客户端，$N_0 \sim N_3$ 表示服务节点，N_0 为主节点，N_3 为故障节点。

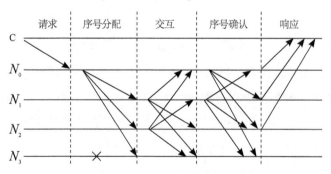

图 7-9 PBFT 协议通信模式

PBFT 共识机制是一种采用"许可投票、少数服从多数"来选举领导者并进行记账的共识机制，该共识机制允许拜占庭容错，允许强监管节点参与，具备权限分级能力，性能更高，耗能更低，而且每轮记账都会由全网节点共同选举领导者，允许 1/3 的节点作恶，容错性为 1/3。由于特别适合联盟链的应用场景，PBFT 共识机制及其改进算法为目前使用最多的联盟链共识机制。目前 IBM 的超级账本项目（HyplerLedger Fabric）和腾讯的区块链就使用了 PBFT 共识机制。

7.6.3 ▷ 授权拜占庭容错

2016 年 4 月，小蚁公司发布共识机制"白皮书"，描述了一种通用的共识机制——授权拜占庭容错，提出了一种改进的拜占庭容错共识机制，使其能够适用于区块链。授权拜占庭容错共识机制在 PBFT 共识机制的基础上进行了以下改进。

① 将 C/S 结构的请求响应模式改进为适合 P2P 网络的对等节点模式。

② 将静态的共识参与节点改进为可动态进入、退出的共识参与节点。

③ 为共识参与节点的产生设计了一套基于持有权益比例的投票机制，通过投票决定共识参与节点（记账节点）。

④ 在区块链中引入数字证书，解决投票中对记账节点真实身份的认证问题。

授权拜占庭容错共识机制的优点：专业化的记账人；可以容忍任何类型的错误；记账由多人协同完成；每一个区块都有最终性，不会分叉；算法的可靠性有严格的数学证明。

授权拜占庭容错共识机制的缺点：当 1/3 及以上的记账人停止工作后，系统将无法提供服务；当 1/3 及以上的记账人联合作恶，且其他所有的记账人被恰好分割为两个网络孤岛时，恶意记账人可以使系统出现分叉，但是会留下密码学证据。

总而言之，授权拜占庭容错共识机制的核心，就是最大限度地确保系统的最终性，使区块链能够适用于真正的金融应用场景。

7.7 传统分布式共识机制

基于传统的分布式共识技术以及数据验证机制，Pool（联营）验证池是目前行业内大范围使用的共识机制。此类共识机制主要解决的是非拜占庭将军问题，即指在分布式系统中的节点仅存在故障，不存在恶意节点的场景下，如何达成共识，其优缺点如下。

优点：不需要通证也可以工作，在成熟的分布式一致性算法（Pasox、Raft）的基础上，实现秒级共识验证。

缺点：去中心化程度不如比特币，不支持拜占庭容错，更适合多方参与的多中心商业模式。

7.7.1 ▷ 帕克索斯算法系列

在很多分布式系统场景下，并不需要解决拜占庭将军问题，也就是说，在这些分布式系统的实用场景下，其假设条件不需要考虑拜占庭故障，而只是处理一般的死机故障。在这种情况下，采用帕克索斯（Paxos）等协议会更加高效。

Paxos是前文拜占庭问题的提出者莱斯利·兰波特（Leslie Lamport）在1990年提出的一种基于消息传递的一致性算法。从工程实践的意义上来说，通过Paxos可以实现多副本一致性、分布式锁、名字管理、序列号分配等。比如，在一个分布式数据库系统中，如果各节点的初始状态一致，每个节点执行相同的操作序列，那么他们最后得到的状态就是一致的。为保证每个节点执行相同的命令序列，需要在每一条指令上执行一个"一致性算法"以保证每个节点看到的指令一致。

除了经典的Paxos（Basic Paxos），基于CAP定理，从不同侧重方面后续又增添多个改进版本的Paxos，形成了Paxos协议系列。但由于Paxos非常复杂，比较难以理解，不容易工程实现，因此后来出现了各种不同的实现和变种。例如，谷歌的GFS、BigTable、MegaStore、Spanner等系统就采用了基于 Paxos 的 Chubby 的分布式锁协议；Yahoo 的 Hadoop 系统采用了类似 Paxos 协议的 Zookeeper 协议。

经典的 Paxos 算法基本思想是，同时满足分布式系统安全性、活跃性、公平性的一致性算法是不存在的，为此兰波特对安全性条件加了限制后，就形成了 Paxos 算法的基础。如果想理解其算法的详细描述，可以参阅兰伯特的论文 *Paxos Made Simple*。

在 Paxos 算法模型中，使用了 Proposer（提案者）、Acceptor（接受者）、Learner（学习者）等角色，其思想类似现代议会制度。在实际系统中，这些不同身份的"人"就是计算机节点，不同的角色可以是不同的服务节点，也可以是同一服务节点兼任。提案发出后，就要争取大多数节点的投票支持，当获得超过一半投票支持的时候，发送一半结果给所有人进行确认，也就是说 Paxos 算法能保证超过一半的节点正常时，系统达成共识。

在实际的区块链中，必然会出现"多个提案者+多个接受者"的情况，例如，比特币中发送交易的节点不止一个，矿工不止一个，接收区块进行验证的节点也不止一个。为解决这样的问题，Paxos 算法引入了"两阶段提交"的方案。所谓两阶段，即"准备"和"提交"两个阶段，其中"准备"阶段解决对哪个提案进行投票的问题，"提交"阶段解决确认最终值的问题。

在准备阶段，可能一直会有新的提案产生，因此类似比特币系统，每隔一段时间进行一次打包，而打包者只能有一个。在提交阶段，如果一个提案者在准备阶段接收到大多数节点的回复，则会发出确认消息，如果再次收到大多数的回复，则保持原先的提案编号和内容；如果收到的消息中有更新的提案，则替换为更新的内容；如果没有收到大多数的回复，则再次发出请求，等待其他节点的回复确认。当接受者发现提案号与自己目前保留的一致时，则对提案进行确认。

从 Paxos 算法的描述可以看出，其适用于相对私有且网络环境较好的情况。因为"收到大多数的回复"本身就是节点自身的一个评估，在公共网络中，尤其在节点总数不固定的情况下，节点并没有很好的办法来判断到底多少才算是大多数的回复。

7.7.2 ▷ Raft 算法

Raft 算法最初是一个用于管理复制日志的共识机制，由斯坦福大学的 Diego Ongaro 和 John Oueterhout 设计并于 2013 年底公开发布。它是一个为真实世界应用建立的协议，主要注重协议的落地性和可理解性。Raft 算法是在非拜占庭容错下达成共识的强一致协议。

较之 Paxos 算法的复杂性，Raft 算法更容易理解、实现，可以看作 Paxos 的简化版本，不过它是 Strong Leadership 的，也就是说，任意包含 Leader 的时刻，Leader 拥有完全记账权，如果此 Leader 节点是恶意的，后果不堪设想。且 Leadership 的一致性算法都有个通病，吞吐量受单个节点的限制，这点在 Raft 算法上体现尤甚。

在区块链中，使用 Raft 算法实现记账共识的过程可以这样描述：首先选举一个 Leader，接着赋予 Leader 完全的权力管理记账，Leader 从客户端接收记账请求，完成记账操作，生成区块，并复制到其他记账节点；有了 Leader 就简化了记账操作的管理，例如，Leader 能够决定是否接受新的交易记录项而无须考虑其他的记账节点，Leader 可能失效或与其他节点失去联系，这时，系统就会选出新的 Leader。

给定 Leader 的方法，Raft 算法将共识问题分解为 3 个相对独立的子问题。

① Leader 选举：现有的 Leader 失效时，必须选出新 Leader。

② 记账：Leader 必须接受来自客户端的交易记录项，在参与共识记账的节点中进行复制，并使其他的记账节点认可交易所对应的区块。

③ 安全：若某个记账节点对其状态机应用了某个特定的区块项，其他的服务器不能对同一个区块索引应用不同的命令。

一个 Raft 集群通常包含 5 个服务器，允许系统有两个故障服务器。每个服务器处于 3 个状态之一：领导者（Leader）、跟随者（Follower）或候选者（Candidate）。正常操作状态下，仅有一个 Leader，其他的服务器均为 Follower。Follower 是被动的，不会对自身发出请求而是对来自 Leader 和 Candidate 的请求做出响应。Leader 处理所有的客户端请求（若客户端联系 Follower，则该 Follower 将转发给 Leader）。Candidate 状态用来选举 Leader。

Raft 算法运行阶段主要分为两个，首先是 Leader 选举过程，然后在选举出来的 Leader 基础上进行正常操作，如日志复制、记账等。

1. Leader 选举

当 Follower 在选举超时时间内未收到 Leader 的心跳消息时，则转换为 Candidate 状态。为了避免选举冲突，这个超时时间是 150～300ms 的一个随机数。

一般而言，在 Raft 算法的系统中：

① 任何一个服务器都可以成为一个 Candidate，它向其他服务器的 Follower 发出选举自己的请求；

② 其他服务器同意了，发出同意，注意，如果在这个过程中，有一个 Follower 宕机，没有收到请求选举的要求，此时 Candidate 可以自己选自己，只要达到 $N/2+1$ 的大多数票，Candidate 还是可以成为 Leader 的；

③ 这样这个 Candidate 就成为 Leader，它可以向选民也就是 Follower 发出指令，如进行记账；

④ 以后通过心跳进行记账的通知；

⑤ 一旦这个 Leader 崩溃了，那么 Follower 中有一个会成为 Candidate，并发出邀请票进行选举；

⑥ Follower 同意后，其成为 Leader，继续承担记账等指导工作。

2. 记账过程

Raft 算法的记账过程按以下步骤完成。

① 假设 Leader 已经选出，这时客户端发出增加一个日志的要求。

② Leader 要求 Follower 遵从他的指令，都将这个新的日志内容追加到他们各自日志中。

③ 大多数 Follower 服务器将交易记录写入账本后，确认追加成功，发出确认成功信息。

④ 在下一个心跳中，Leader 会通知所有 Follower 更新确认的项目。

对于每个新的交易记录，重复上述过程。

如果在这一过程中，发生了网络通信故障，使得 Leader 不能访问大多数 Follower 了，那么 Leader 只能正常更新它能访问的那些 Follower 服务器。而大多数的 Follower 服务器因为没有了 Leader，他们将重新选举一个 Candidate 作为 Leader，然后这个 Leader 作为代表与外界打交道，如果外界要求其添加新的交易记录，这个新的 Leader 就按上述步骤通知大多数 Follower，如果这时网络故障修复了，那么原先的 Leader 就变成 Follower，在失联阶段，这个老 Leader 的任何更新都不能算确认，都回滚，接收新 Leader 的新的更新。

7.8 共识机制总结

前几节内容对当前主要的共识机制进行了介绍，本节对其中分别代表公有链（PoW、PoS 和 DPoS）、联盟链（PBFT）和私有链（Paxos 和 Raft）的这 6 种主要共识机制进行总结，如表 7-2 所示。

表 7-2 比特币区块头字段

特　征	PoW	PoS	DPoS	PBFT	Paxos	Raft
承载交易量	少	少	较少	多	多	多
确认速度	慢	较慢	较快	快	快	快
拜占庭容错	支持	支持	支持	支持	不支持	不支持
权利集中	集中	集中	分散	分散	分散	集中
高效节能	差	较差	一般	好	好	好

从表 7-2 中可以看出，虽然 PoW、PoS 共识机制是目前公有链采用较多的共识机制，但却未必是最好的共识机制。其众多的性能瓶颈不适用于大部分区块链应用系统。DPoS 在 PoW、PoS 共识机制基础上进行了改进，更加节能和高效，但是在应对拜占庭容错时无法将恶意节点的影响降到最小。

PBFT 共识机制的吞吐量很高，以 IBM 的开源项目超级账本为例，其 PBFT 共识机制的吞吐量可以达到每秒万次以上，但是其网络结构是静态类型，如果动态增加节点，则必须重启应用，因此，该共识机制共识节点是固定的，无法动态添加或删除，只适用于数目固定的联盟链或私有链场景，单纯在公有链中用该共识机制意义不大。

Paxos 和 Raft 算法共识机制的吞吐量可达到 1 万~3 万笔/秒，这已经满足了大部分线下金融场景。但是从二者的算法原理来看，主要有两点致命的缺憾，导致其在区块链应用中很受限制。其一是每个消息都在节点中写入日志，Paxos 和 Raft 是面向数据库（日志）的共识机制，而区块链应用系统主要是面向交易，是区块链更加底层的技术。其二是 Paxos 和 Raft 未考虑拜占庭将军问题，它们是建立在对所有节点的信任机制上，假如 Leader 恶意篡改交易信息，那么整个集群将存储错误信息，这对交易系统是无法容忍的。

共识机制作为区块链技术中至关重要的一个组件，备受学术界和企业界关注。良好的共识机制有益于区块链技术在理论和实践中推广。然而，现有的可用于区块链技术的共识机制都不尽完善。对于区块链技术中的共识机制分析，可以从一致性、安全性、扩展性、性能效率、资源消耗等维度综合考量。将 PoW、PoS、Paxos、Raft 和 PBFT 等基本共识机制进行改进和组合是未来共识机制的研究重点。

7.9 实现案例：共识机制

本章前几节对区块链中的共识机制进行了较为详细的介绍，本节结合具体代码，给出比特币系统和以太坊共识机制的实现过程。

7.9.1 ▷ 比特币系统 PoW 共识机制的实现案例

本实例采用 bitcoin-0.15.1 源码，其中区块头和区块定义代码如下。

```
class CBlockHeader
{
public:
    // 版本号
    int32_t nVersion;
    // 上一个区块的哈希值
    uint256 hashPrevBlock;
    // 交易列表的默克尔树根哈希值
    uint256 hashMerkleRoot;
    // 当前时间戳
    uint32_t nTime;
    // 当前挖矿难度，nBits 越小，难度越大
    uint32_t nBits;
    // 随机数 Nonce 的值
    uint32_t nNonce;
    // 其他代码略
};

class CBlock : public CBlockHeader
{
```

```
public:
    // 交易列表
    std::vector<CTransactionRef> vtx;
    // 其他代码略
};
```
// 代码位置 src/primitives/block.h

1. 比特币系统 PoW 共识机制的原理及实现代码

进行 PoW 的过程，即为不断调整 Nonce，使用 SHA256 算法对区块头进行两次哈希计算，使得结果满足给定数量前导 0 的哈希值的过程。其中前导 0 的个数，取决于挖矿难度，前导 0 的个数越多，挖矿难度越大。

具体算法步骤如下。

① 生成通证交易，并与其他所有准备打包进区块的交易组成交易列表，生成默克尔树根哈希值。

② 将默克尔树根哈希值与区块头其他字段组成区块头，80 字节长度的区块头作为 PoW 的输入。

③ 不断变更区块头中的随机数 Nonce，使用 SHA256 算法对变更后的区块头进行两次哈希计算，与当前难度的目标值做比对，如果小于目标难度，即 PoW 完成。

PoW 完成的区块向全网广播，其他节点将验证其是否符合规则，如果验证有效，其他节点将接收此区块，并附加在已有区块链之后。之后将进入下一轮挖矿。

bitcoin-0.15.1 中 PoW 共识机制实现源码如下。

```
UniValue generateBlocks(std::shared_ptr<CReserveScript> coinbaseScript, int nGenerate, uint64_t nMaxTries, bool keepScript)
{
    static const int nInnerLoopCount = 0x10000;
```

```
    int nHeightEnd = 0;
    int nHeight = 0;

    {   // Don't keep cs_main locked
        LOCK(cs_main);
        nHeight = chainActive.Height();
        nHeightEnd = nHeight+nGenerate;
    }
    unsigned int nExtraNonce = 0;
    UniValue blockHashes(UniValue::VARR);
    while (nHeight < nHeightEnd)
    {
        std::unique_ptr<CBlockTemplate> pblocktemplate(BlockAssembler(Params()).CreateNewBlock(coinbaseScript->reserveScript));
        if (!pblocktemplate.get())
            throw JSONRPCError(RPC_INTERNAL_ERROR, "Couldn't create new block");
        CBlock *pblock = &pblocktemplate->block;
        {
            LOCK(cs_main);
            IncrementExtraNonce(pblock, chainActive.Tip(), nExtraNonce);
        }
        // 不断变更区块头中的随机数 Nonce
        // 使用 SHA256 算法对变更后的区块头进行两次哈希计算
        // 与当前难度的目标值做比对,如果小于目标难度,即 PoW 完成
```

```cpp
//uint64_t nMaxTries = 1000000; 即重试100万次
    while (nMaxTries > 0 && pblock->nNonce < nInnerLoopCount && !CheckProofOfWork(pblock->GetHash(), pblock->nBits, Params().GetConsensus())) {
        ++pblock->nNonce;
        --nMaxTries;
    }
    if (nMaxTries == 0) {
        break;
    }
    if (pblock->nNonce == nInnerLoopCount) {
        continue;
    }
    std::shared_ptr<const CBlock> shared_pblock = std::make_shared<const CBlock>(*pblock);
    if (!ProcessNewBlock(Params(), shared_pblock, true, nullptr))
        throw JSONRPCError(RPC_INTERNAL_ERROR, "ProcessNewBlock, block not accepted");
    ++nHeight;
    blockHashes.push_back(pblock->GetHash().GetHex());

    //mark script as important because it was used at least for one coinbase output if the script came from the wallet
    if (keepScript)
    {
        coinbaseScript->KeepScript();
```

```cpp
    }
  }
  return blockHashes;
}
// 代码位置 src/rpc/mining.cpp
```

2. 生成通证交易、实现奖励机制和创建新块具体代码如下

```cpp
std::unique_ptr<CBlockTemplate> BlockAssembler::CreateNewBlock(const CScript& scriptPubKeyIn, bool fMineWitnessTx)
{
    int64_t nTimeStart = GetTimeMicros();

    resetBlock();

    pblocktemplate.reset(new CBlockTemplate());

    if(!pblocktemplate.get())
        return nullptr;
    pblock = &pblocktemplate->block; // pointer for convenience

    pblock->vtx.emplace_back();
    pblocktemplate->vTxFees.push_back(-1); // updated at end
    pblocktemplate->vTxSigOpsCost.push_back(-1); // updated at end

    LOCK2(cs_main, mempool.cs);
    CBlockIndex* pindexPrev = chainActive.Tip();
    nHeight = pindexPrev->nHeight + 1;
```

```
// 版本号
pblock->nVersion = ComputeBlockVersion(pindexPrev, chainparams.GetConsensus());
if (chainparams.MineBlocksOnDemand())
    pblock->nVersion = gArgs.GetArg("-blockversion", pblock->nVersion);


// 当前时间戳
pblock->nTime = GetAdjustedTime();
const int64_t nMedianTimePast = pindexPrev->GetMedianTimePast();

nLockTimeCutoff = (STANDARD_LOCKTIME_VERIFY_FLAGS & LOCKTIME_MEDIAN_TIME_PAST)
                        ? nMedianTimePast
                        : pblock->GetBlockTime();
fIncludeWitness = IsWitnessEnabled(pindexPrev, chainparams.GetConsensus()) && fMineWitnessTx;


int nPackagesSelected = 0;
int nDescendantsUpdated = 0;
addPackageTxs(nPackagesSelected, nDescendantsUpdated);

int64_t nTime1 = GetTimeMicros();

nLastBlockTx = nBlockTx;
nLastBlockWeight = nBlockWeight;
```

```
// 创建 coinbase 交易
CMutableTransaction coinbaseTx;
coinbaseTx.vin.resize(1);
coinbaseTx.vin[0].prevout.SetNull();
coinbaseTx.vout.resize(1);
// 挖矿奖励和手续费
coinbaseTx.vout[0].scriptPubKey = scriptPubKeyIn;
    coinbaseTx.vout[0].nValue = nFees + GetBlockSubsidy(nHeight, chainparams.GetConsensus());
coinbaseTx.vin[0].scriptSig = CScript() << nHeight << OP_0;
// 第一笔交易为矿工获得奖励和手续费的特殊交易
pblock->vtx[0] = MakeTransactionRef(std::move(coinbaseTx));
pblocktemplate->vchCoinbaseCommitment = GenerateCoinbaseCommitment(*pblock, pindexPrev, chainparams.GetConsensus());
pblocktemplate->vTxFees[0] = -nFees;


    LogPrintf("CreateNewBlock(): block weight: %u txs: %u fees: %ld sigops %d\n", GetBlockWeight(*pblock), nBlockTx, nFees, nBlockSigOpsCost);


// 上一个区块的哈希值
pblock->hashPrevBloc = pindexPrev->GetBlockHash();
UpdateTime(pblock, chainparams.GetConsensus(), pindexPrev);
// 当前挖矿难度
  pblock->nBits = GetNextWorkRequired(pindexPrev, pblock, chainparams.GetConsensus());
// 随机数 Nonce
```

```
    pblock->nNonce = 0;
    pblocktemplate->vTxSigOpsCost [ 0 ] = WITNESS_SCALE_FACTOR *
GetLegacySigOpCount(*pblock->vtx [ 0 ] );

    CValidationState state;
    if (!TestBlockValidity(state, chainparams, *pblock, pindexPrev, false, false)) {
        throw std::runtime_error(strprintf("%s: TestBlockValidity failed: %s", __
func__, FormatStateMessage(state)));
    }
    int64_t nTime2 = GetTimeMicros();

    LogPrint(BCLog::BENCH, "CreateNewBlock() packages: %.2fms (%d packages, %d updated descendants), validity: %.2fms (total %.2fms)\n", 0.001 * (nTime1 - nTimeStart), nPackagesSelected, nDescendantsUpdated, 0.001 * (nTime2 - nTime1), 0.001 * (nTime2 - nTimeStart));

    return std::move(pblocktemplate);
}
```

// 代码位置 src/miner.cpp

3. 比特币系统挖矿难度计算

每创建 2 016 个区块后将计算新的难度，此后的 2 016 个区块使用新的难度。计算步骤如下。

① 找到前 2 016 个区块的第一个块，计算生成这 2 016 个区块花费的时间。即最后一个区块的时间与第一个区块的时间差。时间差不小于 3.5 天，不大于 56 天。

② 计算前 2 016 个区块的难度总和，即单个区块的难度 × 总时间。

③ 计算新的难度，即 2 016 个区块的难度总和 /14 天的秒数，得到每秒的难度值。

④ 要求新的难度，难度不低于参数定义的最小难度。

计算挖矿难度源代码如下。

```
//nFirstBlockTime 即前 2 016 个区块的第一个区块的时间戳
unsigned int CalculateNextWorkRequired(const CBlockIndex* pindexLast, int64_t nFirstBlockTime, const Consensus::Params& params)
{
    if (params.fPowNoRetargeting)
        return pindexLast->nBits;

    // 计算生成这 2 016 个区块花费的时间
    int64_t nActualTimespan = pindexLast->GetBlockTime() - nFirstBlockTime;
    // 不小于 3.5 天
    if (nActualTimespan < params.nPowTargetTimespan/4)
        nActualTimespan = params.nPowTargetTimespan/4;
    // 不大于 56 天
    if (nActualTimespan > params.nPowTargetTimespan*4)
        nActualTimespan = params.nPowTargetTimespan*4;

    // Retarget
    const arith_uint256 bnPowLimit = UintToArith256(params.powLimit);
    arith_uint256 bnNew;
    bnNew.SetCompact(pindexLast->nBits);
    // 计算前 2 016 个区块的难度总和
```

```
// 即单个区块的难度 × 总时间
bnNew *= nActualTimespan;
// 计算新的难度
// 即 2 016 个区块的难度总和 /14 天的秒数
bnNew /= params.nPowTargetTimespan;


//bnNew 越小，难度越大
//bnNew 越大，难度越小
// 要求新的难度，难度不低于参数定义的最小难度
if (bnNew > bnPowLimit)
    bnNew = bnPowLimit;


return bnNew.GetCompact();
}
// 代码位置 src/pow.cpp
```

7.9.2 ▷ 以太坊 PoW 共识机制的实现案例

本实例采用以太坊 go-ethereum-1.7.3 版本，其中区块头和区块定义代码如下。

```
type Header struct {
    // 父区块哈希
    ParentHas   common.Hash
    // 叔伯区块哈希
    UncleHas    common.Hash
    // 矿工地址
    Coinbas     common.Address
```

```
    //StateDB 中 state Trie 根节点 RLP 哈希值
    Roo     common.Hash
    //Block 中 tx Trie 根节点 RLP 哈希值
    TxHas    common.Hash
    //Block 中 Receipt Trie 根节点 RLP 哈希值
    ReceiptHash common.Hash
    Bloo    Bloom
    // 区块难度
    Difficult  *big.Int
    // 区块序号
    Numbe   *big.Int
    // 区块内所有 Gas 消耗的理论上限
    GasLimi  *big.Int
    // 区块内所有 Transaction 执行时消耗的 Gas 总和
    GasUse   *big.Int
    // 当前时间戳
    Tim     *big.Int
    Extr    [ ] byte
    MixDiges  common.Hash
    // 随机数 Nonce 值
    Nonc    BlockNonce
}

type Body struct {
    // 交易列表
    Transactions [ ] *Transaction
```

```
    // 引用的叔伯区块列表
    Uncle    [ ] *Header
}
```
// 代码位置 core/types/block.go

1. 以太坊 PoW 共识机制的原理

以太坊 PoW 共识机制可以表示为如下公式。

$$RAND(h, n) < M/d$$

上式中，RAND() 表示一个概念函数，代表一系列的复杂运算。h 和 n 为输入，即区块头的哈希以及其中的 Nonce；M 表示一个极大的数，此处使用 $2^{256}-1$；d 为区块难度。因此在 h 和 n 确定的情况下，d 越大，挖矿难度越大。不断变更 Nonce，使 RAND(h, n) 满足 RAND(h, n) ≤ M/d，即完成 PoW。

go-ethereum-1.7.3 源码中 PoW 共识机制的实现如下。

```
func (ethash *Ethash) mine(block *types.Block, id int, seed uint64, abort chan struct{}, found chan *types.Block) {
    // Extract some data from the header
    var (
        header = block.Header()
        has    = header.HashNoNonce().Byte s()
        //target，即 M / d，即 (2^256-1)/d
        target = new(big.Int).Div(maxUint256, header.Difficulty)

        numbe  = header.Number.Uint64()
        dataset = ethash.dataset(number)
    )
    // Start generating random nonces until we abort or find a good one
```

```
var (
    attempts = int64(0)
    nonc     = seed
)
logger := log.New("miner", id)
logger.Trace("Started ethash search for new nonces", "seed", seed)
for {
    select {
    case <-abort:
        // Mining terminated, update stats and abort
        logger.Trace("Ethash nonce search aborted", "attempts", nonce-seed)
        ethash.hashrate.Mark(attempts)
        return

    default:
        // We don't have to update hash rate on every nonce, so update after
        after 2^X nonces
        attempts++
        if (attempts % (1 << 15)) == 0 {
            ethash.hashrate.Mark(attempts)
            attempts = 0
        }
        //hashimotoFull 即 RAND(h, n) 所代表的一系列的复杂运算
        digest, result := hashimotoFull(dataset, hash, nonce)
        //result 满足 RAND(h, n  <  M / d
        if new(big.Int).Set Byte s(result).Cmp(target) <= 0 {
```

```
        // Correct nonce found, create a new header with it
        header = types.CopyHeader(header)
        header.Nonce = types.EncodeNonce(nonce)
        header.MixDigest = common.ByteSToHash(digest)

        // Seal and return a block (if still needed)
        select {
        case found <- block.WithSeal(header):
            logger.Trace("Ethash nonce found and reported", "attempts", nonce-seed, "nonce", nonce)
        case <-abort:
            logger.Trace("Ethash nonce found but discarded", "attempts", nonce-seed, "nonce", nonce)
        }
        return
    }
    // 不断变更 Nonce
    nonce++
  }
 }
}
// 代码位置 consensus/ethash/sealer.go
```

2. 以太坊挖矿难度计算

以太坊每次挖矿均需计算当前区块难度。

按版本不同有3种计算难度的规则，分别为 calcDifficultyByzantium（Byzantium 版）、calcDifficultyHomestead（Homestead 版）、calcDifficultyFrontier（Frontier 版）。此处以 calcDifficultyHomestead 为例。

计算难度时的输入如下。

parent_timestamp：父区块时间戳。

parent_diff：父区块难度。

block_timestamp：当前区块时间戳。

block_number：当前区块的序号。

当前区块难度计算公式，即：

block_diff = parent_diff+(parent_diff / 2048 * max(1 - (block_timestamp - parent_timestamp) // 10, -99)+ 2^((block_number // 100000) - 2)

其中，// 为整数除法运算符，$a//b$，即先计算 a/b，然后取不大于 a/b 的最大整数。

调整难度的目的，即为使挖矿时间保持在 10 ~ 19s 内，如果低于 10s 增大挖矿难度，如果大于 19s 将减小难度。另外，计算出的当前区块难度不应低于以太坊创世区块难度，即 131 072。

go-ethereum-1.7.3 源码中计算挖矿难度代码如下。

```go
func calcDifficultyHomestead(time uint64, parent *types.Header) *big.Int {
    // algorithm:
    // diff = (parent_diff + (parent_diff / 2048 * max(1 - (block_timestamp - parent_timestamp) // 10, -99))) + 2^(periodCount - 2)

    bigTime := new(big.Int).SetUint64(time)
    bigParentTime := new(big.Int).Set(parent.Time)


    // holds intermediate values to make the algo easier to
    // read & audit
    x := new(big.Int)
```

```
y := new(big.Int)

// 1 - (block_timestamp - parent_timestamp) // 10
x.Sub(bigTime, bigParentTime)
x.Div(x, big10)
x.Sub(big1, x)

// max(1 - (block_timestamp - parent_timestamp) // 10, -99)
if x.Cmp(bigMinus99) < 0 {
    x.Set(bigMinus99)
}

// (parent_diff + parent_diff // 2048 * max(1 - (block_timestamp - parent_timestamp) // 10, -99))
y.Div(parent.Difficulty, params.DifficultyBoundDivisor)
x.Mul(y, x)
x.Add(parent.Difficulty, x)

// minimum difficulty can ever be (before exponential factor)
if x.Cmp(params.MinimumDifficulty) < 0 {
    x.Set(params.MinimumDifficulty)
}
// for the exponential factor
periodCount := new(big.Int).Add(parent.Number, big1)
periodCount.Div(periodCount, expDiffPeriod)

// the exponential factor, commonly referred to as "the bomb"
```

```
// diff = diff + 2^(periodCount - 2)
if periodCount.Cmp(big1) > 0 {
    y.Sub(periodCount, big2)
    y.Exp(big2, y, nil)
    x.Add(x, y)
}
return x
}
// 代码位置 consensus/ethash/consensus.go
```

7.9.3 ▷ 以太坊的 PoS 共识机制的实现原理

Clique 结构体实现了共识机制接口 Engine 的所有方法，它可对区块进行 Seal 操作。如果 Ethereum.engine 配置为 clique.Clique，根据当前节点的矿工地址（默认是 acounts [0]），配置 Clique 的签名者 clique.Authorize（eb，wallet.SignHash)，其中签名函数是 SignHash，对给定的哈希值进行签名。

```
func (s *Ethereum) StartMining(local bool) error {
    eb, err := s.Etherbase()// 用户地址
    if err != nil {
        log.Error("Cannot start mining without etherbase", "err", err)
        return fmt.Errorf("etherbase missing: %v", err)
    }
    if clique, ok := s.engine.(*clique.Clique); ok {
        // 如果是 Clique 共识机制
        wallet, err := s.accountManager.Find(accounts.Account{Address: eb})
        // 根据用户地址获取 wallet 对象
```

```
        if wallet == nil || err != nil {
            log.Error("Etherbase account unavailable locally", "err", err)
            return fmt.Errorf("signer missing: %v", err)
        }
        clique.Authorize(eb, wallet.SignHash)
        // 注入签名者以及 wallet 对象获取签名方法
    }
    if local {
        // 如果本地 CPU 已开始挖矿，可以禁用引入的交易拒绝机制来加速同步时间。CPU 挖矿在主网是荒诞的，所以没有人能碰到这个路径，然而一旦 CPU 挖矿同步标志完成以后，将保证私网工作也在一个独立矿工节点
        atomic.StoreUint32(&s.protocolManager.acceptTxs, 1)
    }
    go s.miner.Start(eb)
    return nil
}
```

这个 StartMining 会在 miner.start 前调用，然后通过 woker → agent → CPUAgent → update → seal 挖掘区块和组装。

Clique 的代码块在 go-ethereum/consensus/clique 路径下。和 Ethash 一样，在 clique.go 中实现了 consensus 的接口，consensus 定义了下面这些接口。

```
type Engine interface {
    Author(header *types.Header) (common.Address, error)

    VerifyHeader(chain ChainReader, header *types.Header, seal bool) error

    VerifyHeaders(chain ChainReader, headers [ ] *types.Header, seals [ ]
```

```
    bool) (chan<- struct{}, <-chan error)

    VerifyUncles(chain ChainReader, block *types.Block) error

    VerifySeal(chain ChainReader, header *types.Header) error

    Prepare(chain ChainReader, header *types.Header) error

    Finalize(chain ChainReader, header *types.Header, state *state.StateDB, txs
[ ] *types.Transaction,
        uncles[ ] *types.Header, receipts[ ] *types.Receipt) (*types.Block, error)

    Seal(chain ChainReader, block *types.Block, stop <-chan struct{}) (*types.
Block, error)

    CalcDifficulty(chain ChainReader, time uint64, parent *types.Header) *big.Int

    APIs(chain ChainReader)[ ] rpc.API
}
```

Engine.Seal() 函数可对一个调用过 Finalize() 的区块进行授权或封印，成功时返回的区块全部成员齐整，可视为一个正常区块，可被广播到整个网络，也可以被插入区块链等。对于挖掘一个新区块来说，所有相关代码里的 Engine.Seal() 是其中最重要、最复杂的一步，所以这里首先来看下 Clique 结构体。

```
type Clique struct {
    config *params.CliqueConfig        // 共识引擎配置参数
```

```
    d    ethdb.Databas              // 数据库,用来存储和获取快照检查点
    recent   *lru.ARCCache          // 最近区块快照,加速快照重组
    signatures *lru.ARCCache        // 最近区块签名,加速挖矿
    proposals map [ common.Address ] bool    // 目前正在推送的提案
    signer common.Address           // 签名者的以太坊地址
    signFn SignerF                  // 授权哈希的签名方法
    loc   sync.RWMute               // 用锁来保护签名字段
}
```

接下来看一下 CliqueConfig 共识引擎的配置参数结构体。

```
type CliqueConfig struct {
    Period uint64 `json:"period"`   // 在区块之间执行的秒数
    Epoc  uint64 `json:"epoch"`// Epoch 长度,重置投票和检查点(比如 Epoch 长度是 30 000 个区块,每次进入新的 epoch,前面的投票都被清空,重新开始记录)
}
```

一开始的 StartMining 中,通过 Clique. Authorize 来注入签名者和签名方法,先来看下 Authorize。

```
func (c *Clique) Authorize(signer common.Address, signFn SignerFn) {
    c.lock.Lock()
    defer c.lock.Unlock()
    // 这个方法就是为 Clique 共识注入一个签名者的私钥地址以及签名函数 signFn,用来挖出新块
    c.signer = signer
    c.signFn = signFn
}
```

再来看 Clique 的 Seal() 函数的具体实现。

```go
// 通过本地签名认证创建已密封的区块
func (c *Clique) Seal(chain consensus.ChainReader, block *types.Block, stop <-chan struct{}) (*types.Block, error) {
    header := block.Header()

    // 不密封创世区块
    number := header.Number.Uint64()
    if number == 0 {
        return nil, errUnknownBlock
    }
    // 不支持 0-period 的链，不支持空块密封，没有奖励但是能够密封
    if c.config.Period == 0 && len(block.Transactions()) == 0 {
        return nil, errWaitTransactions
    }
    // 在整个密封区块的过程中不要持有 signer 签名者字段
    c.lock.RLock()
    signer, signFn := c.signer, c.signFn // 上锁获取 config 中的签名者和签名方法
    c.lock.RUnlock()

    snap, err := c.snapshot(chain, number-1, header.ParentHash, nil)
    // 调用获取快照
    // 校验处理：如果未经授权签名了一个区块
    if err != nil {
        return nil, err
    }
    // 检查是否被授权签名一个区块
```

```go
        if _, authorized := snap.Signers[signer]; !authorized {
            return nil, errUnauthorized
        }
        // 如果在"最近签名者"中，则等待下一个区块
        for seen, recent := range snap.Recents {
            if recent == signer {
                // 当前签名者在"最近签名者"中，如果当前区块没有剔除他的话只能等待（这里涉及机会均等）
                if limit := uint64(len(snap.Signers)/2 + 1); number < limit || seen > number-limit {
                    log.Info("Signed recently, must wait for others")
                    <-stop
                    return nil, nil
                }
            }
        }
        // 通过以上校验，到这说明协议已经允许我们来签名这个区块，等待我们的时间
        delay := time.Unix(header.Time.Int64(), 0).Sub(time.Now()) // nolint: gosimple
        if header.Difficulty.Cmp(diffNoTurn) == 0 {
            // 这不是我们的签名轮次，延迟一点，随机延迟，这样对于每一个签名者来说允许并发签名
            wiggle := time.Duration(len(snap.Signers)/2+1) * wiggleTime
            delay += time.Duration(rand.Int63n(int64(wiggle)))
```

```
        log.Trace("Out-of-turn signing requested", "wiggle", common.
PrettyDuration(wiggle))
    }
        log.Trace("Waiting for slot to sign and propagate", "delay", common.
PrettyDuration(delay))

    select {
    case <-stop:
        return nil, nil
    case <-time.After(delay):
    }
    // 通过 signFn 签名函数开始签名
    sighash, err := signFn(accounts.Account{Address: signer}, sigHash(header).Bytes())
    if err != nil {
        return nil, err
    }
    // 将签名结果替换保存在区块头的 Extra 字段中（专门支持记录额外信息）
    copy(header.Extra[len(header.Extra)-extraSeal:], sighash)
    // 通过区块头重新组装生成一个区块
    return block.WithSeal(header), nil
}
```

Seal 是共识引擎的入口之一，该函数通过 clique.signer 对区块签名；signer 不在 snapshot 的 signer 中，则不允许签名；signer 不是本区块的签名者，则需要延时随机一段时间后再签名，是本区块的签名者则直接签名；签名存放在 Extra 的 extraSeal 的 65 个字节中。

关于机会均等的具体实现如下。

```
//snap.Signers 是所有的认证节点
for seen, recent := range snap.Recents {
    if recent == signer {
        if limit := uint64(len(snap.Signers)/2 + 1); number < limit || seen > number-limit
        {
            log.Info("Signed recently, must wait for others")
            <-stop
            return nil, nil
        }
    }
}
```

关于难度计算，正文前文所说，为了让每个认证节点都有均等的机会去签发一个区块，每个节点在签发时都会判断本节点是不是本轮的 inturn 节点，若是 inturn 节点，则该节点产生的区块难度为 2，否则为 1。每一轮仅有一个节点为 inturn 节点。

```
diffInTurn = big.NewInt(2)
diffNoTurn = big.NewInt(1)
```

当 inturn 节点离线时，其他节点会来竞争，难度值降为 1。然而正常出块时，limit 中的所有认证节点包括一个 inturn 节点和其他的 noturn 节点，Clique 采用给 noturn 加延迟时间的方式来支持 inturn 节点首先出块，避免 noturn 节点无谓生成区块，上面的延时代码段已经有体现了。

判断是否为 inturn 节点的代码实现在 snapshot.go 中，如下所示。

```
// 通过给定的区块高度和签发者返回判断该签发者是否在轮次内
func (s *Snapshot) inturn(number uint64, signer common.Address) bool {
    signers, offset := s.signers(), 0
```

```
        for offset < len(signers) && signers [ offset ]!= signer {
            offset++
        }
        return (number % uint64(len(signers))) == uint64(offset)
}
```

Seal() 代码中有获取快照,然后从快照中来检查授权区块签名者的逻辑,那么我们继续来看下 Snapshot 对象,首先看下 Snapshot 的结构体。

```
// Snapshot 对象是在给定时间点的一个认证投票的状态
type Snapshot struct {
    confi   *params.CliqueConfig // 共识引擎配置参数
    sigcache *lru.ARCCach      // 签名缓存,最近的区块签名加速恢复
    Numbe   uint6    `json:"number"`// 快照建立的区块号
    Has     common.Has `json:"hash"`// 快照建立的区块哈希
    Signers map [ common.Address ] struct{} `json:"signers"` // 当下认证签名者的列表
    Recents map [ uint64 ] common.Address `json:"recents"` // 最近担当过数字签名算法的 signer 的地址
    Vote   [ ] *Vot `json:"votes"`// 按时间顺序排列的投票名单
    Tall   map [ common.Address ] Tall `json:"tally"`// 当前的投票结果,避免重新计算
}
```

快照 Snapshot 对象中存在投票的 Vote 和记票的 Tally 对象,如下所示。

```
// Vote 代表了一个独立的投票,这个投票可以授权一个签名者,更改授权列表
type Vote struct {
    Signe   common.Address `json:"signer"`// 已授权的签名者(通过投票)
    Bloc    uint6         `json:"block"`// 投票区块号
```

```
    Addres  common.Address `json:"address"`// 被投票的账户，修改它的授权
    Authorize boo `json:"authorize"`// 对一个被投票账户是否授权或解授权
}
```

// Tally 是一个简单的用来保存当前投票分数的计分器
```
type Tally struct {
    Authorize bool `json:"authorize"` // 授权 true 或移除 false
    Vote   in `json:"votes"` // 该提案已获票数
}
```

Snapshot 是一个快照，不仅是一个缓存，而且存储了最近签名者的 map。loadSnapshot 用来从数据库中加载一个已存在的快照。

```
func loadSnapshot(config *params.CliqueConfig, sigcache *lru.ARCCache,
db ethdb.Database, hash common.Hash) (*Snapshot, error) {
    // 使用 Database 接口的 Get 方法通过 Key 来查询缓存内容
    blob, err := db.Get(append( [ ] byte ("clique-"), hash [ : ] ...))
    if err != nil {
        return nil, err
    }
    snap := new(Snapshot)
    if err := json.Unmarshal(blob, snap); err != nil {
        return nil, err
    }
    snap.config = config
    snap.sigcache = sigcache

    return snap, nil
```

}

newSnapshot 函数用于创建快照,这个方法没有初始化最近的签名者集合,所以只使用创世区块。

```
func newSnapshot(config *params.CliqueConfig, sigcache *lru.ARCCache, number uint64, hash common.Hash, signers [ ] common.Address) *Snapshot {
    // 组装一个 Snapshot 对象
    snap := &Snapshot{
        config   config,
        sigcache: sigcache,
        Number   number,
        Hash     hash,
        Signers  make(map [ common.Address ] struct{}),
        Recents  make(map [ uint64 ] common.Address),
        Tally    make(map [ common.Address ] Tally),
    }
    for _, signer := range signers {
        snap.Signers [ signer ] = struct{}{}
    }
    return snap
}
```

继续看下 snapshot 函数的具体实现。

```
// 快照会在给定的时间点检索授权快照
func (c *Clique) snapshot(chain consensus.ChainReader, number uint64, hash common.Hash, parents[ ] *types.Header) (*Snapshot, error) {
    // 在内存或者磁盘上查找一个快照来检查检查点 checkpoints
    var (
```

```
    headers [ ] *types.Heade    // 区块头
    sna    *Snapsho    // 快照对象
)
for snap == nil {
    // 如果在内存中找到快照时, 快照对象从内存中取
    if s, ok := c.recents.Get(hash); ok {
        snap = s.(*Snapshot)
        break
    }
    // 如果在磁盘检查点找到快照时
    if number%checkpointInterval == 0 { //checkpointInterval = 1024 表示投
票快照保存到数据库的区块的区块号
        if s, err := loadSnapshot(c.config, c.signatures, c.db, hash); err == nil {log.
Trace("Loaded voting snapshot form disk", "number", number, "hash", hash)
        snap = s
        break
    }
}
// 如果在创世区块, 则新建一个快照
if number == 0 {
    genesis := chain.GetHeaderByNumber(0)
    if err := c.VerifyHeader(chain, genesis, false); err != nil {
        return nil, err
    }
    signers := make( [ ] common.Address, (len(genesis.Extra)-extr aVanity-
extraSeal)/common.AddressLength)
```

```
        for i := 0; i < len(signers); i++ {
                copy(signers[i][:], genesis.Extra[extraVanity+i*common.AddressLength:])
        }
        snap = newSnapshot(c.config, c.signatures, 0, genesis.Hash(), signers)
        if err := snap.store(c.db); err != nil {
                return nil, err
        }
        log.Trace("Stored genesis voting snapshot to disk")
        break
    }
    // 没有对于这个区块头的快照，收集区块头并向后移
    var header *types.Header
    if len(parents) > 0 {
        // 如果我们有明确的父类，从那里挑选（强制执行）
        header = parents[len(parents)-1]
        if header.Hash() != hash || header.Number.Uint64() != number {
            return nil, consensus.ErrUnknownAncestor
        }
        parents = parents[:len(parents)-1]
    } else {
        // 没有明确的父类（或者没有更多的父类），则转到数据库获取
        header = chain.GetHeader(hash, number)
        if header == nil {
            return nil, consensus.ErrUnknownAncestor
        }
```

```
        }
        headers = append(headers, header)
        number, hash = number-1, header.ParentHash
    }
// 找到了之前的快照，将所有的 pedding 块头放在它上面
for i := 0; i < len(headers)/2; i++ {
        headers [ i ] , headers [ len(headers)-1-i ] = headers [ len(headers)-1-i ] , headers [ i ]
        }
        snap, err := snap.apply(headers) // 通过区块头生成一个新的快照
        if err != nil {
                return nil, err
        }
        c.recents.Add(snap.Hash, snap) // 将当前区块的区块哈希值保存到最近区块快照，加速快照重组

        // 如果我们已经生成一个新的检查点快照，保存在磁盘上
        if snap.Number%checkpointInterval == 0 && len(headers) > 0 {
                if err = snap.store(c.db); err != nil {
                        return nil, err
                }
                log.Trace("Stored voting snapshot to disk", "number", snap.Number, "hash", snap.Hash)
        }
        return snap, err
}
```

在 Snapshot 对象中，snap.apply 通过区块头来创建一个新的快照，通过代码来看这个 apply 主要做什么操作。

```go
//apply 将给定的区块头应用于原始头来创建新的授权快照
func (s *Snapshot) apply(headers [] *types.Header) (*Snapshot, error) {
    // 可以传空区块头
    if len(headers) == 0 {
        return s, nil
    }
    // 完整性检查区块头的可用性
    for i := 0; i < len(headers)-1; i++ {
        if headers [i+1] .Number.Uint64() != headers [i] .Number.Uint64() +1 {
            return nil, errInvalidVotingChain
        }
    }
    if headers [0] .Number.Uint64() != s.Number+1 {
        return nil, errInvalidVotingChain
    }
    // 迭代区块头，创建一个新的快照
    snap := s.copy()
    // 投票的处理核心代码
    for _, header := range headers {
        // 删除检查点区块的所有投票
        number := header.Number.Uint64()
        // 如果区块高度正好在 Epoch 结束，则清空投票和计分器，避免了维护统计信息无限增大的内存开销
        if number%s.config.Epoch == 0 {
```

```go
        snap.Votes = nil
        snap.Tally = make(map [ common.Address ] Tally)
    }
    // 从最近的签名者列表中删除最旧的签名者以允许它再次签名
    if limit := uint64(len(snap.Signers)/2 + 1); number >= limit {
        delete(snap.Recents, number-limit)
    }
    // 从区块头中解密出来签名者地址
    signer, err := ecrecover(header, s.sigcache)
    if err != nil {
        return nil, err
    }
    if _, ok := snap.Signers [ signer ] ; !ok {
        return nil, errUnauthorized
    }
    for _, recent := range snap.Recents {
        if recent == signer {
            return nil, errUnauthorized
        }
    }
    snap.Recents [ number ] = signer

    // 区块头认证，不管该签名者之前的任何投票
    for i, vote := range snap.Votes {
        if vote.Signer == signer && vote.Address == header.Coinbase {
            // 从缓存计数器中移除该投票
```

```
            snap.uncast(vote.Address, vote.Authorize)


        // 从按时间排序的列表中移除投票
            snap.Votes = append(snap.Votes [:i] , snap.Votes [i+1: ] ...)
            break // 只允许一票
        }
    }
    // 从签名者中计数新的投票
    var authorize bool
    switch {
    case byte s.Equal(header.Nonce [:] , nonceAuthVote):
        authorize = true
    case byte s.Equal(header.Nonce [:] , nonceDropVote):
        authorize = false
    default:
        return nil, errInvalidVote
    }
    if snap.cast(header.Coinbase, authorize) {
        snap.Votes = append(snap.Votes, &Vote{
            Signer    signer,
            Block    number,
            Address   header.Coinbase,
            Authorize: authorize,
        })
    }
    //判断票数是否超过一半的投票者，如果投票通过，更新签名者列表
```

```
if tally := snap.Tally [ header.Coinbase ] ; tally.Votes > len(snap.Signers)/2 {
    if tally.Authorize {
        snap.Signers [ header.Coinbase ] = struct{}{}
    } else {
        delete(snap.Signers, header.Coinbase)
        // 签名者列表缩减，删除最近剩余的缓存
        if limit := uint64(len(snap.Signers)/2 + 1); number >= limit {
            delete(snap.Recents, number-limit)
        }
        for i := 0; i < len(snap.Votes); i++ {
            if snap.Votes [ i ] .Signer == header.Coinbase
                // 从缓存计数器中移除该投票
                snap.uncast(snap.Votes [ i ] .Address, snap.Votes [ i ] .Authorize)
                // 从按时间排序的列表中移除投票
                snap.Votes = append(snap.Votes [ :i ] , snap.Votes [ i+1: ] ...)
                i--
            }
        }
    }
}
// 不管之前的任何投票，直接改变账户
for i := 0; i < len(snap.Votes); i++ {
    if snap.Votes [ i ] .Address == header.Coinbase {
        snap.Votes = append(snap.Votes [ :i ] , snap.Votes [ i+1: ] ...)
```

```
                i--
            }
        }
            delete(snap.Tally, header.Coinbase)
        }
    }
    snap.Number += uint64(len(headers))
    snap.Hash = headers [ len(headers)-1 ] .Hash()


    return snap, nil
}
```

Snapshot.apply() 方法的主要部分是迭代处理每个 Header 对象，首先从数字签名中恢复出签名所用公钥，转化为 common.Address 类型，作为 signer 地址。数字签名（signagure），存放在 Header.Extra [ ] 的末尾。如果 signer 地址是尚未认证的，则直接退出本次迭代；如果是已认证的，则投票 +1。所以一个父区块可添加一张记名投票，signer 作为投票方地址，Header.Coinbase 作为被投票地址，投票内容 authorized 可由 Header.Nonce 取值确定。更新投票统计信息。如果被投票地址的总投票次数达到已认证地址个数的一半，则通过。该被投票地址的认证状态立即被更改，根据是何种更改，相应地更新缓存数据，并删除过时的投票信息。在所有 Header 对象都被处理完后，Snapshot 内部的 Number、哈希值会被更新，表明当前 Snapshot 快照结构已经更新到那个区块了。

区块验证的过程是普通节点在收到一个新区块时，会从区块头的 extraData 字段中取出认证节点的签名，利用标准的 spec256k1 椭圆曲线进行反解公钥信息，并且从公钥中截取出签发节点的地址，若该节点是认证节点，且该节点本轮拥有签名的权限，则认为该区块为合法区块。

verifySeal 是被 SubmitWork（miner/remote_agent.go）来调用，SubmitWork 函数尝试注入一个 PoW 解决方案（共识引擎）到远程代理，返回这个解决方案是否被接受（不能同时是一个坏的 PoW，也不能有其他任何错误，如没有工作被 pending），解决方案有效时，返回到矿工并且通知接受结果。

```go
// 检查包头中包含的签名是否满足共识协议要求。该方法接受一个可选的父头的列表，这些父头还不是本地区块链的一部分，用于生成快照
func (c *Clique) verifySeal(chain consensus.ChainReader, header *types.Header, parents [ ] *types.Header) error {
    // 不支持校检创世区块
    number := header.Number.Uint64()
    if number == 0 {
        return errUnknownBlock
    }
    // 检索出所需的区块对象来校检去开头和将其缓存
    snap, err := c.snapshot(chain, number-1, header.ParentHash, parents)
    if err != nil {
        return err
    }

    // 解析授权密钥并检查签名者，ecrecover 方法从区块头中反解出 Extra 字段中签名字符串来获取签名者地址
    signer, err := ecrecover(header, c.signatures)
    if err != nil {
        return err
    }
    if _, ok := snap.Signers [ signer ] ; !ok {
```

```
            return errUnauthorized
        }
        for seen, recent := range snap.Recents {
            if recent == signer {
                // 签名者是最近的，只有当前块没有移出时才会失败，参见 Seal 中的
机会均等
                if limit := uint64(len(snap.Signers)/2 + 1); seen > number-limit {
                    return errUnauthorized
                }
            }
        }
    }
    // 设置区块难度，参见上面的区块难度部分
    inturn := snap.inturn(header.Number.Uint64(), signer)
    if inturn && header.Difficulty.Cmp(diffInTurn) != 0 {
        return errInvalidDifficulty
    }
    if !inturn && header.Difficulty.Cmp(diffNoTurn) != 0 {
        return errInvalidDifficulty
    }
    return nil
}
```

前面已经分析了 Clique 的认证节点的出块和校检的过程，那么如何来区分一个节点是认证节点还是一个普通节点？以及一个授权者列表是如何产生并如何全网同步的呢？

Clique 通过投票机制来确认一个认证节点，投票的范围在委员会中，委员会就是所有节点矿工集合，普通节点没有区块生成权利。矿工的投票

流程如下。

① 委员会节点通过 RPC 调用 Propose，对某节点状态变更，从普通节点变成认证阶段，或者相反，写入到 Clique.purposal 集合。

```
// Propose 注入一个新的授权提案，可以授权一个签名者或者移除一个
func (api *API) Propose(address common.Address, auth bool) {
    api.clique.lock.Lock()
    defer api.clique.lock.Unlock()

    api.clique.proposals [ address ] = auth// true：授权，false：移除
}
```

② 本地认证节点在一次区块打包的过程中，从 Purposal 池中随机挑选一条还未被应用的 Purposal，并将信息填入区块头，将区块广播给其他节点。

```
//Clique.Prepare

        // 抓取所有有意义投票的提案
        addresses := make( [ ] common.Address, 0, len(c.proposals))
        for address, authorize := range c.proposals {
            if snap.validVote(address, authorize) {
                addresses = append(addresses, address)
            }
        }
        // If there's pending proposals, cast a vote on them
        if len(addresses) > 0 {
            header.Coinbase = addresses [ rand.Intn(len(addresses)) ]
        // 随机挑选一条投票节点的地址赋值给区块头的 Coinbase 字段
```

```
        // 通过提案内容来组装区块头的随机数字段
        if c.proposals [ header.Coinbase ]{
                copy(header.Nonce [ : ] , nonceAuthVote)
        } else {
                copy(header.Nonce [ : ] , nonceDropVote)
        }
}
```

在挖矿开始以后，会在 miner.start() 中提交一个 commitNewWork，其中调用上面的 Prepare。

```
if err := self.engine.Prepare(self.chain, header); err != nil {
        log.Error("Failed to prepare header for mining", "err", err)
        return
}
```

③ 其他节点在接收到区块后，取出其中的信息，封装成一个 Vote 进行存储，并将投票结果应用到本地，若关于目标节点的状态更改获得的一致投票超过 1/2，则更改目标节点的状态：若新增认证节点，将目标节点的地址添加到本地的认证节点的列表中；若删除认证节点，将目标节点的地址从本地的认证节点列表中删除。具体实现可以查看上面的 Snapshot.apply() 方法。

7.10 课后习题

1. 在异步分布式系统中，是否能设计出一种在任何场景下都能实现的共识机制？为什么？

2. 分析比特币系统与以太坊的不同。

3. 以太坊是如何解决虚拟机出现死循环问题的？

4. 为什么不同类型的区块链适用的共识机制不同？

5. 简要介绍比特币系统 PoW 共识机制的实现流程。

6. 简要介绍以太坊 PoW 共识机制的实现流程。

7. 分析 PoW 共识机制的优缺点。

8. 简要分析 PoS 共识机制的思想。

9. 分析 PoS 共识机制的优缺点。

10. 分析 PBFT 共识机制的优缺点。

11. Pasox、Raft 算法共识机制为什么不适用于公有链？

第 8 章 智能合约

智能合约在区块链的发展中占有重要地位，对智能合约的引入促进了区块链应用的扩展。本章将对智能合约进行全面介绍，首先给出智能合约的起源与概念，接着介绍智能合约的工作原理，然后以目前使用较广泛的以太坊为例，讲述智能合约在其上的设计与应用基础，最后分析在区块链中智能合约所面临的潜在问题。

8.1 智能合约概述

在区块链中，智能合约指的是区块链中不可被随意篡改的数据自动化执行一些预先设定好的规则和条款，比如基于用户真实的信息数据保险理赔业务。区块链的出现推动了智能合约在现实生活中的应用。

8.1.1 ▷ 智能合约的定义

"智能合约"（Smart Contract）这个术语至少可以追溯到 1994 年，由多产的跨领域密码学家、计算机科学家、法律学者尼克·萨博（Nick Szabo）在他的论文《智能合约》（Smart Contracts）中率先提出。其灵感是受到自动售货机工作的启发，即购买者向售货机投入一定数量的货币，选择要购买的商品，这就在两者间创建了一种强制执行的合约。购买者投入货币并选择商品，而卖家通过售货机内置的逻辑提供商品和进行找零。

对于智能合约，尼克·萨博的定义如下：

一个智能合约是一套以数字形式定义的承诺（Promises），合约参与方可以在上面执行这些承诺的协议。智能合约允许在没有第三方的情况下进行可信交易。这些交易可追踪且不可逆转。

定义中一套承诺指的是合约参与方同意的（经常是相互的）权利和义务。这些承诺定义了合约的本质和目的。以一个销售合约为典型例子，卖家承诺发送货物，买家承诺支付合理的货款。

数字形式则意味着合约不得不写入计算机可读的代码中。这样，只要参与方达成协定，智能合约建立的权利和义务就可以由一台计算机或者计算机网络执行。

协议是由技术实现（Technical Implementation）的，在这个基础上，合约承诺被实现，或者合约承诺实现被记录下来。选择哪个协议取决于许多因素，最重要的因素是在合约履行期间，被交易资产的本质。再次以销售合约为例，参与方同意货款以比特币支付（此处仅作为例子说明，比特币等"虚拟货币"不具有法定货币属性，不是我国法定货币），选择的协议很明显将会是比特币协议，在此协议上，智能合约被实施。因此，合约必须要用到的"数字形式"就是比特币脚本语言。若是以以太币支付，则选择以太坊协议，"数字形式"就是以太坊的智能合约编程语言。

在区块链中，区块链载入的合同或法律文件为可执行程序，在条件都满足时，会让法律事务自动生成，这就是所谓的"智能合约"，也称为"链上代码"。可见，智能合约其实就是能自动执行合约条款的计算机程序代码，用智能合约替代传统的纸质合约可以极大地减少在合约制定、控制协议和执行效能上的人工成本与计算成本，其原理模型如图8-1所示。

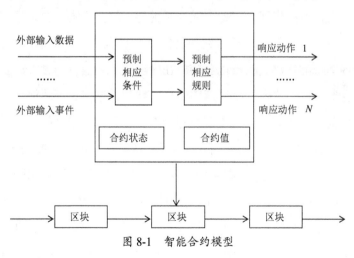

图 8-1 智能合约模型

智能合约早期主要应用丁加密"虚拟货币"和 E 编程语言等领域。早在 1998 年，尼克·萨博就设计出了一种叫"比特黄金"（Bit Gold）的去中心化的"虚拟货币"机制，由于缺少广泛支持最后失败了，但是却被公认为是比特币的先驱。随着以太坊、超级账本等区块链的出现和发展，智能合约得到越来越广泛的应用，成为未来区块链产业化的重要支柱。

8.1.2 ▷ 智能合约与区块链结合的意义

虽然智能合约的理论几乎与互联网同时出现，但应用实践却一直严重落后于理论，缺乏将理念转变为现实的清晰路径。其主要问题集中在两个方面：一是智能合约如何来控制实物资产，并保证有效地执行合约，自动售货机可以将商品保存在其内部来控制财产的所有权，而计算机程序很难控制现实世界的现金、股票等资产；二是计算机很难保证执行这些条款以获得合约方的信任，合约方需要可靠的解释和执行代码的计算机，它无法亲自检查有问题的计算机，也无法直接观察与验证其他合约方的执行动作，只有让第三方审核各方合约执行的记录，而这就违背了智能合约去中心化的设计初衷。

区块链技术的出现，则为上述问题提供了解决方案，奠定了智能合约应用的基础。区块链通过把合约执行的规则加入到区块链的共识机制中，并且合约本身的代码与状态也会存放在区块链上，当合约触发时直接读取并执行合约代码，执行的结果返回到合约状态，这样，区块链就变成合约计算的可信环境。同时，区块链为完全数字化资产的记录和转移奠定了基础，通过完全数字化的资产，区块链上的智能合约可以控制资产。所以，区块链为智能合约的执行提供可信环境，它已经不局限于数据库的功能，同时还是可以执行代码和记录资产所有权的分布式计算机。

有了以上的特性，我们不再需要找一个中心化的组织来签订合约，区块链自然会帮助我们完成其他工作。正是因为区块链带来的这种革命性颠覆，智能合约的能量才得以被无限放大。

目前，智能合约和区块链的结合已成为区块链 2.0 的标志，大量相关研究方案和项目正成为研究热点，其中维塔利克创立的开源项目以太坊可以说是当前最为成功的应用案例之一。

如果说以比特币等"虚拟货币"为代表的第一代区块链应用被称为"全球账簿"，那么作为区块链 2.0 代表的以太坊可以被看作一台"全球计算机"。以太坊是一个可编程、可视化、更易用的区块链，有着堪称完美的路线图和系统结构，它提供了一套图灵完备的脚本语言，允许任何人在区块链上传和执行应用程序，并且程序的有效执行能得到保证，在此基础上首次实现了智能合约的功能。智能合约存储在以太坊的区块链上，通过区块链节点以分布式的形式执行，相当于商业交易、监督管理过程中法律、法规的执行者。智能合约以按序、安全、可信观察、可信验证的方式保证合约的执行。智能合约的使用，使得以太坊突破了比特币系统的限制，可以应用多种行业和领域，比如资产交易、数字公证、互助保险等。

除了以太坊，当前众多区块链都加入了对智能合约的支持，如 IBM 的超级账本、量子链（QTUM）、EOS 等。在这些系统中，区块链技术的智能合约是一组与情景一一对应型的程序化规则和逻辑，是部署在区块链上的去中心化、信息共享的程序代码。签署合约的各参与方就合约内容达成一致，以智能合约的形式部署在区块链上，即可不依赖任何中心机构自动化地代表各签署方执行合约。智能合约具有自治、去中心化等特点，一旦启动就会自动运行，不需要任何合约签署方的干预。

区块链与智能合约的发展可以说是相辅相成的，如果说区块链的出现奠定了智能合约的应用基础，那么智能合约则为区块链的应用提供了广阔的舞台。智能合约不仅赋予了区块链底层数据可编程性，为区块链 2.0 和区块链 3.0 奠定了基础，还封装了区块链网络中各节点的复杂行为，为建立基于区块链技术的上层应用提供方便的接口，拥有了智能合约的区块链技术前景极为广阔。例如，对互联网金融的股权招募，智能合约可以记录每一笔融资，在成功达到特定融资额度后计算每个投资人的股权份额，或在一段时间后未达到融资额度时将资金退还给投资人。还有互联网租借的业务，将房屋或车辆等实体资产的信息加上访问权限控制的智能合约部署到区块链上，使用者符合特定的访问权限或执行类似付款的操作后就可以使用这些资产。甚至与物联网相结合，在智能家居领域实现智能自动化，如室内温度、湿度、亮度的自动控制，自动门允许特定的人进入等。

现有水平的智能合约及其应用本质逻辑上还是根据预定义场景的"IF-THEN"类型的条件响应规则，能够满足目前自动化交易和数据处理的需求。未来的智能合约应具备根据未知场景的"WHAT-IF"推演、计算实验和一定程度上的自主决策功能，从而实现由目前"自动化"合约向真正"智能化"合约的飞跃。

8.2 智能合约的工作原理

在区块链中，智能合约就是区块链数据库上运行的计算机程序，可以满足其源代码在设定条件下的自动执行。合约是代码（功能）与数据（状态）的集合，存在于以太坊的特定地址。合约账户能够在彼此间传递信息，进行图灵完备的运算。合约依靠被称作以太坊虚拟机字节代码（以太坊特有的二进制格式）上的区块链运行。

8.2.1 ▷ 区块链智能合约的演变

要理解智能合约的工作，首先要知道从比特币系统到以太坊，智能合约是如何演变的，如图 8-2 所示。需要注意智能合约在图中的位置，这个位置表明上方的应用（DAPP）必须通过智能合约来实现对应区块链网络的功能。

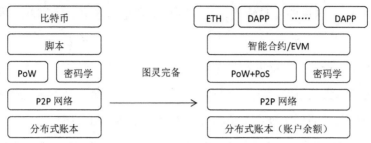

图 8-2　区块链架构演变

通过一个简单的例子：A 转账给 B，来对比看一下比特币系统和以太坊分别是如何实现的。首先是利用比特币脚本语言通过 UTXO 方式来实现转账，如图 8-3（a）所示，接着是以太坊通过智能合约方式实现同样的功能，如图 8-3（b）所示。

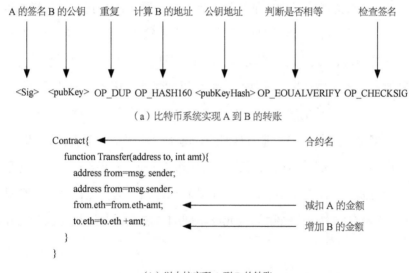

（a）比特币系统实现 A 到 B 的转账

（b）以太坊实现 A 到 B 的转账

图 8-3　用比特币系统和以太坊实现 A 到 B 的转账

首先来分析比特币系统的例子，在本书第 5 章对比特币的交易实现过程进行了详细描述，并给出了 UTXO 的概念，本节将从智能合约的角度对比特币的交易进行分析。在比特币转账的脚本实现过程中，首先要提供一个用于解锁 UTXO（用私钥去匹配锁定脚本）的脚本（Signature Script，解锁脚本），这也叫交易输入，交易的输出则是指向另一个脚本（PubKey Script，公钥锁定脚本），这个脚本表达了谁的签名（签名是常见形式，并不一定必须是签名）能匹配这个输出地址，比特币就转给谁。每一个比特币系统节点会通过同时执行这解锁和锁定脚本（不是当前的锁定脚本，是指上一个交易的锁定脚本）来验证一笔交易，脚本组合结果为真，则为有效交易（当解锁脚本与锁定脚本的设定条件相匹配时，执行组合有效脚本才会显示结果为真）。

通过上述介绍可以看出，比特币的编程脚本能在一定程度上实现智能合约。比特币系统的 UTXO 可以被不只一个公钥拥有，也可以被基于堆栈的编程语言所编写的更加复杂的脚本所拥有。在这一模式下，花费这样的 UTXO，必须提供满足脚本的数据。事实上，基本的公钥所有权机制也是通过脚本实现的：脚本将椭圆曲线签名作为输入，验证交易和拥有这一 UTXO 的地址，如果验证成功，返回 1，否则返回 0。更加复杂的脚本用于其他不同的应用情况。例如，人们可以创建要求集齐三把私钥中的两把才能进行交易确认的脚本（多重签名），对公司账户、储蓄账户和某些商业代理来说，这种脚本是非常有用的。脚本也能用来对解决计算问题的用户发送奖励。人们甚至可以创建这样的脚本——"如果你能够提供你已经发送一定数额的比特币给我的简化确认转账证明，这一比特币 UTXO 就是你的了"，本质上，比特币系统允许不同的"虚拟货币"进行去中心化的兑换。

然而，比特币系统的脚本语言存在如下严重的限制。

1. 缺少图灵完备性

这就是说，尽管比特币脚本语言可以支持多种计算，但是它不能支持所有的计算，最主要的缺失是循环语句。不支持循环语句的目的是避免交易确认时出现无限循环。理论上，对于脚本程序员来说，这是可以克服的障碍，因为任何循环都可以用多次重复 if 语句的方式来模拟，但是这样做会导致脚本空间利用上的低效率，例如，实施一个替代的椭圆曲线签名算法可能将需要 256 次重复的乘法，而每次都需要单独编码。

2. 价值盲

价值盲（Value-blindness）是指 UTXO 脚本不能为账户的取款额度提供精细的控制。例如，预言机合约（Oracle Contract）的一个强大应用是对冲合约，A 和 B 各自向对冲合约中发送同等价值的比特币，30 天以后，脚本向 A 发送同等价值的比特币，向 B 发送剩余的比特币。虽然实现对冲合约需要一个预言机（Oracle）决定比特币的价值，但是与现在完全中心化的解决方案相比，这一机制已经在减少信任和基础设施方面有了巨大的进步。然而，因为 UTXO 是不可分割的，为实现此合约，唯一的方法是非常低效地采用许多有不同面值的 UTXO(例如对应于最大为 30 的每个 k，有一个 2^k 的 UTXO）并使预言机挑出正确的 UTXO 发送给 A 和 B。

3. 缺少状态

UTXO 只能是已花费或者未花费状态，这就没有给需要任何其他内部状态的多阶段合约或者脚本留出生存空间。这使得实现多阶段期权合约、去中心化的交换要约或者两阶段加密承诺协议（对确保计算奖励非常必要）非常困难。这也意味着 UTXO 只能用于建立简单的、一次性的合约，而不是如去中心化组织这样的有着更加复杂的状态的合约，使得元协议难以实现。二元状态与价值盲结合在一起意味着另一个重要的应用（取款限额）是不可能实现的。

4. 区块链盲

区块链盲（Blockchain-blindness）是指 UTXO 看不到区块链的数据，如随机数和上一个区块的哈希值。这一缺陷剥夺了脚本语言所拥有的基于随机性的潜在价值。

综上所述可以看出：比特币系统采用的 UTXO 模式只能支持比特币的转账实现，且其转账功能是基于资金在用户地址中的转移变化来实现的，本身没有账户和余额的概念，实现方式虽然巧妙但理解起来较为晦涩，如图 8-3（a）所示。并且其脚本语言虽然也能实现多重签名等功能，但其毕竟不是图灵完备的语言，实现功能上有一定局限性，仅限于对"虚拟货币"业务的支持。较之于比特币系统较难理解的 UTXO 脚本语言实现方式，以太坊在比特币系统的基础上进行了改进，其上的智能合约通过使用图灵完备的高级语言进行编写，引入了用户账户的概念，使得以太坊成为一个可编程区块链，其扩展性更强，其实现的方式更加清晰易读，更符合程序设计与业务实现的规范，如图 8-3（b）所示。正是这种智能合约实现方式的演进，使得以太坊的智能合约除了实现比特币系统同样的"虚拟货币"转账功能外，还可以支持用户在其上创建并调用一些复杂的逻辑，几乎可以执行任何计算。通过不断探索新技术，以太坊的技术生态系统日益完善，目前在以太坊官方的 GitHub 上有 159 个项目（截至 2018 年 6 月），其中不仅包括不同语言版本的客户端，还有智能合约的编译器、集成开发环境，以及未来将采用的协议和各种技术文档。以太坊已经发展成为目前全球最大的一个区块链开发平台。下面将介绍以太坊智能合约的运行原理。

8.2.2 ▷ 以太坊智能合约的运行原理

和比特币系统采用脚本语言编写代码不同，以太坊提供了一套图灵完备的语言进行智能合约的开发。以太坊智能合约的运行过程：智能合约封装预定义的若干状态、转换规则、触发条件及对应操作等，经过各方签署后，以程序代码的形式附着在区块链数据上，经过区块链网络的传播和验证后被记入各个节点的分布式账本中，区块链可以实时监控整个智能合约的状态，在确认满足特定的触发条件后激活并执行合约。

在以太坊中，智能合约是部署在区块链上的代码，区块链本身不能执行代码，代码的执行是每个节点在本地通过以太坊虚拟机（Ethereum Virtual Machine，EVM）实现的，其智能合约的运行原理如图 8-4 所示。

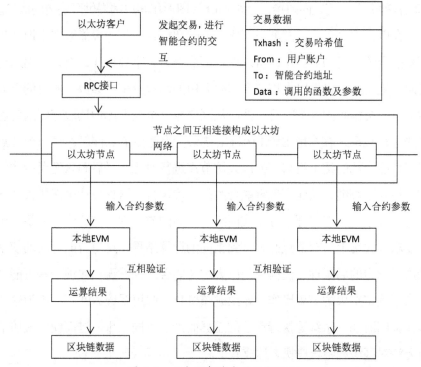

图 8-4　以太坊智能合约运行原理

EVM 是以太坊中智能合约的运行环境。智能合约可比作 Java 程序，Java 程序通过 Java 虚拟机（Java Virtual Machine，JVM）将代码解释成字节进行执行，以太坊的智能合约通过 EVM 解释成字节码进行执行。EVM 被沙箱封装起来，也就是说运行在 EVM 内部的代码不能接触到网络、文件系统或者其他进程，甚至智能合约之间也只有有限的调用。

可以把这个 EVM 想象成计算机，它能够运行一些以太坊定义的指令。与比特币系统的脚本引擎不同，EVM 功能非常强大，号称"图灵完备"，是以太坊协议的核心。在以太坊的 P2P 网络中，每一个全节点上都包含一个 EVM。

RPC 接口是以太坊与其他 IT 系统交互的接口，以太坊节点在 8545 端口提供了 JSON RPC API 接口，数据传输采用 JSON 格式，可以执行 Web3

库的各种命令，可以向前端，比如 Mist 等图形化客户端提供区块链的信息。

在以太坊平台上，部署在区块链上的智能合约是一段能够在本地产生原智能合约代码的数据串，可以理解区块链为一个数据库，而客户端通过发起一笔交易，告诉以太坊节点需要调用的函数及相关参数，所有的以太坊节点都会接收到这笔交易，然后从区块链这个数据库中读取存储的智能合约运行代码，在本地 EVM 运行出结果。为避免节点作恶，每一个节点运行智能合约的结果将与其他以太坊节点进行对比，最后确认无误后才将结果写入区块链，从而实现智能合约的正确执行。这种设计虽然牺牲了一定的计算效率，但保证了分布式网络中更高的安全性。需要注意的是，由于要求以太坊上所有节点必须得到相同的运算结果，这对智能合约的使用造成了一定的局限性，使得目前以太坊智能合约仍然无法实现一些可能会带来不确定结果的简单操作，如生成随机数、调用系统 API 等。因为这些操作会因时间、系统等执行环境的差异而产生不同结果，进而使以太坊节点无法对区块链中账户状态达成共识。

8.2.3 ▷ 以太坊智能合约的构建与执行过程

基于以太坊的智能合约构建及执行分为如下几步。

① 多方用户共同参与制定一份智能合约。

② 合约通过 P2P 网络扩散并存入区块链。

③ 区块链构建的智能合约自动执行。

下面详细描述步骤①的过程，包括如下步骤。

a. 用户必须先注册成为区块链用户，区块链返给用户一对公钥和私钥；公钥作为用户在区块链上的账户地址，私钥作为操作该账户的唯一钥匙。

b. 两个及两个以上的用户根据需要，共同商定了一份承诺，承诺中包含了各方的权利和义务，这些权利和义务以电子化的方式，编译成机器语言，参与者分别用各自私钥进行签名以确保合约的有效性。

c. 签名后的智能合约，将会根据其中的承诺内容，传入区块链网络中。

下面详细描述步骤②的过程，包括如下步骤。

a. 合约通过 P2P 的方式在区块链全网中扩散，每个节点都会收到一份；区块链中的验证节点会将收到的合约先保存到内存中，等待新一轮的共识时间，触发对该份合约的共识和处理。

b. 共识时间到了，验证节点会把最近一段时间内保存的所有合约，一起打包成一个合约集合（set），并算出这个合约集合的哈希值，最后将这个合约集合的哈希值组装成一个区块结构，扩散到全网；其他验证节点收到这个区块结构后，会把里面包含的合约集合的哈希值取出来，与自己保存的合约集合进行比较；同时发送一份自己认可的合约集合给其他的验证节点；通过这种多轮的发送和比较；所有的验证节点最终在规定的时间内对最新的合约集合达成一致。

c. 最新达成的合约集合会以区块的形式扩散到全网，如图 8-5 所示，每个区块包含的信息为当前区块的哈希值、前一区块的哈希值、达成共识时的时间戳，以及其他描述信息；同时区块链最重要的信息是带有一组已经达成共识的合约集；收到合约集的节点，都会对每条合约进行验证，验证通过的合约才会最终写入区块链，验证的内容主要是合约参与者的私钥签名是否与账户匹配。

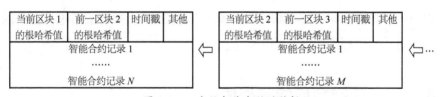

图 8-5 以太坊智能合约的传播

下面是步骤③的过程，包括如下步骤。

a. 智能合约会定期检查自动机状态，逐条遍历每个合约内包含的状态机、交易以及触发条件；将条件满足的交易推送到待验证的队列中，等待共识；未满足触发条件的交易将继续存放在区块链上。

b. 进入最新轮验证的交易，会扩散到每一个验证节点，与普通区块链交易一样，验证节点首先进行签名验证，确保交易的有效性；验证通过的交易会进入待共识集合，等大多数验证节点达成共识后，交易会成功执行并通知用户。

c. 交易执行成功后，智能合约自带的状态机会判断所属合约的状态，当合约包括的所有交易都顺序执行完后，状态机会将合约的状态标记为完成，并从最新的区块中移除该合约；反之将标记为进行中，继续保存在最新的区块中等待下一轮处理，直到处理完毕；整个交易和状态的处理都由区块链底层内置的智能合约系统自动完成，全程透明、不可篡改。

由此可以看出以太坊的智能合约系统在存证、溯源、数字资产等领域有着广泛的应用场景。

8.3 以太坊智能合约基础

在以太坊平台上，智能合约可以看作区块链上一个包含了合约代码和存储空间的虚拟账户。其中智能合约的行为由编写的合约代码控制，而合约的状态则由账户的存储空间进行保存。智能合约的代码运行于 EVM 中，而 EVM 存在于以太坊 P2P 网络的每个节点上。当节点需要打包或验证区块时，便将交易相关的合约代码送入 EVM 中执行，执行的结果将更新以太坊账户的状态，并被记录在区块上。

8.3.1 ▷ 智能合约的编程语言

下面是开发者可以用来为以太坊写智能合约的高级语言。

1. Solidity

Solidity 是和 JavaScript 语法类似的高级语言，可以用它来开发智能合约并编译成 EVM 字节码。它目前是以太坊最受欢迎，也是官方推荐使用的语言。

2. Serpent

Serpent 是和 Python 类似的语言，可以用于开发智能合约并编译成 EVM 字节码。它力求简洁，将低级语言在效率方面的优点和编程风格的操作简易相结合，同时合约编程增加了独特的领域特定功能。

3. LLL

LLL（Lisp Like Language）是和 Assembly 类似的低级语言。它追求极简，本质上只是对 EVM 的一点包装。

4. Mutan

Mutan 是个静态类型，由 Jeffrey Wilcke 开发设计的 C 类语言。它已经不再受到维护。

8.3.2 ▷ 入门代码例程

没有 Hello World 程序，语言就不完整。Solidity 在以太坊环境内操作，没有明显"输出"字符串的方式。能做的最接近的事就是用日志记录事件来把字符串放进区块链，示例如下。

```
contract HelloWorld {
event Print(string out);
function() { Print("Hello, World!"); }
}
```

每次执行时，这个合约都会在区块链创建一个日志入口，印着"Hello, World!"参数。

8.3.3 ▷ 智能合约的操作

在以太坊平台上，用户可以十分方便地按需求实现自己的合约。要创建一个智能合约，如图 8-6 所示，需要经过编写智能合约、将合约代码编译成字节码、将字节码部署到区块链等过程。而调用智能合约则是指发起一笔指向智能合约地址的交易，智能合约代码分布式地运行在网络中每个节点的 EVM 中。

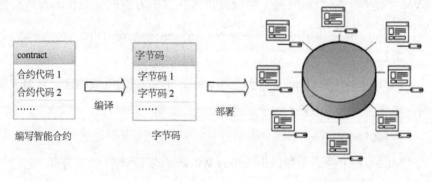

图 8-6　以太坊智能合约的创建

智能合约的编译过程就是将使用高级语言（如 Solidity）编写的合约代码转换为操作码指令集表示的字节码。字节码由一连串字节组成，每一个字节表示一个操作。基于开发效率等多方面的考虑，通常都不会直接使用 EVM 的字节码编写合约，而是会选择 8.3.1 节中介绍的一门高级语言编写合约代码，再编译成以太坊字节码部署到区块链上。

当编译完成得到以太坊字节码后，需要创建一个交易将合约部署到区块链上。交易的"data"字段保存的是以太坊字节码，"to"的地址为一个空的账户。当该交易被矿工打包加入区块链时，这个合约的创建就完成了，区块链上将出现一个与该智能合约相对应的合约账户，并拥有一个特定的地址，而合约代码将保存在该合约账户中。

调用一个智能合约时，只需要发起一个指向合约地址的交易，并将合约需要的参数作为"data"字段保存在交易中即可。

8.3.4 ▷ EVM 的存储方式

EVM 的存储方式可分为三类：栈（Stack）、账户存储（Storage）和内存（Memory）。

栈是一种常见的线性数据结构。允许插入和删除的一段称为栈顶（top），另一端称为栈底（bottom），不含任何数据元素的栈称为空栈。栈又称为后进先出的线性表。栈中的每个元素称为一个 frame。而最上层元素称为 top frame。栈只支持如下 3 个操作。

① pop：取出栈中最上层元素，栈的最上层元素变为早先进入的元素。
② top：查看栈的最上层元素。
③ push：将一个新的元素放在栈的最上层。

EVM 是基于栈的虚拟机，这意味着虚拟机上的所有运算都运行在栈上。栈中每个元素长度都是 256bit。栈是 EVM 的底层运行机制，当使用高级智能合约编程语言（如 Solidity）编写智能合约代码时，并不需要直接对栈进行操作。

除栈外，EVM 还有两块存储区域，称为账户存储和内存，可以将其类比理解为计算机中的硬盘与内存。

账户存储是作为账户的一个属性保存在区块链上，就像硬盘一样都属于持久化存储，并不会随着合约的执行结束而被释放。账户存储使用一个稀疏的哈希表来实现，键和值的长度都是 256bit，未被使用的键值对的值为 0，而每一个非 0 值表示一个被占用的键值对。由于账户存储被保存在区块链上，使得其使用代价非常昂贵：将一个键值从 0 赋值为非 0 需要消耗 20 000 单位的燃料，修改一个非 0 的键值需要消耗 5 000 单位的燃料，将一个键值从非 0 赋值为 0 可收回 15 000 单位的燃料。

内存是 EVM 在运行合约代码时临时分配的一块线性空间，会随着合约代码调用的结束而自动释放。与栈和账户存储不同，内存的基本存储单位是字节。每当现有的内存区域用完时，内存空间都会以 32 字节为单位进行扩展，同时调用者也需要为这部分空间支付燃料费用，费用大约每32字节需要消耗3单位的燃料。

以太坊上智能合约代码在执行时可以使用任意数量的内存（只要拥有足够的燃料），但当执行结束后所有的内存空间会被释放，下一次执行时又会从一个空的内存状态开始。账户存储作为账户的状态保存在区块链上，每次执行合约时都可以访问先前保存在账户存储中的数据。为节省燃料的消耗，通常在合约执行的中间过程使用内存，而将最终结果保存在账户存储中。

8.3.5 ▷ 指令集和消息调用

EVM有一套专门设计的指令集，包括了大多数常用的算术运算、位运算、逻辑运算和比较运算，同时还支持跳转（包括有条件和无条件）。除了这些基础指令外，还有一些区块链特有的指令，如用于合约访问区块号和区块时间戳的指令等。EVM的基础数据单元是256bit，所有指令都是以此为单位来传递数据的。

为了便于开发者编写出功能更加丰富的智能合约，以太坊允许合约在执行过程中通过创建一条"消息"的方式来调用其他合约，该方式称为消息调用。

通过一个例子来展示消息调用的过程，如图8-7所示。首先，智能合约A创建一条消息发送给智能合约B。消息的结构与交易类似，都由发送者、接收者、数据区、以太币数量、燃料等属性要素构成，但是消息调用属于交易执行的一部分，并不会在区块链上产生一条新的交易记录。当智能合约B接收到消息后，就访问消息的数据区以获得调用参数，执行合约代码，最后将结果返回到智能合约A并保存在智能合约A预先分配的一块内存空间中。

从图8-7中可以看出，智能合约A和B的账户和内存都是独立的。当发起消息时，EVM 为合约 B 创建一块全新的内存区域供其使用。账户存储则是与合约账户绑定的持久化存储，在合约 B 的代码执行过程中，可以对 B 的账户存储进行读写操作。

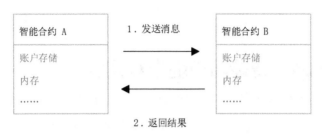

图 8-7 以太坊智能合约的消息调用

为了防止合约代码陷入相互调用的恶性循环，以太坊使用燃料限制机制。当发起一个消息调用时，智能合约可以决定为此次调用分配多少燃料。如果一个消息调用因燃料耗尽而失败，那么最后只会消耗本次调用已经使用的部分。

除了消息调用外，还有一种特殊的调用方式，称为代理调用（Delegate Call）。它与消息调用的区别在于它只从目标合约获取代码并执行，而不会改变当前的上下文环境，包括当前账户、存储、内存等，这使得智能合约可以在运行时动态从其他地址加载代码。

8.3.6 ▷ 日志功能

日志是 EVM 提供的一项功能。开发者可以在智能合约运行过程中记录各种事件产生的日志，这些日志可以帮助开发者调试代码，或者作为区块链上发生交易的证据。

假设有一个智能合约经历了以太币的转账，使用日志功能记录下这些转账的日志，就可以据此追踪这些以太币的流向。日志允许记录时间的细节，比如在这个例子中可以记录以太币从哪个账户转到哪个账户，这笔转账涉及多少数量的以太币等。

在智能合约中不能访问日志，但作为智能合约的使用者，可以从外部十分方便地访问日志。为了节省空间，区块链并不会保存完整的日志文件，而是在交易回执中保存日志的哈希校验。

8.4 智能合约的潜在问题

任何一项技术或应用创新都很难做到十全十美，在实际使用过程中会受到各种问题的考验。区块链即其应用系统本身就带有很强的实验性质，智能合约加入区块链也不过短短几年时间，其能否在商业应用中稳定运行，需要大量的实验论证与不断的技术修正。在这个过程中，不可避免会遇到一些问题和风险。对于这些问题，我们既要认真对待并妥善解决，又不能丧失信心退缩不前。在人类历史上，所有技术的应用都会经历一个发展阶段，早期进行手术时由于不重视消毒很容易引起感染，最早的手机也只具备通话功能且费用昂贵，但这些问题随着技术的进步都被很好地解决了。智能合约的应用也是一样，需要在不断发现的问题中分析原因，进而改善，从而推动应用的发展。

8.4.1 ▷ 以太坊智能合约安全事件

虽然智能合约具有许多显而易见的优点，但对智能合约的深入研究才刚刚开始，其广泛应用还面临着潜在的甚至是毁灭性的各类风险。其中一些已知的风险恰恰是来自于智能合约的去人为干预的特性，The DAO 事件就是其中一个典型的案例。

The DAO 事件是以太坊发展过程中发生的一个重大安全事件，这一事件对区块链和智能合约的后续发展影响深远，到最后已经不再只是技术方面的争论，而演变成两种价值观之争，而以太坊也因为这个事件硬分叉为两个版本：以太坊经典（ETC）和以太坊（ETH）。

前文介绍过以太坊属于二代区块链技术，与类似比特币这种可编程"虚拟货币"的一代区块链应用相比，支持更为复杂和完备的编程语言，不但能实现"虚拟货币"功能，还可以让开发人员通过以太坊支持的编程语言自定义编写所需功能的智能合约。通过实现智能合约，人们可以在以太坊上创建自己的"虚拟货币"、众筹合约（类似一个公开透明的基金账户）、自治组织管理（如创建一个合作翻译组织）等。以太坊展现出来的这些特性引起了人们极大的关注，其中就有人利用这些特性创建了一份众筹合约，这便是 The DAO 事件的开始。

这里需要区分一下两个容易混淆的概念：DAO 和 The DAO。DAO（Decentralized Autonomous Organization）是去中心化自治组织（也有学者称为分布式自治组织），是以太坊智能合约支持的一项功能。而 The DAO 是德国初创公司 Slock.it 利用这种技术在以太坊上创建并运行的一个智能合约（众筹合约）。这份众筹合约一度融资达 1.5 亿美元，每个参与众筹的人向众筹合约投资，并根据出资金额获得相应的 The DAO 通证，出资人具有审查项目和投票表决的权利（此处仅作为一个例子，描述 The DAO 事件）。

虽然以太坊本身跟比特币系统一样，通过一系列区块链技术能确保其安全性，但创建在其上的智能合约却未必如此。以太坊通过扩展比特币简单受限的堆栈指令，使其成为功能完备的编程脚本。复杂的脚本语言在带来强大功能的同时，也带来了更多的安全威胁。The DAO 就是例子，其合约代码中存在着一个函数调用的漏洞，使得攻击者可以将 The DAO 资产池中的以太币非法转移给自己。2016 年 6 月 18 日，黑客利用这一漏洞成功挖到超过 360 万个以太币，并投入到一个 DAO 子组织（child DAO）中。受此消息的影响，以太币市场出现剧烈波动。攻击发生后，The DAO 项目监护人和以太坊官方都采取了多种应对措施以减少攻击带来的损失，2016 年 7 月，经过多方商议，以太坊官方修改了以太坊的源代码，在区块高度 1920000 强行把 The DAO 及其子项目中的资金转移到另外一个合约地址，通过这种方式夺回被攻击者控制的 The DAO（包含 child DAO）中的以太币，返还给原始用户，并关闭 The DAO。这一方式虽然有效，但却导致了以太坊硬分叉。从此，以太坊分叉变成了两条链，一条为原始的区块链称为以太坊经典（ETC），一条是为解决 The DAO 攻击分叉出来的新链称为以太坊（ETH）。事实上，ETC 和 ETH 分别代表了以太坊社区的两种价值观。ETC 的支持者认为，智能合约是具有契约性的。无论资金发生什么问题，哪怕 The DAO 团队的钱被偷走了，但是只要数据被写在了区块上，就是不可撤销的，这笔转账交易应该被承认。因此，他们并不配合以太坊官方的分叉，依然坚持使用老版本。而 ETH 一方则认为，The DAO 攻击是一种违法行为，应该被制止，即使是区块链运行的合约行为也不能违法，任何情况下都不应忽略司法的意义，为了坚持一种信仰而任由攻击者进行破坏是不合适的。

The DAO 事件在业界造成了巨大而深远的影响，被攻击的合约功能正是公认的以太坊领先于比特币系统的优点。这让大家从对智能合约盲目的乐观情绪中清醒过来，意识到智能合约还处于发展的初始阶段，当合约的复杂度提高之后，在带来强大功能的同时，也会伴随着各种各样的风险。并且由于以太坊开放性的特征，其上的智能合约对链上所有用户都可见，这会导致包括安全漏洞在内的所有漏洞对所有用户都可见。如果智能合约开发者疏忽或者测试不充分，而造成智能合约代码有漏洞的话，就非常容易被黑客利用并攻击。并且越是功能强大的智能合约，就越是逻辑复杂，也越容易出现逻辑上的漏洞。同时，用以智能合约的编程语言自身与合约设计都可能存在漏洞。业界已经意识到，技术的应用要有坚实的理论基础做支撑，同时各种相关法律规范建设和监管制度也急需建立并完善。对于完全去中心化的智能合约的完善以及面临攻击该如何应对都将成为未来主要探讨的课题。但不管怎样，业内人员普遍认为，区块链技术和智能合约都将成为未来互联网发展的重要方向，现在面临的挫折是新技术成熟的必然过程。相信随着相关技术标准的逐步建立、代码规范标准的不断完善、底层基础设施的不断进化以及法律法规的出台与完善，现在存在的各种问题最终会一一得到解决。

8.4.2 ▷ 其他安全事件

除了前文介绍的 The DAO 事件，以太坊自运行以来还多次爆出过由于漏洞造成的重大安全事件，Parity 多重签名漏洞就是其中一个代表。Parity 是以太坊中一个广受欢迎的钱包客户端，使用 Rust 语言开发。Parity 钱包具有多种优点：运行速度快、资源占用率少、区块数据同步速度也快。然而，就在 2017 年 7 月 21 日，智能合约编码公司 Parity 警告 1.5 版本及之后的钱包软件存在漏洞，使得攻击者可以越权调用合约函数，并将合约中的资产转入自己的账户地址，Etherscan.io 的数据显示有 15 万个以太币被盗。2017 年 11 月 8 日，以太坊 Parity 钱包再出现重大漏洞，多重签名漏洞被黑客利用，导致上亿美元资金被冻结。

鉴于以太坊开源软件主要是由社区的极客共同编写的，目前已知存在 Solidity 漏洞、短地址漏洞、交易顺序依赖、时间戳依赖、可重入攻击漏洞等，在调用合约时漏洞可能被利用，而智能合约部署后难以更新的特性也让漏洞的影响更加广泛持久。

根据区块链独立技术方案提供商众享比特针对以太坊项目过往安全漏洞的调查统计，截至 2018 年 3 月，以太坊主要漏洞情况描述如表 8-1 所示。

表 8-1　以太坊主要漏洞描述

序号	漏洞名称	漏洞描述
1	The DAO	运行在以太坊公有链上的 The DAO 智能合约遭遇攻击，该合约筹集的公众款项不断被一个函数的递归调用转向它的子合约。代码中通过 addr.call.value()() 的方式发送以太币，而不是 send()，这给黑客留下了空间。黑客只需要制造出一个 fallback 函数，在该函数里再次调用 splitDAO() 即可

序号	漏洞名称	漏洞描述
2	Parity 多重签名钱包合约漏洞	使多重签名的智能合约无法使用，核心问题在于越权的函数调用。黑客间接调用了初始化钱包软件的库函数，让自己成为多个 Parity 钱包的新主人。黑客调用了一个叫作 initWallet 的函数，initWallet 没有检查以防止攻击者在合同初始化后调用到 initMultiowned，这个函数使得这个合约的所有者被改为攻击者，相当于从 UNIX 中获得了 root 权限
3	Parity 多重签名钱包提款漏洞	钱包的提款功能都失效，150 多个地址中超过 50 万个以太币被彻底冻结，漏洞使得黑客能通过库函数成为库的主人，然后调用自杀函数报废整个合约库
4	太阳风暴	Solidity，以太坊用于开发智能合约的类 Java Script 语言，被发现有一个安全漏洞，当以太坊合约进行相互调用时，它们自身的程序控制和状态功能会丢失。因为它能切断以太坊智能合约间的沟通，就像太阳风暴能切断地球的通信设备一样，可以影响整个以太坊
5	以太坊编程语言 Solidity 漏洞	影响了智能合约中一些地址以及数据类型，大多数受影响的合约将无法被撤回或更改
6	智能合约 fallback 函数	当调用某个智能合约时，如果指定的函数找不到，或者根本就没指定调用哪个函数（如发送以太币）时，fallback 函数就会被调用，黑客可以利用 fallback 函数做出很多危害系统的事情
7	智能合约递归调用（Recursive）	用户取款的代码存有严重的递归调用漏洞，该用户可轻松地将你账户里的以太币全部提走
8	调用深度限制（Call Depth）	EVM 中一个智能合约可以通过消息调用（message call）调用其他智能合约，被调用的智能合约可以继续通过 message call 再调用其他合约，甚至是再调用回来（Recursive）
9	以太坊浏览器 Mist	这个漏洞来源于底层软件框架 Electron，使得加密"虚拟货币"私钥的安全受影响

续表

序号	漏洞名称	漏洞描述
10	区块节点漏洞	来自于以太坊区块链上 2283416 区块节点的漏洞，主要造成了包括 Geth 在内的所有基于 Go 语言编写的以太坊 1.4.11 版本客户端出现内存溢出错误，并阻止了进一步挖矿
11	日食攻击（Eclipse Attack）	日食攻击是其他节点实施的网络层面攻击，其攻击手段是囤积和霸占受害者的点对点连接时隙（sLOT），将该节点保留在一个隔离的网络中。这种类型的攻击旨在阻止最新的区块链信息进入到日食节点，从而隔离节点
12	以太坊短地址漏洞	由于 EVM 并没有严格校验地址的位数，并且还擅自自动补充消失的位数，使得合约多发送很多"虚拟货币"出来
13	Geth 客户端 DoS 攻击漏洞	大约 75% 的以太坊节点都在运行 Geth 客户端，这个漏洞可能会使那些运行兼容拜占庭的版本的节点在硬分叉之后更加容易遭受 DoS 攻击
14	浪子合约漏洞	交易资金因为漏洞返还给所有者、交易者过去发送给以太网的地址，以及特定地址。这种漏洞就像是"空手套白狼"，买家得到商品，而卖家无法得到加密"虚拟货币"
15	自杀合约漏洞	智能合约的拥有者可以在以太坊发生故障时选择退回，类似于微信中的撤回选项。但是这个指令也可以被其他人执行，使得交易失败
16	贪婪合约漏洞	这是指那些永远停留在以太坊的智能合约，上述的 Parity 漏洞正是一种贪婪合约，它会把智能合约所涉及的商品以及加密"虚拟货币"锁定在以太坊中，交易双方均无法得到，也不能取消
17	遗嘱合约漏洞	在那些已完成或者被关闭的智能合约中，虽然它们的代码和全局变量被清除了，但是其中一部分仍然在继续执行。遗嘱合约和贪婪合约一样，均是由以太坊的错误引起的，目前并不能被黑客利用

续表

序号	漏洞名称	漏洞描述
18	交易顺序依赖性	一笔交易被传播出去并被矿工认同包含在一个区块内需要一定的时间，如果一个攻击者在监听到网络中对应合约的交易，然后发出他自己的交易来改变当前的合约状态，例如，对于悬赏合约，减少合约回报，则有一定概率使这两笔交易包含在同一个区块下面，并且排在另一个交易之前，完成攻击。而这个攻击者甚至可以自己直接参与挖矿，并提出更高的 gasPrice 来激励矿工包含这笔交易
19	时间戳依赖性	有一部分智能合约使用区块的时间戳来作为某些操作的触发条件。通常来说都是使用矿工的本地时间作为时间戳，而这个时间大约能有 900s 的范围波动，当其他节点接受一个新区块时，只需要验证时间戳是否晚于之前的区块并且与本地时间误差在 900s 以内。一个矿工可以通过设置区块的时间戳来尽可能满足有利于他的条件，从中获利
20	可重入性	当一个合约调用另一个合约的时候，当前执行进程就会停下来等待调用结束，这就导致了一个可以被利用的中间状态。利用合约存在的中间状态，当一个合约还没有调用完成时发起另一个调用交易，即可完成攻击
21	挖矿中心化	以太坊前三大矿商控制着超过 50% 的算力，存在联合作恶的风险

上述漏洞目前已经广泛存在以太坊中，2018 年 2 月 24 日，新加坡和英国几位研究员指出，3.4 万多份以太坊智能合约可能存在被攻击的漏洞，导致大量以太币暴露在风险中，其中 2 365 份属于著名项目。

8.4.3 ▷ 智能合约的安全建议

鉴于以太坊的运行时间只有区区几年，就暴露出如上诸多漏洞与问题，让人有种以太坊很不安全的感觉。这里需要说明的是，以上所述漏洞绝大多数问题都出在智能合约的编写上，而不是以太坊系统本身的问题。做个形象的类比，以太坊相当于计算机的操作系统（如 Windows 或 Linux），智能合约相当于运行于其上的应用程序，运行程序出现的问题不应都由操作系统"背锅"。当然，这些事件也提醒我们，随着以太坊等区块链系统支持越来越多复杂的合约应用，出现问题和漏洞的概率也在增加。为保证业务在区块链上安全可靠运行，保护数字资产的安全，我们在采用以太坊作为区块链技术方案时必须对编写的智能合约代码进行充分测试，此外，应主动采用软件工程中标准化的编写流程来保障安全。在构造智能合约时，本书给出如下安全建议。

① 限制在智能合约中存储以太坊的数量。如果智能合约源代码、编译器或者平台有问题，这些资金可能丢失。

② 尽可能保证智能合约中的功能小而模块化。源码质量一定要得到保证（比如限制局部变量的数量、函数的长度），程序注释尽量完整，以方便日后的维护和增加代码的可读性。

③ 尽可能减少交易中燃料的消耗，如果有必须使用大量计算的地方，尽量将其放到链下去处理。

④ 在智能合约中添加一个函数，执行一些自我检查，如"有没有以太币泄漏"。如果自检失败，智能合约会自动切换到某种"故障安全"模式，例如，禁用大部分功能，将控制交给固定和可信的第三方，或者将智能合约转换成简单的"把我的钱还给我"智能合约。

8.5 课后习题

1. 智能合约的本质是什么？
2. 简述以太坊智能合约的运行原理。
3. 简述以太坊智能合约的构建过程。

4. 简单介绍以太坊智能合约的编写语言。
5. 简单描述以太坊上创建和调用智能合约的流程。
6. 描述以太坊虚拟机的几种存储方式，并分析其适用范围。
7. 在以太坊中，如何防止合约代码陷入相互调用的恶性循环？
8. 简述以太坊中代理调用与普通消息调用的区别。
9. 简述以太坊中日志的作用。
10. 简述智能合约存在的安全风险及应对策略。

第 9 章 以太坊智能合约的开发与实践

本章首先介绍以太坊开发环境的搭建方法,以及以太坊在 Linux 环境下的安装方法;接着讲解如何使用 Geth 客户端搭建私有链,在私有链上实现账户创建、挖矿和交易等基本功能;然后介绍如何编写智能合约并在私有链上进行测试;最后介绍 Truffle 框架,并介绍如何使用 Truffle 框架编译、部署和测试 Solidity 代码。

9.1 以太坊开发环境的搭建

以太坊可以分别在 Windows 系统环境、macOS 系统环境和 Linux 系统环境下安装。在 Windows 和 macOS 系统环境下不利于使用以太坊进行开发,而 Linux 系统可以很好地支持以太坊的开发,所以推荐使用 Linux 系统环境。

如果用户操作系统为 Windows,可以通过虚拟机安装 Linux 系统,推荐使用 Ubuntu 16.04 系统,然后安装 Mist 钱包和相关组件——Ubuntu Git、Geth 客户端、Solc 编译器等,编程语言为 C++ 和 Go 语言。

Ubuntu Git:Git 是一个分布式版本的控制系统,GitHub 是一个使用 Git 来托管代码的网站。

Geth 客户端:使用 Go 语言编写且实现了 Ethereum 协议的客户端软件。

Solc 编译器:Solc 是一个 Solidiy 命令行编译器,是 Solidiy 的编译方法之一。鉴于虚拟机安装 Linux 的方法在互联网上已有大量教程,本书就不再赘述,而是直接从以太坊的安装开始介绍。

Git 的安装以及依赖命令如下。

```
sudo add-apt-repository ppa:git-core/ppa
sudo apt-get update
sudo apt-get install git
```

Geth 的安装命令如下。

```
sudo apt-get install software-properties-common
sudo add-apt-repository -y ppa:ethereum/ethereum
sudo apt-get update
sudo apt-get install ethereum
```

获取 Geth 帮助的指令如下。

```
geth --help
```

Solidity 是以太坊智能合约的开发语言。想要测试智能合约，开发 DAPP 需要安装 Solc，其安装命令如下。

```
sudo add-apt-repository ppa:ethereum/ethereum
sudo apt-get update
sudo apt-get install solc
```

更多安装和配置信息可以从对应的官方文档获取。完成以上步骤后，就完成了 Linux 系统环境下的以太坊安装操作。

9.2 以太坊的交易与合约

前面介绍了如何建立以太坊的开发环境，本节将介绍以太坊的账户类型、交易与消息等概念。

9.2.1 ▷ 以太坊的账户类型

以太坊中有两类账户，它们共用同一个地址空间。

① 外部账户：该类账户被公钥和私钥控制。

② 合约账户：该类账户被存储在账户中的代码控制。

外部账户的地址是由公钥决定的，合约账户的地址是在创建该合约时确定的。合约账户存储了代码，外部账户则没有，除了这点以外，这两类账户对于 EVM 来说是一样的。每个账户有一个 key-value 形式的持久化存储。其中 key 和 value 的长度都是 256bit，名字叫作 storage。另外，每个账户都有一个以太币余额（单位是"Wei"），该账户余额可以通过向它发送带有以太币的交易来改变。

9.2.2 ▷ 交易与消息

交易是一个签名数据包，用于从一个账户向另一个账户或者向一个合约发送以太币、调用合约方法或者部署一个新的合约。交易使用椭圆曲线数字签名算法（Elliptic Curve Digital Signature Algorithm，ECDSA）签名，ECDSA 是一种基于 ECC 的数字签名算法。交易包含信息的接收者、识别发起人及其意愿的签名、要转账的以太币数量、交易执行允许进行的计算资源最大值（即燃料上限），以及交易发起人愿意为单位计算资源支付的费用（即燃料价格）。如果交易目的是调用合约方法，则包含输入数据；如果其目的是部署合约，则可以包含初始化代码。用交易所消耗的燃料乘以燃料价格计算即得到交易费。为了发送以太币或者执行合约方法，需要向网络广播该交易。发起人需要用私钥签署交易。

在以太坊状态全局范围内的合约可以与在相同范围内的合约进行通信。它们是通过"消息"或者"内部交易"进行通信的。可以认为消息或内部交易就类似于交易，不过其与交易最大的不同是：它们不是由外部拥有账户产生的。相反,它们是被合约产生的。它们是虚拟对象，与交易不同，没有被序列化，而且只存在于以太坊执行环境。一个需要注意的事情是，内部交易或者消息不包含 gasLimit。因为 gasLimit 是由原始交易的外部创建者决定的（也就是外部拥有账户）。外部拥有账户设置的 gasLimit 必须足以将交易完成，包括由于此交易而产生的任何"子执行"，例如，合约到合约的消息。如果在一个交易或者信息链中，其中一个消息执行使用的燃料已不足，那么这个消息的执行会被还原，包括任何被此执行触发的子消息。不过，父执行没必要被还原。

9.3 以太坊接口

本节将介绍以太坊各种类型的接口，了解这些接口将有助于进行智能合约的开发与部署。

9.3.1 ▷ 接口方式

以太坊官方提供了 Go、Python、C++ 和 Parity 等 4 种语言版本的应用程序接口（Application Programming Interface，API）。这 4 种语言都提供了 JSON-RPC API，供使用者调用，可以通过 Geth RPC 终端开启。

在开启 Geth 的时候可以增加 --${interface}api 选项来选择开启哪一个 API。${interface} 的类型可以为 RPC 开启 HTTP，WS 可开启 Web Scocket，IPC 可开启 UNIX socket（UNIX）或者 named pipe（Windows）。

默认的 JSON-RPC 端口如下。

Cliet 1	Url 2
C++	http://localhost:8545
Go	http://localhost:8545
Python	http://localhost:4000
Parity	http://localhost:8545

以 Go-Ethereum 为例，开启 JSON-RPC 服务有如下操作。

开启默认接口命令如下。

geth --rpc

自定义监听端口和地址使用如下命令。

geth --rpc --rpcaddr <ip> --rpcport <portnumber>

如果需要从浏览器访问 RPC，则需要用适当的域名配置 CORS，命令如下。

geth --rpc --rpccorsdomain http://localhost:3000

可以自定义端口，若不指定端口就是默认 8545 端口。

同时，在 Geth 控制器里面也可以通过输入命令"startRPC（addr, port）"调用以太坊 JSON-RPC 接口类型来开启 RPC 服务。

除了 DAPP API 的命名空间（ETH、SHH、Web3）之外，Geth 还提供了如下 API 命名空间。

Namespace	Usage
admin	Geth node management
debug	Geth node debugging
miner	Miner and DAG management
personal	Account management
txpool	Transaction pool inspection

调用格式如下。

Cur addr:port -X POST --data '{"jsonrpc":"2.0","id":id, "method":"${method}", "params":"${params}"}'

ethereum-php

9.3.2 ▷ 以太坊接口配置

开发以太坊去中心化应用，免不了和以太坊进行交互，那就离不开 Web3。Geth 控制台（REPL）实现了所有的 Web3 API 及 Admin API，所以使用好 Geth 就是必修课。

安装及启动以太坊客户端（Geth）的步骤如下。

① 安装以太坊客户端（Geth）。

sudo apt-get install software-properties-common

sudo add-apt-repository -y ppa:ethereum/ethereum

sudo apt-get update

sudo apt-get install ethereum

② 安装进程管理工具（pm2 需要 node 环境）。

```
//nvm install node
curl -o- https://github.com/nvm-sh/nvm/blob/master/install.sh | bash
export NVM_NODEJS_ORG_MIRROR=https://npm.taobao.org/mirrors/node
source ~ /git/nvm/nvm.sh
nvm install 7

//npm install -g pm2
source ~ /.bashrc
export npm_config_registry=https://registry.npm.taobao.org
```

③ 启动 Geth 配置文件。

```
~ /geth.json
[
  {
    "name"              : "geth",
    "cwd"               : "/usr/bin/",
    "script"            : "geth",
    "args"              : "--rpcapi eth,web3 --rpc --dev --datadir /home/username/geth_private_data",
    "log_date_format"   : "YYYY-MM-DD HH:mm Z",
    "out_file"          : "/home/username/geth_private_data/log/geth_out.log",
    "error_file"        : "/home/username/geth_private_data/log/geth_err.log",
    "log_file"          : "/home/username/geth_private_data/log/geth_log.log",
    "merge_logs"        : false,
```

```
    "watch"           : false,
    "max_restarts"    : 10,
    "exec_interpreter" : "none",
    "exec_mode"       : "fork_mode"
  }
]
```

执行 pm2 start geth.json，即可启动 Geth。

9.4 以太坊智能合约开发

本节要建立一个"麻雀虽小但五脏俱全"的区块链，它具有如下功能。

① 可以新建用户账号。

② 挖矿获取"虚拟货币"的奖励。

③ 可以在不同账号间进行转账。

④ 部署智能合约并执行。

9.4.1 ▷ 本地私有链的搭建与配置

Ubuntu 用户在线安装 Geth 的操作如下。

① 在 Ubuntu 系统内开启 Terminal 命令窗口，输入如下命令并执行。

$ sudo add-apt-repository -y ppa:ethereum/ethereum

$ sudo apt-get update

$ sudo apt-get install ethereum

② 执行完成后输入"geth -help"命令验证是否安装成功，如图 9-1 所示。

```
copy@ubuntu: ~/Desktop/private-geth
copy@ubuntu:~/Desktop/private-geth$ geth -help
NAME:
   geth - the go-ethereum command line interface

   Copyright 2013-2017 The go-ethereum Authors

USAGE:
   geth [options] command [command options] [arguments...]

VERSION:
   1.8.2-stable-b8b9f7f4

COMMANDS:
   account       Manage accounts
   attach        Start an interactive JavaScript environment (connect to node)
   bug           opens a window to report a bug on the geth repo
   console       Start an interactive JavaScript environment
   copydb        Create a local chain from a target chaindata folder
   dump          Dump a specific block from storage
   dumpconfig    Show configuration values
   export        Export blockchain into file
   import        Import a blockchain file
   init          Bootstrap and initialize a new genesis block
   js            Execute the specified JavaScript files
```

图 9-1　输入"geth-help"命令

③ 建立以太坊私有网络。

如下命令是创建存放私有链数据目录，初始化配置文件都存放在该目录中。

ubuntu@i-umw7lzvn: ~ $ mkdir private-geth

ubuntu@i-umw7lzvn: ~ $ cd private-geth/

创建 json 文件并设置创世区块：vim genesis.json。

{

　"config": {

　　　"chainId": 15,

　　　"homesteadBlock": 0,

　　　"eip155Block": 0,

　　　"eip158Block": 0

　},

　"coinbase" : "0x0000000000000000000000000000000000000000",

　"difficulty" : "0x40000",

　"extraData" : "",

　"gasLimit" : "0xffffffff",

```
  "nonce" : "0x0000000000000042",
  "mixhash" : "0x00000000000000000000000000000000000000000000000000
00000000000000",
  "parentHash" : "0x00000000000000000000000000000000000000000000000
00000000000000000",
  "timestamp" : "0x00",
  "alloc": { }
}
```

④ 初始化命令：geth --datadir data0 init genesis.json，执行命令后将显示相应的配置信息，如图 9-2 所示。

```
INFO [05-16|17:17:53] Maximum peer count                       ETH=25 LES=0 tota
l=25
INFO [05-16|17:17:53] Allocated cache and file handles         database=/home/co
py/Desktop/private-geth/app/geth/chaindata cache=16 handles=16
INFO [05-16|17:17:53] Writing custom genesis block
INFO [05-16|17:17:53] Persisted trie from memory database      nodes=0 size=0.00
B time=2.398µs gcnodes=0 gcsize=0.00B gctime=0s livenodes=1 livesize=0.00B
INFO [05-16|17:17:53] Successfully wrote genesis state         database=chaindat
a                                               hash=686c2c…cbf013
INFO [05-16|17:17:53] Allocated cache and file handles         database=/home/co
py/Desktop/private-geth/app/geth/lightchaindata cache=16 handles=16
INFO [05-16|17:17:53] Writing custom genesis block
INFO [05-16|17:17:53] Persisted trie from memory database      nodes=0 size=0.00
B time=1.873µs gcnodes=0 gcsize=0.00B gctime=0s livenodes=1 livesize=0.00B
INFO [05-16|17:17:53] Successfully wrote genesis state         database=lightcha
indata                                             hash=686c2c…cbf013
```

图 9-2　初始化命令

⑤ 启动节点，加上 Console 表示启动后，启用命令行：geth --datadir ./data0 --networkid 11 console，执行命令后将显示相应的配置信息，如图 9-3 所示。

```
./open: line 1: #!/bin/bash: No such file or directory
INFO [05-16|17:18:57] Maximum peer count                       ETH=25 LES=0 tota
l=25
INFO [05-16|17:18:57] Starting peer-to-peer node               instance=Geth/v1.
8.2-stable-b8b9f7f4/linux-amd64/go1.9.4
INFO [05-16|17:18:57] Allocated cache and file handles         database=/home/co
py/Desktop/private-geth/app/geth/chaindata cache=768 handles=512
WARN [05-16|17:18:57] Upgrading database to use lookup entries
INFO [05-16|17:18:57] Initialised chain configuration          config="{ChainID:
 15 Homestead: 0 DAO: <nil> DAOSupport: false EIP150: <nil> EIP155: 0 EIP158: 0
Byzantium: <nil> Constantinople: <nil> Engine: unknown}"
INFO [05-16|17:18:57] Disk storage enabled for ethash caches   dir=/home/copy/De
sktop/private-geth/app/geth/ethash count=3
INFO [05-16|17:18:57] Disk storage enabled for ethash DAGs     dir=/home/copy/.e
thash                          count=2
INFO [05-16|17:18:57] Initialising Ethereum protocol           versions="[63 62]
" network=11
INFO [05-16|17:18:57] Loaded most recent local header          number=0 hash=686
c2c…cbf013 td=1280
INFO [05-16|17:18:57] Loaded most recent local full block      number=0 hash=686
c2c…cbf013 td=1280
INFO [05-16|17:18:57] Loaded most recent local fast block      number=0 hash=686
```

图 9-3　启用命令行

Geth 参数的含义如下。

Identity：区块链的标识，可随意填写，用于表示目前网络的名字。

init：指定创世区块文件的位置，并创建初始块。

datadir：设置当前区块链网络数据存放的位置。

port：网络监听端口。

RPC：启动 RPC 通信，可以进行智能合约的部署与调试。

rpcapi：设置允许连接的 RPC 的客户端，一般为 db、ETH、net、Web3。

networkid：设置当前区块链的网络 ID，用于区分不同的网络，其可以是一个数字。

console：启动命令行模式，可以在 Geth 中执行命令。

⑥ 创建账户密码为 123，如图 9-4 所示。

```
> personal.newAccount("123")
"0xede76ee43f405c803973bbd2ea9ee2bc27292efe"
```

图 9-4　创建账户密码

> personal.newAccount("123")

⑦ 查看账户，如图 9-5 所示。

> eth.accounts

```
> eth.accounts
["0xd08ac49b7a1ae6374c1d8331a2040d9095ed359a"]
```

图 9-5　查看账户

⑧ 执行下列命令开始挖矿，命令行中将不断显示挖矿信息，如图 9-6 所示。

> miner.start()

```
INFO [05-16|17:29:11] 🔗block reached canonical chain    number=2 hash=798
c4c…68fae2
INFO [05-16|17:29:11] 🔨mined potential block             number=7 hash=97a
279…2bf4d0
INFO [05-16|17:29:11] Commit new mining work              number=8 txs=0 un
cles=0 elapsed=96.455µs
INFO [05-16|17:29:11] Successfully sealed new block       number=8 hash=9d2
ea4…ec2d00
INFO [05-16|17:29:11] 🔗block reached canonical chain    number=3 hash=9b9
27d…8a3574
INFO [05-16|17:29:11] 🔨mined potential block             number=8 hash=9d2
ea4…ec2d00
INFO [05-16|17:29:11] Commit new mining work              number=9 txs=0 un
cles=0 elapsed=87.074µs
INFO [05-16|17:29:12] Successfully sealed new block       number=9 hash=777
dae…9b1134
INFO [05-16|17:29:12] 🔗block reached canonical chain    number=4 hash=a07
300…2831d9
INFO [05-16|17:29:12] 🔨mined potential block             number=9 hash=777
dae…9b1134
INFO [05-16|17:29:12] Commit new mining work              number=10 txs=0
ncles=0 elapsed=84.492µs
```

图 9-6　开始挖矿

⑨ 结束挖矿如图 9-7 所示。

> miner.stop()

```
> miner.stop()
true
```

图 9-7 结束挖矿

为了在本地网络中运行多个以太坊节点的实例,必须确保以下几点。

- 每个实例都有独立的数据目录(–datadir)。
- 每个实例运行都有独立的端口(ETH 和 RPC 两者都是)。
- 在集群的情况下,实例之间必须要知道彼此。
- 唯一的 IPC 通信端点,或者禁用 IPC 第一个节点。

⑩ 启动第一个节点(指定端口,并禁用 IPC),运行如下命令。

geth --datadir ./ap. --networkid 11 --ipcdisable --port 61910 --rpcport 8200 console

获取节点实例:admin.nodeInfo。

查看网络链接节点数:net.peerCount。

⑪ 添加节点到私有链中。

admin.addPeer("enode://4f54ad23930fc1ccff32387bfc008e920f423642ab8d4dbe9bdc4e1dad0b50771307a3d3f54139f224bbc67cba131b30cd38113639457ed84fc118ba18fb1653@ 添加节点 IP: 端口号 ")

进行交易前要对用户账号进行解锁。

personal.unlockAccount(eth.accounts [0])

发送币交易如下。

eth.sendTransaction({from:"0xf9667cf0f907f093eda162ddde424909591530a6"to: "0x27d5690deb4c22bc4cb815f761cd7d0bed8cf42f", value: web3.toWei(4, "ether")})

具体如图 9-8 所示。

```
> personal.unlockAccount(eth.accounts[0])
Unlock account 0xf9667cf0f907f093eda162ddde424909591530a6
Passphrase:
true
> eth.sendTransaction({from:"0xf9667cf0f907f093eda162ddde424909591530a6"to: "0x2
7d5690deb4c22bc4cb815f761cd7d0bed8cf42f", value: web3.toWei(4, "ether")})
INFO [05-17|10:37:53] Submitted transaction                fullhash=0x73beb3
0a3a215649073f63cfd36330c178910ad700cb57d2ec269346ea2ff978 recipient=0x27D5690dE
b4c22bC4cB815f761cD7d0Bed8cf42f
"0x73beb39a3a215649073f63cfd36330c178910ad700cb57d2ec269346ea2ff978"
```

图 9-8　发送的交易

miner.start() 开始挖矿后交易才会执行，执行完成后，另一个用户余额一开始为 0，交易确认后获得 4 个以太币，如图 9-9 所示。

```
> INFO [05-17|10:40:33] Imported new chain segment          blocks=1  txs=0
 mgas=0.000 elapsed=4.380ms mgasps=0.000 number=33 hash=d9eb9d…1b626f cache=6.30
kB
INFO [05-17|10:40:33] Imported new chain segment           blocks=1  txs=0 m
gas=0.000 elapsed=3.971ms mgasps=0.000 number=34 hash=79d1c3…7b414b cache=6.57kB
INFO [05-17|10:40:36] Imported new chain segment           blocks=1  txs=0 m
gas=0.000 elapsed=4.381ms mgasps=0.000 number=35 hash=799118…41b2ef cache=6.83kB
> eth.getBalance(eth.accounts[0])
4000000000000000000
```

图 9-9　交易确认

9.4.2 ▷ 智能合约的结构

合约像一个类（Class），其中包含状态变量（State Variable）、函数（Function）、函数修改器（Function Modifier）、事件（Event）、结构（Structure）和枚举（Enum）。合约还支持继承，通过在线编译时备份代码来实现，合约还支持多态。

下面看一个智能合约的实例。

```
Pragma Solidity ^0.4.22

contract Coin
{
  address public minter;

  mapping (address => uint) public balances;

  event Sent(address from, address to, uint amount);

  function Coin() {
    minter = msg.sender;
```

```
    }
function mint(address receiver, uint amount) {
if (msg.sender != minter) return;
balances [ receiver ] += amount;
    }
function send(address receiver, uint amount) {
if (balances [ msg.sender ] < amount) return;
balances [ msg.sender ] -= amount;
balances [ receiver ] += amount;
Sent(msg.sender, receiver, amount);
}
}
```

以上实例原理如下。

① address public minter 这行代码声明了一个可公开访问的状态变量，类型为 address。address 类型的值大小为 160bit，不支持任何运算操作。适用于存储合约的地址或其他人的公私钥。public 关键字会自动为其修饰的状态变量生成访问函数。没有 public 关键字的变量将无法被其他合约访问。另外，只有本合约内的代码才能写入。自动生成的函数如下。

```
function minter() returns (address) { return minter; }
```

当然，自己增加一个这样的访问函数是行不通的。编译器会报错，指出这个函数与一个状态变量重名。

② 代码 "mapping(address => uint) public balances;" 创建了一个 public 的状态变量，但是其类型更加复杂。该类型将一些 address 映射到无符号整数。mapping 可以被认为是一个哈希表，每一个可能的 key 对应的 value 全被虚拟的初始化为 0。这个类比不是很严谨，对于一个 mapping，无法获取一个包含其所有 key 或者 value 的链表。所以需要自己记着添加了哪

些东西到 mapping 中。更好的方式是维护一个这样的链表，或者使用其他更高级的数据类型，或者只在不受这个缺陷影响的场景中使用 mapping，就像这个例子。在这个例子中，由 public 关键字生成的访问函数将会更加复杂，其代码大致如下。

function balances(address _account) returns (uint balance) {return balances [_account] ; }

我们可以很方便地通过这个函数查询某个特定账号的余额。

9.4.3 ▷ 智能合约的开发工具

Solidity 是目前最流行的智能合约编程语言之一，Solidity 源文件使用的扩展名为 .sol。与其他的编程语言一样，Solidity 也有很多不同的版本，编写本书时最新的版本是 0.4.22。

在源文件中可以使用 Pragma Solidity 说明编写代码时使用的编译器版本，如 Pragma Solidity ^0.4.22。

Web3.js 为智能合约创建 Web 客户端，Web3.js 提供了用于和 Geth 通信的 JavaScript API。它内部使用 JSON-RPC 与 Geth 通信。Web3.js 还可以与所有种类的、支持 JSON-RPC 的以太坊节点通信。它把所有 JSON-RPC API 当作 JavaScript API，也就是说，它不仅支持所有与以太坊相关的 API，还支持与 Whisper 和 Swarm 相关的 API。

Truffle 是一种开发环境、框架和资产管理（Asset Pipeline）。

初始化 Truffle，首先要为应用创建目录。把目录命名为 altcoin。在 altcoin 目录中，运行 truffle init 命令，初始化项目。初始化结束后，会得到一个包含如下项目的项目结构。

Contract：Truffle 将发现 Solidity 合约的目录。

Migrations：包含合约部署代码的文件所在的目录。

Test：用于检测智能合约的测试文件的位置。

Truffle.js：主要 Truffle 配置文件。

Oraclize 是一种服务，旨在使智能合约可以访问来自其他区块链或者万维网的数据。该服务目前在比特币以及以太坊主网和测试网可用。Oraclize 的特殊之处是我们不需要去信任它，因为它可以为提供给智能合约的全部数据做真实性证明。下面我们介绍 Oraclize 的工作原理。

以太坊智能合约使用 Oraclize 从其他区块链和互联网中抓取数据。为了抓取外部数据，以太坊智能合约需要发送一个查询给 Oraclize，指定数据源和数据源的参数。向 Oraclize 发送一个查询，表示发送一个合约调用给以太坊中出现的 Oraclize 合约。Oraclize 服务端不断寻找新传入智能合约的查询。当它发现一个新的查询时，就抓取结果，并调用合约的_callback 方法将结果返回。

9.4.4 ▷ 智能合约的部署与调用

1. 合约部署流程

① 启动一个以太坊节点，使用 Remix 在线编译智能合约。

② 获得二进制代码。将编译好的合约部署到网络（这一步会消耗以太币，还需要使用你的节点的默认地址或者指定地址来给合约签名）。

③ 获得合约的区块链地址和 ABI（ABI 是合约接口的二进制表示，合约接口的 JSON 表示，包括变量、事件和可以调用的方法）。用 Web3.js 提供的 JavaScript API 来调用合约（根据调用的类型有可能会消耗以太币）。

2. 智能合约实例

接下来将使用 Geth 的控制台开发一个简单的智能合约并编译部署在私有链上，最后与之交互。完成这些后，就能对智能合约的运行机制理解得更加深刻。本例子结合了汪晓明关于以太坊开发的演示视频及以太坊项目有关交易和合约。

打开测试网络的控制台，输入以下命令：

geth --datadir " ~ /ethdev" --dev console 2>> geth.log

这样就打开了测试网的控制台，之后的步骤如无特别说明都将在控制台中完成。接下来的智能合约的例子就是使用 Solidity 语言开发的。

接下来，以一个简单的乘法函数来展示一下如何来编写智能合约。例子很简单，编写一个求解与 7 相乘结果的函数，即输入一个值 a，返回 $a \times 7$ 的值，其步骤如下。

① 用 Solodoty 语言编写合约内容，如图 9-10 所示。

Pragma Solidity ^0.4.22

contract test{

function multiply(uint a) public returns(uint d){

return a * 7;}

}

图 9-10　编写合约内容

② 对合约类进行编译，获得 abiDefinition 和 BYTE CODE。

因为 Geth 1.6 已经取消了 eth.complie，所以合约的编译不能在 Geth 中完成，可以选择在线编译工具 Solidity IDE 完成编译。

用浏览器打开在线工具，并将步骤粘贴入工具左侧的文本区中，如图 9-11 中的两部分数据：BYTE CODE 和 ABI 便是我们需要的二进制码和 ABI 接口定义。此时，单击界面上的复制按钮，把数据复制到本地。

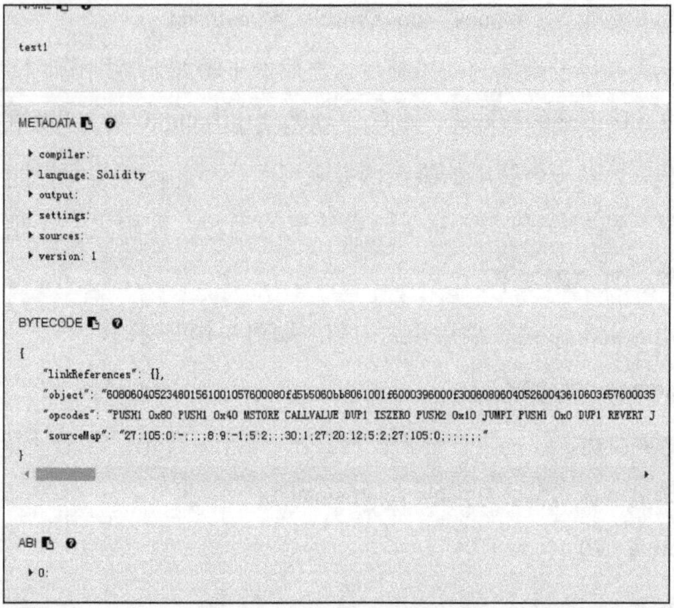

图 9-11　在线编译操作

③ 通过 abiDefinition 和 BYTE CODE 实例化合约并进行部署。

// 以下两段即是步骤② 获取的 abiDefinition 和 BYTE CODE 数据

abi=[{"constant":false,"inputs":[{"name":"a","type":"uint256"}],"name":"multiply", "outputs":[{"name":"d","type":"uint256"}],"payable":false,"stateMutability":"nonpayable","type":"function"}]

byte code="0x6080604052348015610010576000080fd5b5060bb8061001f60003 96000f3006080604052600436106003f576000357c010000000000000000000000 00000000000000000000000000000000900463ffffffff168063c6888fa11460445 75b600080fd5b348015604f57600080fd5b50606c600480360381019080803590 6020019092919050505060825b6040518082815260200191505060405180910 390f35b6000600782029050919050560a165627a7a723058209718d758bb312 a47628e21f54b653bfcbf362d23c1ea6677c94fb55760990abf0029"

// 创建合约

```
contract = eth.contract(abi);
initializer = {from: web3.eth.accounts[0], data: byte code, gas: 300000};
token = contract.new(initializer)
```

```
// 合约创建完成之后，打印 token.address 为空
// 需要通过挖矿这一步骤，对合约地址进行确认
miner.start();
admin.sleepBlocks(2);
miner.stop();
```

到此为止，合约已部署到了区块链上。

④ 通过合约地址，实例化自己的合约，并进行调用。

```
// 在合约调用之前，需要对用户进行解锁
personal.unlockAccount(eth.accounts[0],"admin")
mycontract = contract.at(token.address)
mycontract.multiply.call(2) // 到了这一步，我们可以得到自己合约的返回值 14
```

9.5 创建企业级智能合约

随着所要创建的智能合约日趋庞大和复杂，再使用本地私有链的方式进行智能合约的开发与部署显然不能适应实际应用的需求，并且在编译和测试上会遇到很多实际的问题和性能的瓶颈。因此在本节中，将介绍构建以太坊的企业级智能合约，通过使用基于以太坊的 Solidity 语言的开发框架 Truffle，以创建 altcoin 的方式使创建企业级 DAPP 变得容易。

9.5.1 ▷ 探索 ganache-cli

ganache-cli 是以 Node.js 为基础的以太坊节点，用于测试和开发智能

合约。它模拟"全节点"行为,并使以太坊应用开发更快速。它还包括所有流行的 RPC 函数和功能(例如事件),并可以确定性运行,使开发更容易。

ganache-cli 用 JavaScript 编写,是一个分布式 npm 包。在写本书时,ganache-cli 的最新版本是 6.0.3,并要求 Node.js 版本最低达到 6.11.5 才能正常运行。

9.5.2 ▷ ganache-cli 的安装与使用

模拟以太坊节点使用 ganache-cli 的方式如下,每种方式都有用例。

ganache-cli 命令行用于模仿一个以太坊节点的功能。要安装这个命令行应用,需要在全局安装 ganache-cli。

npm install -g ganache-cli

所提供的多个选项如下。

①-a 或 –accounts。指定启动时要创建的测试账户数量。

②-e 或 –defaultBalanceEther。分配给每个测试账户的以太币数量,默认值为 100。

③-b 或 r–blockTime。指定自动挖矿的 blockTime,以秒为单位。默认值为 0,表示不进行自动挖矿。

④-d 或 –deterministic。基于预定的助记词(mnemonic)生成固定的测试账户地址。

⑤-n 或 –secure。默认锁定所有测试账户,有利于进行第三方交易签名。

⑥-m 或 –mnemonic。用于生成测试账户地址的助记词。

⑦-p 或 –port。设置监听端口,默认值为 8 545。

⑧-h 或 –hostname。设置监听主机,默认值同 NodeJS 的 server.listen()。

⑨-s 或 –seed。设置生成助记词的种子。

⑩-g 或 –gasPrice。设定燃料价格,默认值为 20 000 000 000。

⑪ -l 或 –gasLimit。设定燃料数量的上限，默认值为 90 000。

⑫ -f 或 –fork。从一个运行中的以太坊节点客户端软件的指定区块分叉。输入值应当是该节点的 HTTP 地址和端口，如 http://localhost:8545。可选使用 @ 标记来指定具体区块，如 http://localhost:8545@1599200。

⑬ -i 或 –networkId。指定网络 ID。默认值为当前时间，或使用所分叉链的网络 ID。

⑭ –db。设置保存链数据的目录。如果该路径中已经有链数据，ganache-cli 将用它初始化链而不是重新创建。

⑮ –debug。输出 VM 操作码，用于调试。

⑯ –mem。输出 ganache-cli 内存使用统计信息，这将替代标准的输出信息。

⑰ –noVMErrorsOnRPCResponse。不把失败的交易作为 RCP 错误发送。开启这个标志使错误报告方式兼容其他的节点客户端，如 Geth 和 Parity。

特殊选项如下。

① –account。通过指定账户私钥和账户余额来创建初始测试账户，可多次设置。

ganache-cli --account="<privatekey>,balance"[--account="<privatekey>,balance"]

> **注意** 私钥长度为 64 字符，必须使用 0x 前缀的十六进制字符串。账户余额可以是整数，也可以是 0x 前缀的十六进制字符串，单位为 Wei。

使用 –account 选项时，不会自动创建 HD 钱包。

② -u 或 –unlock。解锁指定账户，或解锁指定序号的账户。可以设置多次。当与 –secure 选项同时使用时，这个选项将改变指定账户的锁定状态。

ganache-cli --secure --unlock "0x1234..." --unlock "0xabcd..."

也可以指定一个数字，按序号解锁账号。

ganache-cli --secure -u 0 -u 1

9.5.3 ▷ 可用 RPC 方法

ganache-cli 可用的 RPC 方法如下。

Eth_accounts

Eth_blockNumber

Eth_call

Eth_compileSolidity

Eth_estimateGas

Eth_gasPrice

Eth_getBalance

Eth_getBlockByNumber

Eth_getBlockByHash

Eth_getBlockTransactionCountByHash

Eth_getBlockTransactionCountByNumber

Eth_getCode

Eth_getCompilers

Eth_getFilterChanges

Eth_getFilterLogs

Eth_getLogs

Eth_getStorageAt

Eth_getTranscationByhash

Eth_getTranscationByhashAndIndex

Eth_getTranscationByBlockHashAndIndex

Eth_getTranscationByBlockNumberAndIndex

Eth_getTranscationCount

Eth_getTranscationReceipt

Eth_hashrate

Eth_mining

Eth_newBlockFilter

Eth_newFilter

Eth_sendTransaction

Eth_sendRawTransaction

Eth_sign

Eth_syncing

Eth_uninstallFilter

Net_listenging

Net_peerCount

Net_version

Miner_start

Miner_stop

Rpc_modules

Web3_clientVersion

Web3_sha3

9.5.4 ▷ Truffle 概述

Truffle 是一种开发环境（提供编译、部署、测试和创建所用的命令行工具）、框架（提供多种包，使编写测试、部署代码、创建客户端等变得容易）和资产管道（发布包以及使用其他人发布的包）。

1. 安装 Truffle

Truffle 适用于 macOS、Linux 和 Windows 系统。Truffle 要求安装的

Node.js 版本高于 5.0。在写本书时，Truffle 的最新稳定版本是 3.4.5，本书将使用这个版本。安装 Truffle 只需要运行如下命令。

Npm install -g truffle

在实施进一步操作之前，确保在 Network ID 10 上运行。

2. 初始化 Truffle

首先需要为应用创建目录。把目录命名为 Metacoin。在 Metacoin 目录中，运行如下命令，初始化项目。

Truffle init

初始化结束后，会得到一个包含如下项目的项目结构。

① Contracts。Truffle 将会发现 Soliditty 合约的目录。

② Migrations。包含合约部署代码的文件所在的目录。

③ Test。用于检测智能合约的测试文件的位置。

④ Truffle.js。主要是 Truffle 配置文件。

Truffle init 默认提供一系列样本合约（Metacoin 和 ConverLib），相当于在以太坊上的简单 Altcoin。

Metacoin（元币，一种"虚拟货币"）智能合约的源代码如下，供参考。

Pragma Solidity ^0.4.4;

Impor "./ConvertLib.sol";

Contract Metacoin{

　　Mapping(address =>uint) balances;

　Even Transfer (address indexed_from,address indexed _to,uint256 _values）；

　　Function Metacoin(){

Balances [tx.origin] = 10000;

}

Function sendCoin(addres receiver,uint amount) returns (bool sufficient)

```
{
If (balances [ msg.sender ] < amount) return false;
balances [ msg.sender ] -=amount;
balances [ receiver ] +=amount;
Transfer(msg.sender,receiver,amount);
return true;
}
Funtion getBalanceInEth(adress addr) return(uint){
Return ConvertLib.convert(getBalance(addr),2);
}


Function getBalance(address addr ) returns (uint){
Return balances [ addr ] ;
}
}
```

Metacoin 向部署合约的账户地址分派 10 000 个元币。10 000 是存在的全部元币总数。现在该用户可以用 sendCion() 函数发送元币给任何人，可以随时使用 getBalance() 查询账户余额。假设一个元币折合两个以太币，就可以用 getBalanceInEth() 得到以太币余额。

ConvertLib 库用于计算以太币中元币的数值。为了实现此目标，该库提供了 convert() 方法。

9.5.5 ▷ 编译合约

在 Truffle 框架中编译合约将产生带有 ABI 和 unlinked_binary 属性的 artifact 对象。运行如下命令进行编译。

```
Truffle complie
```

为了避免不必要的编译工作，Truffle 只编译上次编译之后有变化的合约。如果想重写这个行为，用 --all 选项运行前面的命令。

用户会在 build/contratcts 目录中发现 artifacts。可以根据需要任意编辑这些文件。在运行 compile 和 migrate 命令时，这些文件就被修改了。

在编译前，需要注意如下事项。

① Truffle 期望合约文件定义与其文件名完全匹配的合约。例如，如果有一个文件叫作 MyContract.sol，那么合约文件必须有合约 Mycontract{}或者 library myContract{}。

② 文件名匹配也要区分大小写，即大小写要一致。这意味着如果文件名没有大写，那么合约名也不应该大写。

③ 可以使用 Solidity 的导入命令声明合约相关内容。Truffle 将使用正确的顺序编译合约，并在必要时自动接入库。必须指明相关内容与当前 Solidity 文件之间的关系，开头是 "./" 或者 "../"。

9.5.6 ▷ 配置文件

Truffle.js 用于配置项目的 JavaScript 文件。该文件支持执行代码创建配置，默认内容如下。

```
Module.exports = {
Networks:{
Development:{
Host:"localhost",
Port:8545,
Network_id:"*"//Match any network id
}
}
};
```

该对象可以包含多种属性，但最基础的属性是 Networks。该属性指明哪个网络部署可用，以及与每个网络交互的特定交易参数（如 gasPrice、from、gas 等）。默认 gasPrice 是 100 000 000 000，gas 是 4 712 388，from 是以太坊客户端中的第一个可用合约。

可以随意指定网络数量，继续修改配置文件。

```
Module.exports = {
Networks:{
Development:{
Host:"localhost",
Port:8545,
Network_id:"10"
},
Live:{
Host:"localhost",
Port:8545,
Network_id:"1"
}
}
};
```

上述代码定义了 development 和 live 两个网络。

9.5.7 ▷ 合约部署与测试

① 在 contracts 目录中新建一个 Hello_mshk_top.sol 文件，代码如下。

```
pragma solidity ^0.4.17;
contract Hello_mshk_top{
//say hello mshk.top
```

```
function say() public pure returns (string){

return "Hello mshk.top";}

//print name

function print(string name) public pure returns (string){

return name;  }}
```

代码中有两个方法：say() 方法是输出一段文字 Hello mshk.top；print（string name）方法是输出传入的内容。

编辑 migrations/1_initial_migration.js 部署脚本，将我们刚才创建的 Hello_mshk_top.sol 文件设置到发布配置文件中，内容如下。

```
var Migrations = artifacts.require("./Migrations.sol");

var Hello_mshk_top = artifacts.require("./Hello_mshk_top.sol");

module.exports = function(deployer) {

deployer.deploy(Migrations);

deployer.deploy(Hello_mshk_top);

};
```

② 将项目使用 truffle compile 命令进行编译，编译后的文件都放在 ./build/contracts 目录下，结果如图 9-12 所示。

```
copy@ubuntu:~/Desktop/test_truffle$ truffle compile --compile-all
Compiling ./contracts/Hello_mshk_top.sol...
Compiling ./contracts/Migrations.sol...
Writing artifacts to ./build/contracts
```

图 9-12　编译文件

③ 部署智能合约。编辑 truffle.js 配置文件，设置稍后要部署智能合约的位置，内容如下。

```
module.exports ={

networks:{

development:{
```

```
host: "localhost",
port: 8545,
network_id: "*"
}
}};
```

Truffle 的智能合约项目部署，使用 Truffle migrate 命令的结果如图 9-13 所示。

```
Using network 'development'.
Running migration: 1_initial_migration.js
  Replacing Migrations...
  ... 0xdd651b868e683606e65898dc603d3f13f7bfd2e202edd4242e87893c1bb9bd4a
  Migrations: 0xd19d37f6b7586892ab82d5d870d8a68780449a85
  Replacing Hello_mshk_top...
  ... 0x41d108d55b049684eb8b97e05e26ede12a1829edda6a42ba7fd6a00101c2c9f4
  Hello_mshk_top: 0x52c31d0e26614f102a79b7ebd71bdbb3e8a3ca2e
Saving successful migration to network...
  ... 0x3200baf8720415f61066b4b9bd36c52339743af749d4399016741d238431e92a
Saving artifacts...
```

图 9-13 使用 Truffle migrate 命令的结果

④ 将智能合约部署到 ganache-cli 中测试。启动 ganache-cli，直接输入 ganache-cli 命令就可以调用 ganache-cli 客户端，结果如图 9-14 所示。

```
copy@ubuntu:~/Desktop/test_truffle$ truffle console
truffle(development)> var contract
undefined
truffle(development)> Hello_mshk_top.deployed().then(functio
= instance;});
undefined
truffle(development)> con
const        continue

console      contract

constructor

truffle(development)> contract.say()
'Hello mshk.top'
truffle(development)> contratc.print("https://mshk.top")
ReferenceError: contratc is not defined
truffle(development)> contract.print("https://mshk.top")
'https://mshk.top'
truffle(development)>
```

图 9-14 调用 ganache-cli 客户端

通过 Truffle migrate 命令发布项目如图 9-15 所示。

```
copy@ubuntu:~/Desktop/test_truffle$ truffle migrate --reset
Using network 'development'.

Running migration: 1_initial_migration.js
  Replacing Migrations...
  ... 0xdd651b868e683606e65898dc603d3f13f7bfd2e202edd4242e87893c1bb9bd4a
  Migrations: 0xd19d37f6b7586892ab82d5d870d8a68780449a85
  Replacing Hello_mshk_top...
  ... 0x41d108d55b049684eb8b97e05e26ede12a1829edda6a42ba7fd6a00101c2c9f4
  Hello_mshk_top: 0x52c31d0e26614f102a79b7ebd71bdbb3e8a3ca2e
Saving successful migration to network...
  ... 0x3200baf8720415f61066b4b9bd36c52339743af749d4399016741d238431e92a
Saving artifacts...
```

图 9-15　发布项目

⑤ 输入命令 Truffle console，打开 Truffle 控制台，测试刚才部署的 Hello_mshk_top 合约。

9.6　课后习题

1. 智能合约在区块链中扮演什么角色？
2. 在区块链私有链中，不同机器的节点如何互相连接？
3. 将智能合约写入区块链的区块中需要注意哪些问题？
4. 不同机器节点互相连接，区块信息如何同步更新？

第10章 区块链设计案例：AppChain

很多读者对加密"虚拟货币"底层的区块链技术非常感兴趣,特别想了解它们的运行机制。但是学习区块链技术并非一帆风顺,市面上虽然有大量的视频教程,还有各种课程,但真正可用的实战课程太少。如果你喜欢在实践中学习,尤其喜欢以代码为基础去了解整个工作机制,那么当你学完本章的内容时,你就会知道区块链技术是如何工作的。

区块链的编程软件众多,有以比特币为代表的基于 C++ 的区块链,有以以太坊为代表的基于 Go 语言的区块链。

本章以比特币的基础模型为核心,基于 Python 3 开发,讲述本章所需开发环境的搭建,区块链核心部分的搭建;讲解区块链的核心实现方式;创建与链接区块链区块,讲解 Python 3 的部分代码,实现与 Python 2 同样的功能;搭建区块链的基本部分,更深层次地介绍区块链的基本实现功能,具体实现区块链的构造与链接、挖矿、交易、共识、不同网络间的底层识别等内容。

10.1 环境的搭建

区块链是一个不可变的、有序的被称为区块的记录链。它可以包含交易、文件或任何数据。重要的是,它们用哈希值链接在一起。

本章将用到 Python 3、Postman。为了更好地使用 Python 3,还需要安装 PyCharm 以及对应 Python 版本的 Anaconda。其中,PyCharm 提供了类似于 Visual Studio 的编程窗口,比 Python 自带的命令行窗口更易于在 Windows 操作系统下使用;安装 Anaconda,是因为它提供了很多 Python 的库文件,方便用户直接使用,而不用一个个地进行安装。

因为本章涉及与区块链进行通信的内容,所以读者需要了解 HTTP 的工作原理。Python 最低版本要求为 Python 3.6,并且需要配套库文件——Flask、Requests 库(库文件版本,Flask 0.12.2、Requests 2.18.4),还需要一个支持 HTTP 的客户端，如 Postman、cURL 等，本章用的是 Postman。

10.1.1 ▷ 环境准备

如果已安装并配置好环境，可以跳过本节。

本书用到的所有软件均基于 Windows 系统环境，若有其他系统环境，请自行搜索和下载安装。

下载 Python 3，本书使用的 Python 版本为 Python 3.6.5。读者可以去 Python 官网自行下载需要的版本。

下载 Anaconda。从官网下载与已安装的 Python 版本相对应的版本即可。

下载 PyCharm。本书使用的是 JetBrains PyCharm 2018.1.4 版本。

下载 Postman。该软件没有版本限制，建议使用最新版。

10.1.2 ▷ 安装所需要的环境

注意，所有安装包都单击鼠标右键以管理员的身份运行。

1. 安装 Python 3

① 进入图 10-1 所示的界面。选中"Add Python 3.6 to PATH"复选框，然后选择"Customize installation"选项，进入下一步。

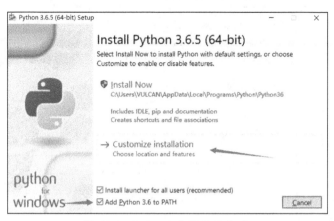

图 10-1　Python 3 安装界面（1）

在图 10-2 中按默认选项，直接单击"Next"按钮进入下一步。

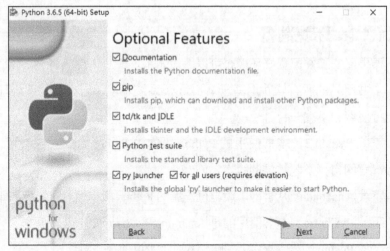

图 10-2　Python 3 安装界面（2）

② 如图 10-3 所示，可以自己选择安装路径，其他的保持默认选项，然后再单击"Install"按钮进行安装，并等待安装结束。

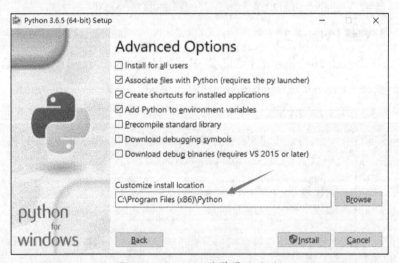

图 10-3　Python 3 安装界面（3）

③ 出现图 10-4 所示的界面表示 Python 已经安装完成，单击"Close"按钮，关闭程序。

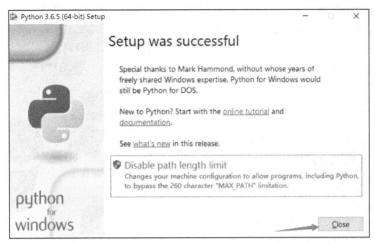

图 10-4　Python 3 安装成功界面

④ 安装完成后，需要验证 Python 3 是否可以正常运行。按"Windows+R"组合键，输入"cmd"进入命令行界面，然后输入"python"，若出现图 10-5 所示的界面，即为 Python 3 安装成功，并已自动配置好环境变量。

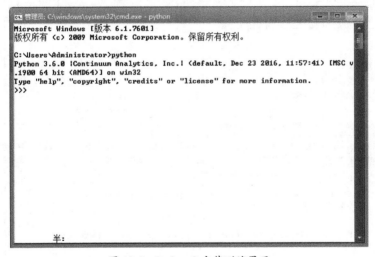

图 10-5　Python 3 安装测试界面

2. 安装 Anaconda 3

① 打开安装文件，启动安装程序，如图 10-6 所示，直接单击"Next"按钮进入下一步。

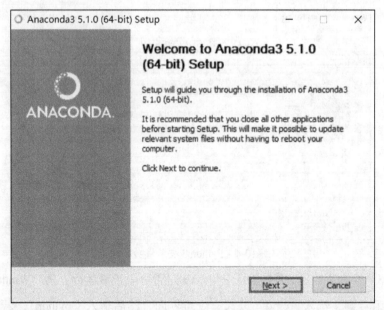

图 10-6　Anaconda 3 安装界面（1）

② 如图 10-7 所示，阅读协议，并单击 "I Agree" 按钮，进入下一步。

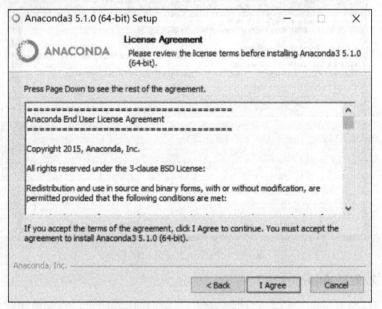

图 10-7　Anaconda 3 安装界面（2）

③ 如图 10-8 所示，默认选择"Just Me"选择，这里推荐使用"All Users"选项。单击"Next"按钮进入下一步。

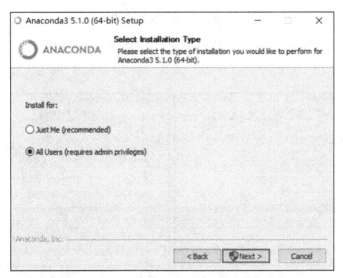

图 10-8　Anaconda 3 安装界面（3）

④ 如图 10-9 所示，选择安装文件位置，这里推荐选择默认路径。单击"Next"按钮进入下一步。

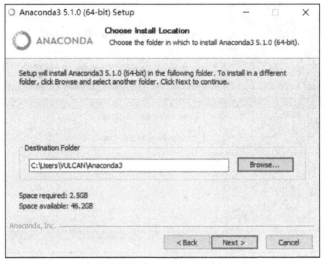

图 10-9　Anaconda 3 安装界面（4）

⑤ 如图 10-10 所示，需要选中 "Add Anaconda to the system PATH environment variable" 复选框，将 Anaconda 加入环境变量。然后单击 "Install" 按钮，直到安装结束，单击 "Next" 按钮。

⑥ 如图 10-11 所示，此处不需要安装其他软件，直接单击 "Skip" 按钮即可。

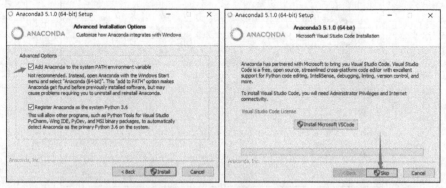

图 10-10　Anaconda 3 安装界面（5）　　图 10-11　Anaconda 3 安装界面（6）

⑦ 如图 10-12 所示，此处取消所有选择，单击 "Finish" 按钮完成安装过程。

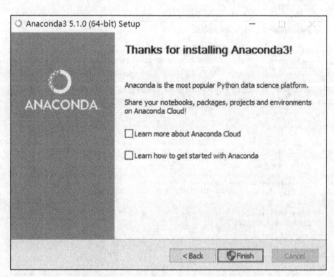

图 10-12　Anaconda 3 安装成功界面

⑧ 现在 Anaconda 3 已经安装成功，但需要检验是否真的安装成功并且已添加至环境变量。进入命令行界面，输入"conda"，如果出现图 10-13 所示的界面，则表示 Anaconda 3 安装成功。

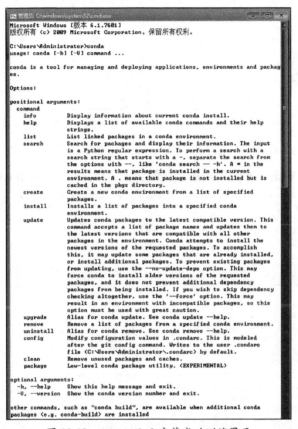

图 10-13　Anaconda 3 安装成功测试界面

3. 安装 PyCharm

安装 PyCharm 较为简单，基本都是单击"Next"按钮。除图形展示外，其余选项均为默认选项，单击"Next"按钮即可。

① 如图 10-14 所示，打开安装包单击"Next"按钮。

② 如图 10-15 所示，安装路径可以自己设定更改，本书推荐使用默认安装路径。

图 10-14　PyCharm 安装界面（1）　　图 10-15　PyCharm 安装界面（2）

> **注意**　图 10-16 中的选择，默认为全不选，按照图示选择即可。然后单击"Next"按钮，直到安装结束，打开 PyCharm 程序。

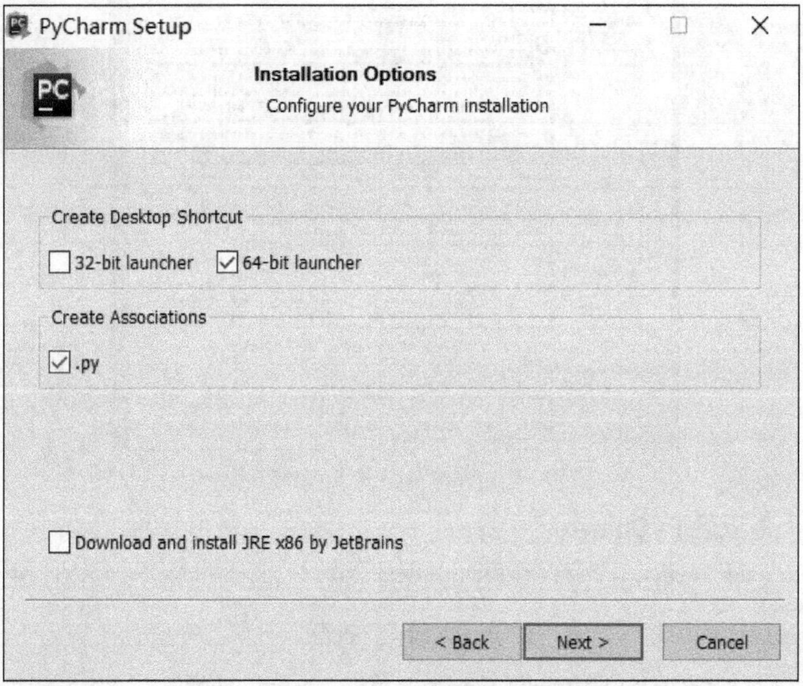

图 10-16　PyCharm 安装界面（3）

③ 打开 PyCharm，按照图 10-17 所示进行选择。

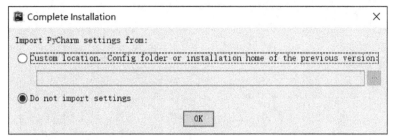

图 10-17　PyCharm 打开界面（1）

④ 如图 10-18 所示，这里展示的是一些必须遵守的协议，其中"Accept"为灰色，只需要将进度条拉到最下面，"Accept"即可变为可单击状态，单击它进入下一步。

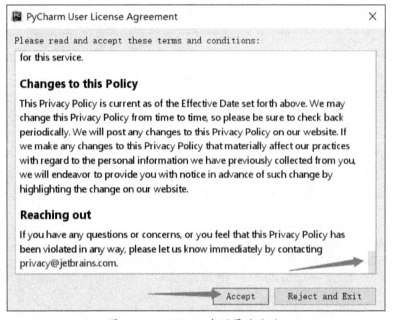

图 10-18　PyCharm 打开界面（2）

⑤ 如图 10-19 和图 10-20 所示，PyCharm 注册界面，分别有账号（邮箱）密码激活、激活码激活、证书服务器激活及免费使用 30 天的方式激活。这里选择免费使用 30 天。选择"Evaluate for free"单选按钮，单击"Evaluate"按钮进入下一步，出现图 10-21 所示的界面，单击"Accept"进入下一步。

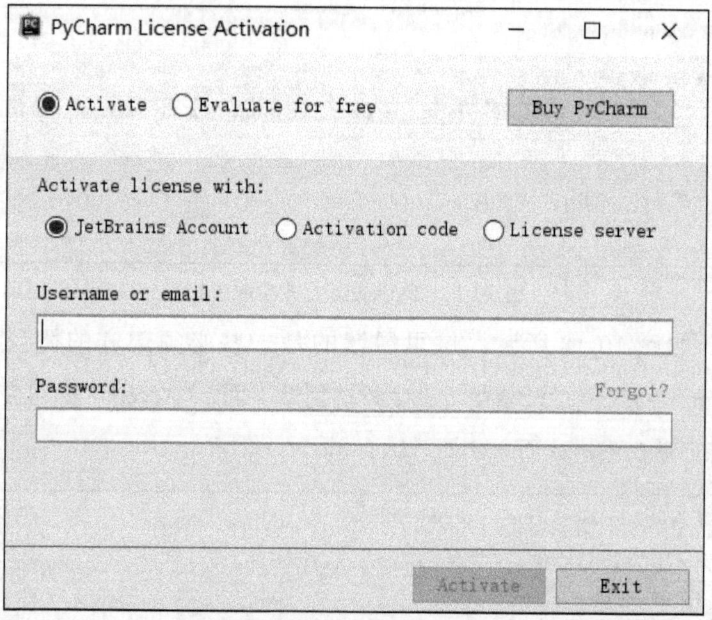

图 10-19　PyCharm 注册界面（1）

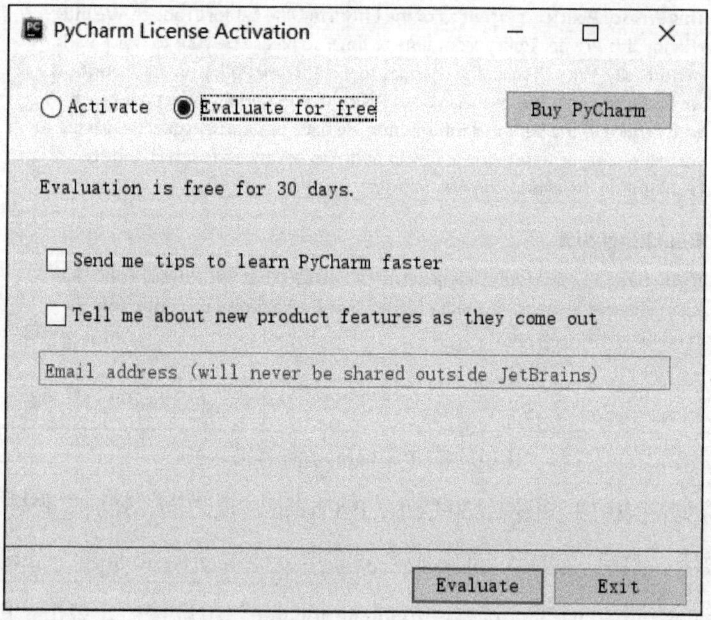

图 10-20　PyCharm 注册界面（2）

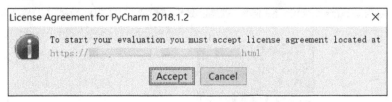

图 10-21　PyCharm 界面

⑥ 如图 10-22 所示，这里可以自定义 UI 等界面，可以自己选择，这里推荐选择 "Skip Remaining and Set Defaults" 跳过。

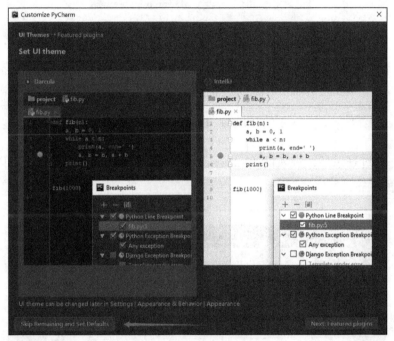

图 10-22　PyCharm 注册界面

4. 安装 Postman

安装 Postman 极为简单，直接打开安装文件，即弹出图 10-23 所示的界面，自动完成安装。安装完成后，进入登录页面，也可以不登录，如图 10-24 所示，找到下方正中间的一个跳过按钮，单击即可进入普通界面。

图 10-23　Postman 安装

图 10-24 Postman 跳过图

跳过登录后，进入图 10-25 所示的界面，Postman 安装完成，可以正常使用。

图 10-25 Postman 界面图

10.2 学习搭建自己的基本区块链

本节内容基于 Python 2，并附带实现同样功能的 Python 3 代码。若读者有兴趣去实现 Python 2 的代码，可在安装过程中自行查找和实现。

10.2.1 ▷ 基于 Python 2 的基本区块链

首先定义区块是什么样子。在区块链中，每个区块都存储一个时间戳和一个索引。在最小区块链中，需要把两者都存储起来。为了确保整个区块链的完整性，每个区块都有一个自动识别哈希值。与比特币一样，每个区块的哈希值将包含块索引、时间戳、数据和前一区块哈希值的加密哈希值。数据可以是你想要的任何东西。

```
class Block:
    def __init__(self, index, timestamp, data, previous_hash):
        self.index = index
        self.timestamp = timestamp
        self.data = data
        self.previous_hash = previous_hash
        self.hash = self.hash_block()
```

这一步后有区块结构，但现在是创建区块链，所以需要向实际的链中添加区块。如前文所述，每个区块都需要上一个区块的信息。但是按照这个说法就有一个问题，区块链的第一个区块是如何到达那里的呢？不得不说，第一个区块，或者说是创世区块，它是一个特殊的区块。在很多情况下，它是手动添加的，或者有独特的逻辑允许添加。

```
import datetime as date

def create_genesis_block():
    # Manually construct a block with
```

```
# index zero and arbitrary previous hash
return Block(0, date.datetime.now(), "Genesis Block", "0")
```

现在已经创建好了创世区块，接下来需要一个函数，以便在区块链中生成后续的区块。这个函数将把链中的前一个区块作为参数，创建要生成的区块的数据，并使用适当的数据返回新区块。当新区块的哈希值来自前面的区块时，区块链的完整性会随着每个新区块而增加。如果不这样做，外部组织就更容易"改变过去"，用全新的方式取代已有的链。这一系列的哈希值可以作为加密的证据，有助于确保一旦将区块添加到区块链，它就不能被替换或删除。

```
def next_block(last_block):
    this_index = last_block.index + 1
    this_timestamp = date.datetime.now()
    this_data = "Hey! I'm block " + str(this_index)
    this_hash = last_block.hash
    return Block(this_index, this_timestamp, this_data, this_hash)
```

大部分的工作已经完成，现在可以创建区块链了。在这次的示例中，区块链本身是一个简单的 Python 列表。列表的第一个元素是创世区块。当然，还需要添加后续的区块，因为这里是最小的区块链，这里只添加 20 个新区块。可以用 for 循环来生成新区块。

```
# Create the blockchain and add the genesis block
blockchain = [ create_genesis_block() ]
previous_block = blockchain [ 0 ]

# How many blocks should we add to the chain
# after the genesis block
num_of_blocks_to_add = 20
```

```
# Add blocks to the chain
for i in range(0, num_of_blocks_to_add):
    block_to_add = next_block(previous_block)
    blockchain.append(block_to_add)
    previous_block = block_to_add
    # Tell everyone about it!
    print "Block #{} has been added to the blockchain!".format(block_to_add.index)
    print "Hash: {}\n".format(block_to_add.hash)
```

下面来测试一下目前产生的区块链，如图 10-26 所示。

```
Block #1 added to blockchain
Hash: 7b29162723029257c5ec28afec88bbc23503f0b53c776f2616e7d93ce4c494ac

Block #2 added to blockchain
Hash: ed5ee2cae70eb263c0dfa3a72ad0ed6c8834bd51a5de75da29075a2a95ac79d3

Block #3 added to blockchain
Hash: 4cdeb508489b91521edfc1f81754ac08d8870da5af3fce2cf99f81656de6c52a

Block #4 added to blockchain
Hash: 35cc3a2fb6ed7a0bda4e7ecca60660f31aabd56d1f4a44701d7ff9fdc2f8aff5

Block #5 added to blockchain
Hash: 86be82a8aef48847f7000dfa0c519fc7d8304898a51d6efe0b52fafb42e44a31
```

图 10-26　5 个区块链

以上就是区块链。这就是最小区块链要提供的所有东西。为了使最小区块链规模达到今天生产区块链的规模，必须添加更多的功能，如服务器层，以跟踪多台机器上的链变化，以及在给定的时间段内限制添加的区块数量的工作算法。

10.2.2 ▷ 基于 Python 3 的区块链例程

下面给出基于 Python 3 的代码。

```python
from datetime import datetime
import hashlib as hasher


class Block:
    def __init__(self, index, timestamp, data, previous_hash):
        self.index = index
        self.timestamp = timestamp
        self.data = data
        self.previous_hash = previous_hash
        self.hash = self.hash_block()

    def __str__(self):
        return 'Block #{}'.format(self.index)

    def hash_block(self):
        sha = hasher.sha256()
        seq = (str(x) for x in (self.index, self.timestamp, self.data, self.previous_hash))
        sha.update(''.join(seq).encode('utf-8'))
        return sha.hexdigest()

def make_genesis_block():
    """Make the first block in a block-chain."""
    block = Block(index=0,
                  timestamp=datetime.now(),
                  data="Genesis Block",
                  previous_hash="0")
    return block
```

```python
def next_block(last_block, data=''):
    """Return next block in a block chain."""
    idx = last_block.index + 1
    block = Block(index=idx,
                  timestamp=datetime.now(),
                  data='{}{}'.format(data, idx),
                  previous_hash=last_block.hash)
    return block

def test_code():
    """Test creating chain of 20 blocks."""
    blockchain = [ make_genesis_block() ]
    prev_block = blockchain[ 0 ]
    for _ in range(0, 20):
        block = next_block(prev_block, data='some data here')
        blockchain.append(block)
        prev_block = block
        print('{} added to blockchain'.format(block))
        print('Hash: {}\n'.format(block.hash))

# run the test code
test_code()
```

这段代码大概有50行，仅用于熟悉区块链结构，并不能让读者详细地了解关于区块链其他方面的知识，所以下面扩充代码，帮助读者了解比特币的工作方式。

10.3 搭建自己的区块链

经过前面的学习,我们已经准备好了搭建区块链所需的环境,且已经实现了一个最基本的区块链,了解了区块链的核心知识结构。下面我们来搭建一个具有类似比特币基本功能的区块链,在 10.2 节完成的区块链基础上进一步实现包括网络共识在内的其他重要功能。

10.3.1 ▷ 创建一个区块链

新建一个名为 blockchain.py 的文件,我们将只用这一个文件。

我们要创建一个 Blockchain 类,并且在其构造函数中创建两个空的列表,一个用于存储我们的区块链,另一个用于存储交易。

blockchain.py

```python
class Blockchain(object):
    def __init__(self):
        self.chain = [ ]
        self.current_transactions = [ ]
    def new_block(self):
        # Creates a new Block and adds it to the chain
        pass
    def new_transaction(self):
        # Adds a new transaction to the list of transactions
        pass


    @staticmethod
    def hash(block):
```

```python
        # Hashes a Block
        pass

    @property
    def last_block(self):
        # Returns the last Block in the chain
        Pass
```

这个 Blockchain 类负责管理链式数据，它会存储交易和添加新的区块到链式数据的方法。下面开始扩充更多方法。

1. 区块是什么样的

每个区块都有一个索引、一个时间戳（UNIX 时间戳）、一个交易列表、一个校验和前一个区块的哈希值。

下面是一个区块的例子。

区块 2：

```
{
    "index": 2,
    "message": "New Block Forged",
    "previous_hash": "1a65dc705e5f7df3530fd1539f8e05b5a59a8fcf477aa6ced05c16fd5150d6a2",
    "proof": 888273,
    "transactions": [
        {
            "amount": 1,
            "recipient": "b9a02a9e161a452e83731522d8561675",
            "sender": "0"
        }
    ]
```

}

区块 3 :
{
    "index": 3,
    "message": "New Block Forged",
    "previous_hash": "687aabbf4f44e33b17d4862dd39f07598d10b08294b4c64d235fe55e0bedb729",
    "proof": 1156297,
    "transactions": [
        {
            "amount": 1,
            "recipient": "b9a02a9e161a452e83731522d8561675",
            "sender": "0"
        }
    ]
}

在这一点上，区块链的概念应该是明显的，每个新区块都包含前一个区块的哈希值。这是至关重要的，因为这是区块链不可篡改的原因：如果攻击者损坏区块链中较早的区块，则所有后续区块将包含不正确的哈希值。

2. 添加交易到区块

我们需要一个添加交易到区块的方式，new_transaction() 方法的职责就是这个，它使用起来非常简单。

```
class Blockchain(object):
    def new_transaction(self, sender, recipient, amount):
```

```
"""
Creates a new transaction to go into the next mined Block
:param sender: <str> Address of the Sender
:param recipient: <str> Address of the Recipient
:param amount: <int> Amount
:return: <int> The index of the Block that will hold this transaction
"""

self.current_transactions.append({
    'sender': sender,
    'recipient': recipient,
    'amount': amount,
})

return self.last_block['index'] + 1
```

使用 new_transaction() 方法添加交易到列表，它返回的交易将被添加到区块的索引中。

3. 创建新的区块

当我们的区块链被实例化后，需要将创世区块（一个没有前导区块的区块）添加进去。还需要向创世区块添加一个证明：这是挖矿的结果（即 PoW）。

除在构造函数中创建创世区块外，还会补全 new_block()、new_transaction() 和 hash() 函数，具体如下。

```
import hashlib
import json
from time import time
```

```python
class Blockchain(object):
    def __init__(self):
        self.current_transactions = [ ]
        self.chain = [ ]
        # 创建创世区块
        self.new_block(previous_hash=1, proof=100)

    def new_block(self, proof, previous_hash=None):
        """
        创建一个新的区块到区块链中
        :param proof: <int> 由 PoW 算法生成的证明
        :param previous_hash: (Optional) <str> 前一个区块的哈希值
        :return: <dict> 新区块
        """
        block = {
            'index': len(self.chain) + 1,
            'timestamp': time(),
            'transactions': self.current_transactions,
            'proof': proof,
            'previous_hash': previous_hash or self.hash(self.chain[ -1 ] ),
        }
        # 重置当前交易记录
        self.current_transactions = [ ]
        self.chain.append(block)
        return block
```

```python
def new_transaction(self, sender, recipient, amount):
    """
    创建一笔新的交易到下一个被挖掘的区块中
    :param sender: <str> 发送人的地址
    :param recipient: <str> 接收人的地址
    :param amount: <int> 金额
    :return: <int> 持有本次交易的区块索引
    """
    self.current_transactions.append({
        'sender': sender,
        'recipient': recipient,
        'amount': amount,
    })
    return self.last_block['index'] + 1


@property
def last_block(self):
    return self.chain[-1]

@staticmethod
def hash(block):
    """
    给一个区块生成 SHA256 值
    :param block: <dict> Block
    :return: <str>
    """
```

我们必须确保这个字典（区块）是经过排序的，否则我们将会得到不一致的哈希值

```
block_string = json.dumps(block, sort_keys=True).encode()
return hashlib.sha256(block_string).hexdigest()
```

上面的代码应该是直白的，为了让代码更清晰，添加了一些注释和文档说明。这里差不多完成了区块链的构建。但在这个时候，读者可能会疑惑新的区块是怎么被创建、产生或挖掘的。

4. PoW 共识机制

我们使用 PoW 共识机制来证明如何在区块链上创建或挖掘新的区块。PoW 的目标是计算出一个符合特定条件的数字，这个数字对所有人而言必须在计算上非常困难但易于验证。这是 PoW 背后的核心思想。

下面举一个简单的例子。

假设一个整数 x 乘以另一个整数 y 的积的哈希值必须以 00 开头，即 hash $(x*y)$ = ac23dc…00。设 $x = 626$，求 y。用 Python 来实现如下。

```
from hashlib import sha256
x = 626
y =0   # We don't know what y should be yet...
z=sha256(f'{x*y}'.encode())
while z.hexdigest()［:2］!= "00":
    y += 1
    z=sha256(f'{x*y}'.encode())
    print(y)
print(f'The solution is y = {y}')
print(z)
print(z.hexdigest()［0:256］)
```

结果是 $y = 103$。因为，生成的 Hash 值开头必须为 00。

```
The solution is y = 103
<sha256 HASH object @ 0x000000000427ADF0>
00060ae0df51bd4b2a190eb8d8bd927426601899b2bbee136a4d06dd1f39159b
```

在比特币系统中，PoW 共识机制被称为 Hashcash，它和上面的乘法计算例子很相似，只不过计算难度非常大。这就是矿工们为了争夺创建区块的权利而争相计算的问题。通常，计算难度与目标字符串需要满足的特定字符的数量成正比，矿工算出结果后，就会获得一定数量的比特币奖励（通过交易）。

验证结果，当然非常容易。

5. 实现 PoW

让我们来实现一个类似的 PoW 共识机制，规则类似上面的例子。

找到一个数字 P，使它与前一个区块的工作量证明拼接成的字符串的哈希值以 4 个 0 开头。

```python
import hashlib
import json
from time import time
from uuid import uuid4


class Blockchain(object):
    ...

    def proof_of_work(self, last_proof):
        """
        Simple Proof of Work Algorithm:
         - Find a number p' such that hash(pp') contains leading 4 zeroes, where p is the previous p'
         - p is the previous proof, and p' is the new proof
```

```
        :param last_proof: <int>
        :return: <int>
        """

        proof = 0
        while self.valid_proof(last_proof, proof) is False:
            proof += 1

        return proof

    @staticmethod
    def valid_proof(last_proof, proof):
        """
        Validates the Proof: Does hash(last_proof, proof) contain 4 leading zeroes?
        :param last_proof: <int> Previous Proof
        :param proof: <int> Current Proof
        :return: <bool> True if correct, False if not.
        """

        guess = f'{last_proof}{proof}'.encode()
        guess_hash = hashlib.sha256(guess).hexdigest()
        return guess_hash[:4] == "0000"
```

衡量算法复杂度的办法是修改开头 0 的个数。使用 4 个 0 用于演示，你会发现多一个 0 都会大大增加算出结果的时间。

现在 Blockchain 类基本已经完成，接下来可以使用 HTTP 请求进行交互。

10.3.2 ▷ 区块链接口

这里要使用 Python Flask 框架，这是一个轻量 Web 应用框架，它方便将网络请求映射到 Python 函数，现在让区块链运行于 Flask Web 上。

这里将创建如下 3 个接口。

- /transactions/new：创建一个交易并添加到区块。
- /mine：告诉服务器去挖掘新的区块。
- /chain：返回整个区块链。

1. 创建节点

这里，我们的"Flask 服务器"将扮演区块链网络中的一个节点。先添加如下框架代码。

```
import hashlib
import json
from textwrap import dedent
from time import time
from uuid import uuid4
from flask import Flask


class Blockchain(object):


# Instantiate our Node
app = Flask(__name__)
# 实例化节点。阅读更多关于 Flask 的内容
node_identifier = str(uuid4()).replace('-', '')

# 为节点创建一个随机的名称
blockchain = Blockchain()
```

```python
# 实例化 Blockchain 类
@app.route('/mine', methods=['GET'])
# 创建 /mine 接口，GET 方式请求
def mine():
    return "We'll mine a new Block"


# 创建 /transactions/new 接口，POST 方式请求，可以给接口发送交易数据
@app.route('/transactions/new', methods=['POST'])
def new_transaction():
    return "We'll add a new transaction"

# 创建 /chain 接口，返回整个区块链
@app.route('/chain', methods=['GET'])
def full_chain():
    response = {
        'chain': blockchain.chain,
        'length': len(blockchain.chain),
    }
    return jsonify(response), 200

# 服务器运行端口 5000
if __name__ == '__main__':
    app.run(host='0.0.0.0', port=5000)
```

2. 发送交易

发送到节点的交易数据结构如下。

```
{
"sender": "my address",
"recipient": "someone else's address",
```

```
"amount": 5
}
```

因为已经有了添加交易的方法，所以基于接口来添加交易就很简单了，下面为添加交易写函数，具体如下。

```
import hashlib
import json
from textwrap import dedent
from time import time
from uuid import uuid4
from flask import Flask, jsonify, request


@app.route('/transactions/new', methods=['POST'])
def new_transaction():
    values = request.get_json()

    # Check that the required fields are in the POST'ed data
    required = ['sender', 'recipient', 'amount']
    if not all(k in values for k in required):
        return 'Missing values', 400

    # Create a new Transaction
    index = blockchain.new_transaction(values['sender'], values['recipient'], values['amount'])

    response = {'message': f'Transaction will be added to Block {index}'}
    return jsonify(response), 201
```

3. 挖矿

挖矿很简单，它做了以下三件事。

① 计算 PoW。

② 通过新增一个交易授予矿工（自己）一个"虚拟货币"。

③ 构造新区块并将其添加到链中。

具体实现代码如下。

```python
import hashlib
import json
from time import time
from uuid import uuid4
from flask import Flask, jsonify, request


@app.route('/mine', methods=['GET'])
def mine():
    # We run the proof of work algorithm to get the next proof...
    last_block = blockchain.last_block
    last_proof = last_block['proof']
    proof = blockchain.proof_of_work(last_proof)

    # We must receive a reward for finding the proof.
    # The sender is "0" to signify that this node has mined a new coin.
    blockchain.new_transaction(
        sender="0",
        recipient=node_identifier,
        amount=1,
    )
```

```
# Forge the new Block by adding it to the chain
previous_hash = blockchain.hash(last_block)
block = blockchain.new_block(proof, previous_hash)

response = {
    'message': "New Block Forged",
    'index': block['index'],
    'transactions': block['transactions'],
    'proof': block['proof'],
    'previous_hash': block['previous_hash'],
}
return jsonify(response), 200
```

> **注意** 交易的接收者是我们自己的服务器节点，我们做的大部分工作都只是围绕 Blockchain 类方法进行交互。到此，我们的区块链就算完成了，来实际运行一下。

10.3.3 ▷ 运行区块链

我们可以使用 cURL 或 Postman 去与 API 进行交互。

1. 启动 Server

```
$ python blockchain.py
* Running on http://127.0.0.1:5000/ (Press CTRL+C to quit)
```

我们通过请求 http://localhost:5000/mine（GET）来进行挖矿（见图 10-27）。

图 10-27　挖矿

2. 用 Postman 发起一个 GET 请求

在挖了两次矿之后，就有了 3 个区块，通过请求 http://localhost:5000/chain 可以得到所有的区块信息，如图 10-28 所示。

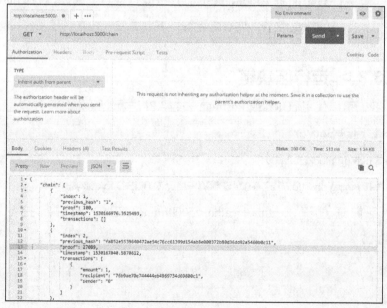

图 10-28　区块信息

```
{
    "chain": [
        {
            "index": 1,
            "previous_hash": "1",
            "proof": 100,
            "timestamp": 1530166976.3525493,
            "transactions": [ ]
        },
        {
            "index": 2,
            "previous_hash": "fa852e5539640472ae54c76cc61399d154ab8e000372b80d36dd92a5460b0c11",
            "proof": 27089,
            "timestamp": 1530167040.5870612,
            "transactions": [
                {
                    "amount": 1,
                    "recipient": "76b9ae70e744444eb4969734d69600c1",
                    "sender": "0"
                }
            ]
        },
        {
            "index": 3,
            "previous_hash": "89d35bdcc4e86651ebf9c9c07b44961fd4132fc6f
```

```
            82165a083542651c29d2241",
                    "proof": 138479,
                    "timestamp": 1530167042.4374654,
                    "transactions": [
                            {
                                    "amount": 1,
                                    "recipient": "76b9ae70e744444eb4969734d69600c1",
                                    "sender": "0"
                            }
                    ]
            },
            {
                    "index": 4,
                    "previous_hash": "7a128dcdff92339becbee9703de33ef5352e8004
d2f242350f0839d9d1f2d880",
                    "proof": 118563,
                    "timestamp": 1530167043.9689713,
                    "transactions": [
                            {
                                    "amount": 1,
                                    "recipient": "76b9ae70e744444eb4969734d69600c1",
                                    "sender": "0"
                            }
                    ]
            },
```

```
        "length": 4
}
```

3. 用 Postman 发起一个 POST 请求

创建一个交易请求，请求 http://localhost:5000/transactions/new（POST），此次 POST 请求，需要更改请求类型为 POST，然后选择 Body → raw → JSON。sender 为自己的地址，recipient 为接收者的地址，这两项需要自己填写，如图 10-29 所示。

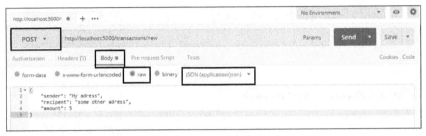

图 10-29　交易请求

填写内容格式如下。

```
{
    "sender": "My adress",
    "recipient": "some other adress",
    "amount": 5
}
```

10.3.4 ▷ 网络一致性

我们已经有了一个基本的区块链，可以接受交易和挖矿。但是区块链应该是分布式的。既然是分布式的，那么我们究竟拿什么保证所有节点有同样的链呢？这就是一致性问题，要想在网络上有多个节点，就必须实现一个一致性的算法。

1. 注册节点

在实现一致性算法之前，我们需要找到一种方式让一个节点知道它相邻的节点。每个节点都需要保存一份包含网络中其他节点的记录。因此需要新增几个接口。

- /nodes/register：接收 URL 形式的新节点列表
- /nodes/resolve：执行一致性算法，解决任何冲突，确保节点拥有正确的链。

下面修改区块链的 init 函数并提供一个注册节点的方法。

```
...
from urllib.parse import urlparse
...


class Blockchain(object):
    def __init__(self):
        ...
        self.nodes = set()
        ...

    def register_node(self, address):
        """
        Add a new node to the list of nodes
        :param address: <str> Address of node  Eg 'http://192.168.0.5:5000'
        :return: None
        """

        parsed_url = urlparse(address)
```

```
self.nodes.add(parsed_url.netloc)
```

这里用 set 函数来存储节点,这是一种避免重复添加节点的简单方法。

2. 实现共识机制

就像前文所述,当一个节点与另一个节点有不同的链时,就会产生冲突。为了解决这个问题,我们将制定"最长的有效链条是最权威的"规则。换句话说就是,在这个网络里最长的链就是最权威的。我们将使用这个机制在网络中的节点之间达成共识。

```
...
import requests


class Blockchain(object)
    ...

    def valid_chain(self, chain):
        """
        Determine if a given blockchain is valid
        :param chain: <list> A blockchain
        :return: <bool> True if valid, False if not
        """
        last_block = chain[0]
        current_index = 1
        while current_index < len(chain):
            block = chain[current_index]
            print(f'{last_block}')
            print(f'{block}')
            print("\n-----------\n")
```

```python
        # Check that the hash of the block is correct
        if block['previous_hash'] != self.hash(last_block):
            return False

        # Check that the Proof of Work is correct
        if not self.valid_proof(last_block['proof'], block['proof']):
            return False

        last_block = block
        current_index += 1

    return True

def resolve_conflicts(self):
    """
    This is our Consensus Algorithm, it resolves conflicts
    by replacing our chain with the longest one in the network.
    :return: <bool> True if our chain was replaced, False if not
    """

    neighbours = self.nodes
    new_chain = None

    # We're only looking for chains longer than ours
    max_length = len(self.chain)

    # Grab and verify the chains from all the nodes in our network
    for node in neighbours:
        response = requests.get(f'http://{node}/chain')

        if response.status_code == 200:
            length = response.json()['length']
            chain = response.json()['chain']
```

```
            # Check if the length is longer and the chain is valid
            if length > max_length and self.valid_chain(chain):
                max_length = length
                new_chain = chain

        # Replace our chain if we discovered a new, valid chain longer than ours
        if new_chain:
            self.chain = new_chain
            return True

        return False
```

第一个方法 valid_chain() 负责检查一个链是否有效，方法是遍历每个块并验证哈希值。

resolve_conflicts() 是一个遍历所有邻居节点的方法，下载它们的链并使用上面的方法验证它们。如果找到一个长度大于我们的有效链，就以它取代之前的链。

下面将两个端点注册到我们的 API 中，一个用于添加相邻节点，另一个用于解决冲突。

```
@app.route('/nodes/register', methods=['POST'])
def register_nodes():
    values = request.get_json()

    nodes = values.get('nodes')
    if nodes is None:
        return "Error: Please supply a valid list of nodes", 400

    for node in nodes:
        blockchain.register_node(node)

    response = {
```

```
            'message': 'New nodes have been added',
            'total_nodes': list(blockchain.nodes),
        }
        return jsonify(response), 201


@app.route('/nodes/resolve', methods=[ 'GET' ] )
def consensus():
    replaced = blockchain.resolve_conflicts()
    if replaced:
        response = {
            'message': 'Our chain was replaced',
            'new_chain': blockchain.chain
        }
    else:
        response = {
            'message': 'Our chain is authoritative',
            'chain': blockchain.chain
        }
        return jsonify(response), 200
```

在这一点上，如果读者喜欢，可以使用一台不同的机器，并在你的网络上启动不同的节点，或者使用同一台机器上的不同端口启动进程。笔者在自己的机器的不同的端口上创建了另一个节点，并将其注册到当前节点。因此，笔者有两个节点：http://localhost:5000 和 http://localhost:5001。

3. 注册一个新节点

添加一个节点请求，请求 http://localhost:5000/nodes/register（POST），方法和格式与交易请求类似，如图10-30所示。

图 10-30 添加节点

至此,我们搭建了一个拥有基本功能的区块链,其目的是让读者了解一个区块链的核心功能和基本特征。为了降低开发难度,本案例去除了很多的异常处理,很多在现实系统中需要考虑的问题(如错误处理、多地址创建、分叉、时间戳顺序校验和并发处理等)都没有考虑,一些程序功能没有细化,也没有对代码进行优化,这些都是读者需要注意的。

本案例只是带领读者走入区块链的开发领域,真正要开发一个实用的区块链需要考虑大量的细节,任何一个疏忽都会留下潜在的隐患。目前知名的区块链(如比特币系统、以太坊等)在运行过程中都暴露出很多问题,一些至今仍没有完全得到解决。但这些问题也促进了区块链的发展,通过社区和各种机构中众多开发者的不断努力,各种改善方案不断被提出,为区块链的健康发展添砖加瓦。希望本书的读者能够以本案例为基础,按照自己的想法设计并实现一个更有价值的区块链,由浅入深,不断完善,为区块链领域的发展贡献自己的一份力量。

∞ 10.4 课后习题

1. 为什么交易发送了,接收者没有收到?

2. 假设有端口号为 5000、5001、5002 的 3 个节点,5000 为主节点,先后添加 5001、5002 有何不同?能否在 5001 下添加 5002 节点?为什么?

3. 核心区块链实现哪些功能?基本区块链实现了哪些功能?

4. 如果想要加上智能合约，需要在哪里进行补充？

5. 请读者自己熟悉搭建环境后，换用其他编程语言，实现基本区块链的搭建。